新视线

全新意大利语中级语法

第二版

Una grammatica italiana per tutti

语法规则、
练习及参考答案

Regole d'uso,
esercizi e chiavi

2

B1-B2

编著 [意] 亚历山德拉·拉蒂诺
(Alessandra Latino)
[意] 玛丽达·穆斯科利诺
(Marida Muscolino)
编译 文铮 王忆停

北京语言大学出版社
BEIJING LANGUAGE AND CULTURE
UNIVERSITY PRESS

EDILINGUA

社图号 17145

北京市版权局著作权合同登记图字：01-2015-2698 号

图书在版编目（CIP）数据

全新意大利语中级语法 /（意）亚历山德拉·拉蒂诺
(Alessandra Latino)，（意）玛丽达·穆斯科利诺
(Marida Muscolino) 编著 ; 文铮，王忆停编译. -- 2 版
. -- 北京 : 北京语言大学出版社，2017.7（2025.2重印）
ISBN 978-7-5619-4959-7

I. ①全… II. ①亚… ②玛… ③文… ④王… III.
①意大利语－语法－自学参考资料 IV. ①H772.4

中国版本图书馆 CIP 数据核字（2017）第 141793 号

全新意大利语中级语法（第二版）
QUANXIN YIDALIYU ZHONGJI YUFA (DI-ER BAN)

责任编辑：梁 骁　　封面制作：张 静
责任印制：邝 天

出版发行：北京语言大学出版社
社 址：北京市海淀区学院路 15 号，100083
网 址：www.blcup.com
电子信箱：service@blcup.com
电 话：编 辑 部 8610-82301019/0358
发 行 部 8610-82303650/3591/3648
北语书店 8610-82303653
网购咨询 8610-82303908
印 刷：北京鑫丰华彩印有限公司

版 次：2011 年 9 月第 1 版　2017 年 7 月第 2 版
印 次：2025 年 2 月第 6 次印刷
开 本：889 毫米×1194 毫米 1/16
印 张：12.75
字 数：587 千字
定 价：55.00 元

PRINTED IN CHINA

前言

《全新意大利语中级语法》是全新意大利语语法系列教材（共两册）的第二册，专为母语非意大利语的学生量身定制。本书是我们在十多年对外意大利语教学经验的基础上精心编写而成的，教学对象范围广，包括不同年龄、民族、生活环境和兴趣爱好的学生。通过与学生们的直接接触，我们了解到他们在学习意大利语过程中碰到的最大困难和阻碍他们用意大利语交流的主要语法障碍。正是由于这些原因，在编写教材的过程中，我们首先考虑语法内容的实用性，并依据下列原则对内容进行筛选：

- 优先考虑母语非意大利语的学生的实际需求；
- 简化意大利语的交流实践；
- 尽可能使用意大利本土原汁原味的语言；
- 内容安排灵活，保证学生能够根据自己的实际需求合理选择使用本教材。

教材结构

本书是由一系列独立的语法讲解（理论部分）和相关的练习（运用部分）结合而成的，在书后还配有练习参考答案。理论部分的内容用最为简单的形式，向学生介绍意大利语基本语法规则，同时提供一些最为重要的语法使用信息；运用部分的练习是对相关语法知识学习的掌握情况的考查。

理论部分特色：为了更好地帮助学生理解，每一章的语法讲解都配有大量的“范例(**ESEMPI**)”，而“句型(**FRASI**)”部分则是在现实生活中出现的涉及相关语法知识的例句。通过该部分的练习，学生可以巩固他们所学的语法知识，并且能够自觉地将知识正确运用到实践中。另外，还有一些特别需要补充说明的问题或在交流中可能会遇到的困难，我们都在“表格(**TABELLE**)”和“请注意(**NOTA BENE**)”部分通过“图示理解”和“概念解释”的方法做了说明。

运用部分特色：根据不同的教学目标，该部分的练习内容形式多样，比如安排学生进行规定形式的训练或自由形式的训练等。因此，该部分练习除了填空、转化或替换等常规练习形式，还有需要学生发挥想象力的练习形式。总之，练习中涉及的语言都来源于现实生活，并且尽量避免使用生僻的句式，但同时将一些语法结构融入特定的背景中，以帮助学生更好地理解该语法结构的使用规则，同时帮助他们自觉正确地运用所学知识。

最后，练习参考答案（**CHIAVI**）部分能够让学生在没有老师的情况下使用本教材进行自主学习。

适用对象

本系列语法教材（共两册）专为母语非意大利语的学生学习意大利语而设计，适用对象范围广，可以是具备初级和中级水平的学生个人，也可以是在校的学生团体。教材内容安排的灵活性可以让那些无论是出于个人原因还是工作原因学习意大利语，无论是居住在意大利或者是居住在其他国家的意大利语学习者更好地了解、掌握并巩固意大利语语法。

结语

综上所述，全新意大利语语法系列并不是传统意义的语法书。我们希望本系列教材可以成为对外意大利语教学的老师们的一个有利的教学工具，更好地解决学生在学习过程中可能遇到的语法困难，帮助他们巩固和运用语法规则。我们充分考虑到不同学生具有不同需求的实际情况，在语法点的选择和练习的内容上给予老师充分的自由，希望每一位使用本教材的老师都能对我们提出的语法教学理念给予有益的补充。

《全新意大利语中级语法》第二版，不仅在内容上做了一些修订，全新的版面设计也更加清晰醒目，语法章节和练习中图片更加丰富多样。

欢迎大家给我们提出宝贵的意见和建议。

祝大家工作、学习顺利！

INDICE 目录

L'ARTICOLO 冠词

IL NOME 名词

L'ALTERAZIONE 词形变化

GLI AGGETTIVI 形容词

COMPARATIVI E SUPERLATIVI 比较级和最高级

PRONOMI 代词

IL FUTURO 将来时

INDICE 目录

IL PASSATO REMOTO 远过去时

L'IMPERATIVO 命令式

IL CONGIUNTIVO 虚拟式

IL PERIODO IPOTETICO 条件主从句

L'INFINITO, IL PARTICIPIO E IL GERUNDIO 不定式、分词和副动词

1 ARTICOLI DETERMINATIVI: QUANDO NON SI USANO
定冠词：什么情况下不使用定冠词

一般情况下，意大利语的名词前面要配合使用冠词，当出现冠词的时候，通常后面会紧跟着一个名词。

然而在一些情况下，名词前必须或可能**省略**定冠词：

1

- 在人的姓名之前可以省略定冠词：
  Carla e Mario sono arrivati? *(La Carla e il Mario = di uso dialettale)*
  C'è un fax per Giovanna.
  Stasera andiamo a cena da Anna.

然而，当某一名词指代的并非一个真实的人，而是一件艺术作品的话，可以使用定冠词：la *Turandot* di Puccini, il *David* di Donatello, il *Mosè* di Michelangelo.

- 在人的姓氏前面（名人或普通人）要省略冠词：
  Garibaldi è una figura molto importante nella storia italiana.
  Totti è l'autore del bellissimo gol del 3 a 2.
  È ancora in ufficio Bianchi? (uso più informale rispetto a *il signor Bianchi* o *Mario Bianchi*)

然而，出现以下情况则必须使用定冠词：
- 当姓氏前出现表示头衔的名词或 signor 时，比如：*l'avvocato Mora, il dottor Santini, il signor Angeli;*
- 当姓氏专指某一位女性人物（名人或普通人*），或者姓氏前出现 signora 时：*la Callas, la Loren, la Pausini, la Bianchi, la signora Rossi;*
- 当姓氏出现复数形式用于表示某个家族（著名的或不著名的）的时候：*gli Sforza, i Capuleti e i Montecchi, i Bianchi.*

- 在一个使用**物主形容词**（loro 除外）**修饰的**表示亲属的**单数名词之前**，必须省略冠词：
  Hai conosciuto mio fratello?
  Sua moglie è tedesca, lo sapevi?
  Nostra zia abita in Argentina da molti anni.

然而，在以下情况下我们必须使用定冠词：
- 当这个表示亲属的名词被一些形容词修饰时：*il mio fratello maggiore, il mio nipote preferito;*
- 当这个表示亲属的名词出现词形变化时：*la mia nipotina, dov'è il mio fratellone?, il mio bisnonno.*

- 用动词 essere 回答关于职业的问询时，可以省略定冠词：
  A: Che cosa fa il marito di Sara?
  B: È avvocato.

  A: La Sua professione?
  B: Sono medico.

(*) 在现代意大利语中，有在工作领域和媒体语言中取消定冠词的倾向：Oggi Donati è malata; Duramente attaccata in Parlamento, Melandri non ha però replicato.

2

- 用于表示城市的名称时，可以省略定冠词：
  Conosci Bologna?
  Shangai è diventata una metropoli modernissima.
  La mia città preferita è Venezia.

但是也有一些例外：*La Spezia, L'Aquila, La Mecca, Il Cairo, La Valletta, L'Aja, L'Avana.*

但是当一个表示城市的名词后还有一些附带的信息时，我们就应该在这个城市名称前使用定冠词，比如：*La Milano che lavora, è considerata, a torto o a ragione, il motore del nostro paese; C'è una visita guidata alla Roma barocca; La Venezia nascosta, fuori dai percorsi turistici, è molto interessante.*

- 表示道路或者广场的名称时，一般可以省略定冠词：
  Via Condotti è la via dello shopping di lusso a Roma.
  Devi assolutamente vedere Piazza Anfiteatro a Lucca: è perfettamente circolare!
  Via Mazzini è vicino a Piazza Cordusio.

- 在表示地区的名称时，需要根据使用的习惯来决定是否使用定冠词：
  La Bovisa è un quartiere periferico di Milano, Brera invece uno del centro.
  Se vai a Napoli devi visitare Posillipo, una delle zone più belle.
  Trastevere è un quartiere molto caratteristico di Roma.

- 表示一些小岛或岛屿国家的名称 (除了**il Madagascar**) 时，一般可以省略定冠词：
  Quest'anno vado in vacanza a Cuba.
  Capri e Ischia sono due isole di fronte a Napoli.
  Sai che adesso Roberto abita a Maiorca?

但是，当这些名词是复数时，就必须使用定冠词：*le Eolie, le Filippine, le Maldive, le Azzorre.*

- 当进行列举时，为使表达更加流畅，可以省略定冠词 (也可以不省略)：
  Abbiamo bistecca, cotoletta alla milanese, sformato di verdure, pollo: che cosa preferite?
  Francia, Spagna e Grecia sono tre importanti mete turistiche.
  Calcio e ciclismo sono due sport molto popolari in Italia.

- 在一些习惯表达中，当动词与名词联系很紧密时，可以省略定冠词：
  ho fame, ho sete, ho sonno, ho mal di testa/di schiena/di denti ...
  ho paura, ho voglia di, sento freddo, non c'è dubbio, non c'è pace, e così via.

但在口语中，我们往往使用不定冠词来表达一种最高级的意思：

Ho una fame ...	(*significa*: *ho molta fame*)
Oggi ho un mal di testa!	(*significa*: *ho un forte mal di testa*)
Ho avuto una paura!	(*significa*: *ho avuto molta paura*)

- 在表达“讲 (**parlare**) (一门语言)”或者是“学习 (**studiare**) (一门语言、一门课程、一种乐器)”时，也可以省略定冠词：
  Non parlo tedesco, mi dispiace.
  Akiko studia matematica all'università.
  Ho studiato chitarra per molti anni.

- 在呼唤某人时，可以省略定冠词：
  Dottore, mi aspetti, arrivo subito!
  Cameriere, il conto per favore.
  Ragazzi, dove siete?

- 表达日期和月份时，可以省略定冠词：
  Martedì ho un appuntamento con l'avvocato.
  Domenica sono andato al mare e tu?
  Il mese più caldo in Italia è agosto.

但是在表示星期几的名词前加定冠词则表示**每一个或所有的这一天**：*In Italia i parrucchieri sono chiusi il lunedì* (*regolarmente tutti i lunedì*).

- 在很多谚语和成语中，可以省略定冠词：
  Finché c'è vita c'è speranza, tutto fa brodo, non è farina del tuo sacco!

- 在报纸、书刊、电影、歌曲等名称前，往往可以省略定冠词：
  Parlamento nella bufera: domani scatta l'inchiesta.
  Ieri alla tele c'era *Autunno a New York*, con Richard Gere: l'hai visto?
  Hai ascoltato *Amori difficili* di Laura Pausini?

- 在商标或招牌前，可以省略定冠词：
  Ferramenta, Ristorante *da Bruno*, Uscita, Biglietteria.

NOTA BENE 请注意

○ 在意大利语语法中，不存在不定冠词的复数形式。因此我们使用部分冠词 **dei**, **degli** 和 **delle** 来表示不定冠词的复数形式。

Per il mio compleanno vorrei *degli* orecchini di perle.
Alla TV ci sono spesso *dei* programmi che non mi piacciono.

○ 但是也可以省略部分冠词：

È impossibile parcheggiare: ci sono macchine anche sui marciapiedi! (*delle* macchine)
Vedi quei ragazzi con le bandiere rossonere? Sono tifosi del Milan. (*dei* tifosi)
Ho sentito rumori strani in garage, ma erano solamente gatti randagi. (*dei* rumori/*dei* gatti)

ESERCIZI 练习

1. Leggi le frasi e decidi se inserire o meno l'articolo determinativo
阅读下面的句子，判断是否应该加入定冠词

1. .... mia nipotina oggi compie quattro anni.
2. Sento .... freddo. Ti dispiace chiudere la finestra?
3. Hai saputo? .... Rossi ha dato le dimissioni!
4. .... Bellucci è una nota attrice italiana.
5. Penso che .... Cuba produca i migliori sigari del mondo.
6. Elena è .... architetto, non lo sapevi?

2. Con o senza articolo? Leggi le frasi e decidi se sono corrette oppure no
是否需要冠词？阅读下面的句子，判断冠词的使用是否正确

	Giusto	Possibile	Sbagliato
1. Ho studiato cinese tre mesi: è veramente difficile!	☐	☐	☐
2. Sa dov'è signora Serra?	☐	☐	☐
3. Allora, come si chiama il tuo fratellino?	☐	☐	☐
4. Il gennaio è un mese di solito molto freddo in Italia.	☐	☐	☐
5. Borghese erano un'illustre famiglia romana.	☐	☐	☐
6. Per caso hai visto se ci sono studenti in palestra?	☐	☐	☐
7. Il direttore, un momento, c'è un fax per Lei!	☐	☐	☐
8. Hai sonno? Ti faccio un caffè?	☐	☐	☐
9. Mi scusi, signor Martini è in ufficio?	☐	☐	☐
10. Fisica e matematica sono materie ostiche per molti studenti.	☐	☐	☐

3. Con o senza articolo: c'è qualche differenza di significato?
是否需要冠词？使用或不使用冠词时句子的含义有什么区别？

1. Ho fame/Ho una fame ... C'è qualcosa di buono in frigo?
2. Silvia parla benissimo francese/il francese.
3. Sai, lunedì/il lunedì vado a ballare.
4. Pesce e frutti di mare/il pesce e i frutti di mare sono le specialità del nostro ristorante.
5. Allora ... pigiama, spazzolino, asciugamano, pantofole/il pigiama, lo spazzolino, l'asciugamano, le pantofole. Ok, c'è tutto!

4. Cerca i 4 errori presenti nel testo: due articoli determinativi da eliminare, due da inserire 找出文中出现的四处错误：有两处需要删除定冠词，另外两处需要加上定冠词

Non c'è il dubbio che in Italia si mangia ancora in modo sano: la famosa "dieta mediterranea" privilegia prodotti naturali ed equilibrati. Assistiamo tuttavia ad un fenomeno che dovrebbe cominciare a preoccuparci e cioè il costante aumento di bambini in sovrappeso, se non addirittura obesi. A un recente convegno sul tema, professor Canepa, dietologo, ha detto che i bambini di oggi tra compiti, televisione e computer passano molte ore seduti o comunque inattivi. Inoltre hanno la tendenza a consumare molte bevande gassate e merendine industriali: in questo settore di mercato si realizzano i guadagni notevoli puntando proprio su bambini e adolescenti ma sono loro genitori che hanno il dovere di intervenire e cambiare lo stile di vita e di alimentazione dei figli.

2 NOMI: ECCEZIONI E PARTICOLARITÀ
名词：例外与特殊情况

我们在初级语法分册里已经部分地讲解了有关名词的语法知识，但是在名词的使用中还有很多例外及特殊使用情况。在这里我们根据名词的性（阴性、阳性）和数（单数、复数）列举一些特例情况。

依据名词的性（IN RIFERIMENTO AL GENERE）

1 以 **-essa** 结尾的阴性名词：

l'avvocato	l'avvocat**essa**	il professore	la professoressa
il vigile	la vigilessa	il dottore	la dottoressa
il poeta	la poetessa	il principe	la principessa
il duca	la duchessa	il conte	la contessa
il presidente	la presidentessa	il leone	la leonessa
lo studente	la studentessa	l'elefante	l'elefantessa

ESEMPI

Alda Merini è una nota poet**essa** italiana.
La dottor**essa** Rinaldi è specializzata in cardiologia.
Le nuove divise di vigili e vigil**esse** sono state disegnate da un famoso stilista.
A differenza del maschio, la leon**essa** è abilissima nella caccia.

2

以 **-ina** 为词尾的阴性名词和以 **-one** 为词尾的阳性名词：

l'eroe	l'ero**ina**
il re	la regina
lo zar	la zarina
la strega	lo streg**one**

ESEMPI

L'ero**ina** di questo romanzo si chiama Angelica.
In Africa gli streg**oni** curano con erbe e riti magici.

3

一些阴阳性、单复数形式一致的名词：

il (l')/la	**i (gli)/le**
cantante	cantanti
insegnante	insegnanti
negoziante	negozianti
agente	agenti
conoscente	conoscenti
parente	parenti
custode	custodi
nipote	nipoti

ESEMPI

Le insegnanti di mio figlio sono brav**e** e simpatich**e**.
L'agente immobiliare che abbiamo incontrato ieri mi è sembrat**a** molto seri**a** e precis**a**.
Quella signora con il cappello rosso è un**a** mi**a** **parente**.
Ormai sono nonna e ho anche tre **nipoti**: due **maschi** e una **femmina**.

4

词形相同但词义根据阴阳性变化而变化的名词：

il boa (*un serpente* 蟒蛇)	**la** boa (*galleggiante per barche o per segnalazione* 浮标)
il capitale (*somma di denaro* 资本)	la capitale (*città principale di una nazione* 首都)
il fine (*scopo, obiettivo di un'azione* 目的)	la fine (*il termine* 结果)
il finale (*parte conclusiva* 结尾)	la finale (*gara conclusiva in una competizione sportiva* 决赛)
il fonte (*vasca per il battesimo* 圣洗瓶)	la fonte (*sorgente di acqua, origine* 源泉)
il fronte (*in guerra, la prima linea* 前线)	la fronte (*parte superiore del viso* 前额)
il radio (*elemento chimico* 镭)	la radio (*apparecchio radiofonico* 收音机)

ESEMPI

Devi continuare fino **alla fine** della strada e poi gira a destra.
Non capisco qual è **il fine** di questa riunione.
Il finale della *Traviata* di Verdi è molto commovente, non trovi?
Oggi c'è **la finale** di Wimbledon in TV.

5

表示动物的名词，这些名词阴阳性为同一词形；如果要区别阴阳性，只能通过加上相应的形容词来区分：

maschile	**femminile**
la tigre maschio	**la tigre** femmina
la volpe maschio	la volpe femmina

la pantera maschio | la pantera femmina
la lepre maschio | la lepre femmina
il topo maschio | il topo femmina
il ghepardo maschio | il ghepardo femmina
il delfino maschio | il delfino femmina

或者也可以说成：
il maschio della tigre, la femmina della volpe, la femmina del topo e così via.

ESEMPI

Allo zoo c'è **una tigre** bianca siberiana: è uno splendido esemplare maschio di 2 anni.
Hanno trovato **una pantera femmina** nelle campagne vicino a Pavia!

6 一些阴阳性部分或完全不一样的名词：

il dio	la dea	il maiale	la scrofa
l'abate	la badessa	il montone	la pecora
l'uomo	la donna	il toro	la vacca
il marito	la moglie	il bue	la mucca
il fratello	la sorella	il cane	la cagna (最好用：cane femmina, cagnolina, cagnetta)
il genero	la nuora		

ESEMPI

Per gli antichi romani, Venere era **la dea** dell'amore e Marte **il dio** della guerra.
Non è vero che il rapporto tra suocera e **nuora** è sempre difficile.

7 一些阴性名词 (源于军事术语) 通常指男性：

la guardia
la scorta (*)
la recluta
la sentinella

还有一些名词虽然是阳性的，但指的却是女性：

il soprano
il mezzosoprano
il contralto

ESEMPI

Le nuove reclute sono pronte per l'addestramento?
Maria Callas era **il soprano** perfetto per quest'opera.

(*) 在现代意大利语中主要用作集合名词："hanno negato la scorta al giudice"; 在性、数配合时使用短语 "gli uomini della scorta" 更好: "gli uomini della scorta sono stati molto coraggiosi" (而不是 "la scorta è stata molto coraggiosa").

! NOTA BENE 请注意

- 一些**表示职业的名词**，它们的阴性形式已受到或正在受着社会使用习惯的影响。
  这些名词趋向于阳性，特别是那些表示妇女曾经不能从事的职业名词。

Presiede l'udienza **il giudice** Marina Poli.
Già quando ero studentessa di legge, volevo diventare **magistrato**.

Annamaria Bernardini De Pace è **un noto avvocato** divorzista.	*(possibile anche* ***avvocatessa****, meno comune è* ***avvocata****)*
Il deputato Rosy Bindi non ha rilasciato alcuna dichiarazione.	*(in alternativa,* ***la deputata****; ormai in disuso* ***la deputatessa****)*
La Svezia in lutto per l'assassinio del **ministro** Anna Lindh.	*(più raro* ***la ministra****, a volte addirittura in senso spregiativo)*
Dopo aver letto la riforma, invitiamo la **ministra** a tornare sui banchi di scuola.	
Anni fa Irene Pivetti era **il presidente** della Camera oggi invece si occupa di televisione.	*(in alternativa,* ***la presidente*** *oppure, meno frequente,* ***la presidentessa****)*
Il medico di turno è Silvia Perrone.	*(usato in misura eguale il femminile* ***dottoressa****)*
La professoressa Corradi è **primario** di neurologia.	

但是有些表示职业身份名词的阴性形式是固定的，比如 studentessa, professoressa，以及一些贵族的头衔，比如 contessa, principessa 等等。

依据名词的数（IN RIFERIMENTO AL NUMERO）

1 复数不变（Plurali invariabili）

复数形式没有变化的名词：

一些以 **-a** 结尾的阳性名词	il/i	boa	以 **-ie** 结尾的名词	la/le	bar
	il/i	cinema(tografo)		la/le	serie
	il/i	gorilla		la/le	specie
一些以 **-o** 结尾的阴性名词	l'/le	auto(mobile)	**外来词** (或拉丁语词)	lo/gli	champagne
	la/le	biro		il/i	computer
	la/le	dinamo		il/i	film
	la/le	foto(grafia)		il/i	quiz
	la/le	moto(cicletta)		l'/gli	ultimatum
	la/le	radio			
以 **-i** 结尾的名词	l'/le	analisi	**单音节**名词	il/i	re
	il/i	brindisi		la/le	gru
	la/le	diagnosi		il/i	tè
	l'/le	ipotesi			
	la/le	metropoli			
	l'/le	oasi			
重音在最后一个音节的名词	il/i	caffè			
	la/le	città			
	la/le	novità			
	l'/gli	oblò			
	la/le	possibilità			
	il/i	tabù			
	la/le	tribù			
	l'/le	università			
	la/le	verità			

ESEMPI

Le penne stilografiche sono belle ed eleganti, ma **le biro** sono così comode!
Quasi tutte **le metropoli** hanno gli stessi problemi: traffico, inquinamento, criminalità.

Le probabilità di riuscire a vendere questa macchina sono poche.
Ci sono moltissime **specie** di piante aromatiche.
Guarda quei **foulard** di Hérmes: sono bellissimi ... ma quanto costano!
Ti ricordi i nomi dei sette **re** di Roma?

复数不规则（Plurali irregolari）

有些以 **-o** 结尾的阳性名词，它们的**复数是以 -a** 结尾的**阴性形式**：

l'uov**o**	**le** uov**a**
il pai**o**	**le** pai**a**
il ris**o** (il ridere)	**le** ris**a**
il centinai**o**	**le** centinai**a**
il migliai**o**	**le** migliai**a**
il migli**o**	**le** migli**a**

ESEMPI

Al concerto di ieri c'erano **migliaia** di persone.
Con i saldi Elena si è comprata tre **paia** di scarpe.
In certe zone dell'Australia non ci sono case per **centinaia** di chilometri.
Nei paesi anglosassoni si usano **le miglia** invece dei chilometri.

两种形式的复数（Plurali doppi）

有些以 **-o** 结尾的阳性名词，它们的**复数有两种形式**，但是不同的形式所表达的意思不一样。

il braccio	→	le braccia (*del corpo umano*)	i bracci (*di un edificio, di un fiume, di una croce*)
il cervello	→	i cervelli (*in senso figurato*)	le cervella (*materia cerebrale*)
il ciglio	→	le ciglia (*degli occhi*)	i cigli (*bordi, limiti, margini*)
il dito	→	le dita (*considerate nell'insieme*)	i diti (*considerati distintamente* *)
il gesto	→	i gesti (*movimenti del corpo*)	le gesta (*azioni importanti*)
il ginocchio	→	le ginocchia	i ginocchi (*nessuna differenza di significato*)
il grido	→	le grida (*degli esseri umani*)	i gridi (*degli animali*)
il labbro	→	le labbra (*della bocca*)	i labbri (*di una ferita*)
il lenzuolo	→	le lenzuola (*il paio*)	i lenzuoli (*singolarmente*)
il muro	→	i muri (*di una casa*)	le mura (*di una città, di un castello*)
l'osso	→	le ossa (*del corpo umano*)	gli ossi (*di un animale macellato*)

ESEMPI

Le cervella fritte sono una specialità della cucina romana.
Quando molti scienziati e ricercatori si trasferiscono all'estero, si parla di "fuga di **cervelli**".
Tutti conoscono **le gesta** di Re Artù e dei cavalieri della Tavola Rotonda.
Mi tremavano **le ginocchia** per l'emozione.
Dove sono **le lenzuola** pulite?
Molti lenzuoli bianchi erano appesi alle finestre in segno di protesta contro l'inquinamento.
In Toscana vai a vedere **le** antiche **mura** di Lucca: sono conservate molto bene.
Questo freddo entra davvero **nelle ossa**.

(*) 在现代意大利语中更常使用阴性复数。

4 缺项名词（Nomi difettivi）

- 只有单数形式的名词：

许多**抽象**名词：la pazienza, il coraggio, la fedeltà, la matematica, la chimica ecc.

金属(*) 和**化学元素**名称：l'oro, il bronzo, l'argento, l'ossigeno ecc.

以下名词：la sete, il sangue

一些表示**疾病**和**症状**的名词：l'influenza, la tosse, il colera, la malaria

ESEMPI

L'oro in lega con **il rame,** diventa rosso.
C'è molta **influenza** in giro quest'anno!

(*) 有时也使用复数，但意义不同：C'è una mostra sugli ori degli Aztechi.
Alle ultime Olimpiadi, l'Italia ha conquistato molti ori.
Durante l'operazione, l'assistente passa i ferri al chirurgo.

- **通常使用单数形式**的名词(*)：

一些**不可数**名词：il latte, il pane, il miele, lo zucchero, l'aria, l'acqua, la neve
集合名词 (表示人或事物的集合概念)：la folla, il pubblico, la frutta

ESEMPI

In Germania si usa **il pane** nero, cioè integrale.
Quanto **zucchero** metti nel caffè?
Non credo che sia **la gente** a chiedere questo tipo di programmi in TV.
Carlo, porta in tavola **la frutta**!

(*) 一些不可数名词的复数形式可能出现在一些特殊情况中：
L'aumento degli zuccheri nel sangue si chiama iperglicemia.
Lo spettacolo delle nevi eterne dell'Himalaya attrae molti turisti.
Le antiche tradizioni delle genti del mediterraneo presentano molti tratti comuni.

- 只有**复数**形式的名词：

le nozze, le ferie, le stoviglie, i viveri, i dintorni, le interiora

ESEMPI

Io quest'anno prendo **le ferie** a giugno e tu?
Faccio un giro **nei dintorni**, ci vediamo fra un'ora.
Nelle zone di guerra è difficile portare l'acqua e **i viveri**.
Per cucinare il pesce bisogna prima togliere **le interiora**.

- 表示**由两部分构成**的事物名词(*)：

le forbici, le cesoie (也用 "la forbice" 和 "la cesoia"), gli occhiali, i pantaloni, le bretelle, le manette

ESEMPI

Per potare le rose sono necessarie **le cesoie**.
La polizia blocca i polsi degli arrestati con **le manette**.
Le redini servono a guidare il cavallo e a trasmettergli gli ordini del fantino.
Sono tornate di moda **le bretelle** al posto della cintura.

(*) 这些名词的单数形式虽然不常使用，但也有可能用于指一些特别款式的物品：
Questo è un bell'occhiale, signora.
Vorrei un pantalone classico.

ESERCIZI 练习

1. Scrivi il femminile dei seguenti nomi singolari... 写出下列单数名词的阴性形式

1. Il professore ....
2. Lo studente ....
3. Il re ....
4. Il nipote ....
5. La volpe maschio ....
6. Il fratello ....

... e dei seguenti nomi plurali: 写出下列复数名词的阴性形式

1. I dottori ....
2. I professori ....
3. Gli eroi ....
4. I cantanti ....
5. I nipoti ....
6. I mariti ....

2. Maschile o femminile? Scegli la forma corretta in base al significato
阳性还是阴性？根据词义做出正确的选择

1. Il boa/La boa è un serpente che si chiama anche *boa constrictor* perché stringe le sue prede fino a soffocarle.
2. Per aprire un'attività commerciale è necessario avere un capitale/una capitale consistente.
3. "Il fine/La fine giustifica i mezzi" ha scritto Niccolò Machiavelli.
4. Il fine/La fine dell'anno, il 31 dicembre, si chiama anche *Capodanno*.
5. Ho due biglietti per il finale/la finale della Champions League, ti interessa?
6. I soldati sono partiti per il fronte/la fronte e la guerra si annuncia lunga e difficile.

3. Completa le frasi con la desinenza femminile appropriata
用适当的阴性名词词尾填空完成下列句子

1. "Buongiorno princip..................!" diceva sempre il protagonista del film, ti ricordi?
2. La professor.................. Valenti insegna all'università di Bologna.
3. Il re e la reg.................. sono due pezzi importanti del gioco degli scacchi.
4. Anna e Luisa sono le nipot.................. di Riccardo?
5. La poet.................. Patrizia Valduga ha uno stile molto particolare, non trovi?
6. Da piccoli chiamavamo i nonni "lo zar e la zar.................." perché erano molto severi.

4. Singolare o plurale? Inserisci l'articolo davanti ai nomi invariabili
单数还是复数？在下列无词形变化名词的前面填入正确的冠词

1. Hai sentito .... novità? Mariella ha finalmente trovato lavoro.
2. .... serie TV che preferisco è Modern Family.
3. Circa il futuro del nostro pianeta ho sentito .... ipotesi più varie e assurde.
4. Che pensi, sono più pregiati .... tè cinesi o indiani?
5. .... analisi di questi dati è complessa e richiede molto tempo.
6. Al Salone dell'Informatica verranno presentate .... ultime novità del settore.

5. Quale plurale? Scegli la forma appropriata in base al significato
应该选择哪种复数形式？根据词义选择正确的形式

1. Con questa umidità mi fanno male le ossa/gli ossi.
2. In questo albergo cambiano le lenzuola/i lenzuoli tutti i giorni.
3. Bisogna proprio ridipingere le mura/i muri della casa al mare.
4. Questo film racconta le gesta/i gesti di Alessandro il Grande.

6. Leggi le frasi e trova eventuali errori nell'uso del singolare e del plurale
阅读下列句子，找出在名词单复数的使用中可能出现的错误

1. In questo cassetto conserviamo gli ori di famiglia. ....
2. È meglio fare il vaccino contro le influenze perché si trasmettono con grande facilità. ....
3. Vado a comprare dei pani e un pacco di zucchero. ....
4. Nel dintorno di Roma ci sono molti posti interessanti da visitare. ....
5. Ai bambini spesso non piace mangiare la frutta. ....
6. I pubblici di tutto il mondo hanno seguito il concerto in diretta TV e su Internet. ....

3 L'ALTERAZIONE DI NOMI, AGGETTIVI E AVVERBI
名词、形容词和副词的词形变化

1 可以通过使用不同的**后缀**（**suffissi**）(改变一个单词的词尾) 将一个名词、形容词或副词进行词形变化，以表示不同的词义。我们可以分为：

- 使名词词义**变大** (扩大词义 accrescitivi) 的后缀：

-one 用于名词、形容词、副词的后面

tavolo	(*nome*)	tavol**one**
furbo	(*aggettivo*)	furb**one**
bene	(*avverbio*)	ben**one**

- 使名词词义**变小** (缩小词义 diminutivi) 的后缀：

-ino, -uccio 用于名词、形容词、副词的后面

tavolo	(*nome*)	tavol**ino**
brutto	(*aggettivo*)	brutt**ino**
bene	(*avverbio*)	ben**ino**
male	(*avverbio*)	mal**uccio**

-etto 用于名词、形容词、副词的后面

quadro	(*nome*)	quadr**etto**
piccolo	(*aggettivo*)	piccol**etto**
poco	(*avverbio*)	poch**etto**

-ello 用于名词、形容词的后面

albero	(*nome*)	alber**ello**
cattivo	(*aggettivo*)	cattiv**ello**

- 使名词词义变成**贬义** (贬义词 peggiorativi) 的后缀：

-accio 用于名词、形容词、副词的后面

giornata	(*nome*)	giornat**accia**
povero	(*aggettivo*)	pover**accio**
male	(*avverbio*)	mal**accio**

-astro 用于名词、形容词的后面

medico	(*nome*)	medic**astro**
dolce	(*aggettivo*)	dolci**astro**

ESEMPI

Ehi, guarda che gatt**one**, peserà 10 chili! (*un grosso gatto*)
Radicofani è un paes**ino** della Toscana. (*un piccolo paese*)

Non mi va di uscire con questo temp**accio**. (*brutto tempo*)
È una piazz**etta** molto caratteristica, vero? (*una piccola piazza*)
Oggi è stata veramente una giornat**accia**! (*una brutta giornata*)
Marcello, sei davvero un pigr**one**. (*molto pigro*)
Che avar**accio**, il tuo amico! (*molto avaro*)
Partenza domattina alle sei? Prest**ino**, non trovi? (*un po' presto*)

A: Come va il lavoro?
B: Ben**one**! (*molto bene*)

然而这些后缀**根据语言环境和说话者意图**的不同，通常会产生不同的词义，例如：

Vuoi provare la cucina milanese?
Conosco un ristorant**ino** ...! (*non significa solamente che il ristorante è piccolo ma anche che l'ambiente è accogliente e si mangia bene*)

Eh, Marco è un geni**accio**! (*il suffisso non è usato in senso negativo ma, al contrario, chi parla vede con ammirazione e simpatia il fatto che Marco sia molto intelligente*)

这充分说明词缀变化在使用中的意义具有多样性，并不存在固定的变化规则，这使得我们在词义的辨别上会面对较大的困难。

- 后缀 **-ino**，**-etto**，**-ello**，**-uccio**，**-accio** 可以用来表达思想感情，即可以用来表示一种积极的、喜爱的或者讽刺的含义。

ESEMPI

Ho visto Daniela con un cappott**ino** rosso
che le stava benissimo! (*il cappotto, oltre che piccolo, è anche carino, particolare*)

Ehi, che bel cald**uccio** qui dentro! (*la stanza è ben riscaldata*)
Hai un talent**accio** per gli affari. (*hai talento, sai trattare gli affari*)
A: Come va?
B: Non c'è mal**accio**. (*potrebbe andare meglio ma mi accontento*)

- 后缀 **-one**，**-ino**，**-etto**，**-uccio** 也可以用来表示消极的或者是讽刺的意义。

ESEMPI

Bruno si è comprato un macchin**one**. (*una macchina troppo vistosa, grande o cara*)
Andiamolo a sentire, questo professor**one**! (*scetticismo nel giudizio di chi parla*)
Ma non fare il ragazz**ino**! (*non comportarti in modo immaturo, infantile*)
Sono stufo di fare lavor**etti**. (*lavori di poca importanza o pagati poco*)
Al Festival del Cinema di Cannes, grandi attori
e il solito contorno di attric**ette**. (*attrici di scarso valore professionale*)
Non verrai a teatro con questo vestit**uccio**! (*vestito non appropriato o di poco valore*)
Il protagonista del film è un impiegat**uccio** che
si trova coinvolto in una storia drammatica. (*ha un lavoro di poca importanza*)
Ho avuto una giorn**atina**, oggi! (*una giornata faticosa*)

3 在意大利语中使用大量后缀，我们还可以记住以下这些后缀：

- **-icello, -icciolo, -acchiotto, -uzzo** 用于名词、形容词、副词的后面
  -otto 用于名词的后面

这些后缀用于表示缩小或可爱的意思。

ESEMPI

C'è un ponti**cello** più avanti e lo devi attraversare. *(un piccolo ponte)*
Portofino ha un port**icciolo** turistico molto bello. *(un piccolo porto)*
Sabato facciamo una fest**icciola**, ci vieni? *(una festa tra amici, senza pretese)*
È proprio un ors**acchiotto**! *(simpatico, tenero, buono)*
Devo cambiare la macchina: ormai è vecchi**otta**. *(un po' vecchia)*
Ho trovato parcheggio in una vi**uzza** dietro la chiesa. *(una piccola via)*

- **-accione, -ucolo, -iciattolo** 用于名词的后面

这些后缀用于表示贬义。

ESEMPI

Paolo si è messo a litigare con un om**accione** e ho avuto paura. *(uomo grosso, di aspetto minaccioso)*
Sono versi di un poet**ucolo**, questi. *(poeta di scarso valore)*
Hai paura ad attraversare questo fium**iciattolo**? *(fiume di portata modesta)*
Ho questa febbr**iciattola** da qualche giorno. *(febbre non alta ma fastidiosa)*

4 阴性名词加上后缀 **-one** 后通常要**变为阳性**名词：

la bottiglia	→ **il** bottigli**one**	la febbre	→ il febbrone
la donna	→ il donnone	la macchina	→ il macchinone
la stanza	→ lo stanzone	la valigia	→ il valigione

ESEMPI

È entrata sua madre: **un** donn**one** dall'aria simpatica e cordiale. *(una donna alta, grossa e imponente)*
Dopo ci hanno portato in **uno stanzone** freddo e squallido. *(una grande stanza)*

5 关于一些表示**颜色**的形容词的词缀变化，我们使用以下规则：

- 词缀 **-ino** 表示一种更浅的色调
- 后缀**-astro**, **-ognolo**, **-iccio** 表示一种模棱两可的色调，或者是根据语境表示贬义的含义。

ESEMPI

Mi piace questa stoffa giall**ina**. *(giallo chiaro)*
Quell'uomo ha i capelli giall**astri**. *(brutta sfumatura di giallo)*
Il colore? Non ricordo bene, giall**ognolo**. *(giallo non ben definito)*
Paolo ha la barba ross**iccia**. *(più o meno rossa)*

! NOTA BENE 请注意

- 有些名词本身的词尾形式与词缀的构成非常相似，但是它们并**不是经过后缀变化**了的名词，也就是说这些名词并不是经过后缀变化而得来的，只是它们的词形本身具有后缀变化的形式而已。例如：名词 bottone 并不是“扩大了”的 botte, 而是“纽扣”的意思。

类似的情况还有：
cavallo → cavalletto, lampo → lampone, matto → mattone, mulo → mulino, posto → postino, torre → torrone, viso → visone.

ESEMPI

A Stefano piace dipingere e così gli ho regalato **un cavalletto** e dei colori a olio.
Il **torrone** è un dolce italiano che si mangia durante le feste di Natale.
Preferisci la marmellata di **lampone** o di fragola?

A: Tu porteresti una pelliccia di **visone**?
B: No, io no. Preferisco un cappotto di lana.

ESERCIZI 练习

1. Completa le frasi con un sostantivo alterato (in queste frasi l'alterazione corrisponde al significato)
用变化后缀的名词填空，完成下列句子（后缀的变化要符合句中表达意思的需要）

1. Ho comprato queste scarpe in saldo e ho fatto davvero un .... (= *grande affare*)
2. Non mi piace quell'uomo, è davvero un .... (= *brutto tipo*)
3. La cucina è grande ma purtroppo ha solo una .... (= *piccola finestra*)
4. Ti piace il regalo di Giorgio? La pietra è un .... (= *piccolo diamante*)
5. Quella donna è insopportabile, ha davvero un .... (= *brutto carattere*)
6. Hai sentito stanotte che ....? (= *grande temporale*)

2. Completa le frasi con un aggettivo o un avverbio alterati (in queste frasi l'alterazione corrisponde al significato)
用变化后缀的形容词或副词填空，完成下列句子（后缀的变化要符合句中表达意思的需要）

1 A: Allora, com'è andato l'esame?
B: Mah, ... credo. (=*abbastanza bene*)
2. A: Vi fermate a cena?
B: No grazie, dobbiamo andare è un po' .... (=*piuttosto tardi*)
3. L'albergo era .... ma niente di speciale. (=*abbastanza bello*)
4. Paolo, insomma, hai mangiato tre fette di torta! Che .... sei! (=*molto goloso*)
5. Quell'attore è .... ma davvero bravo, non trovi? (=*un po' brutto*)
6. Oggi mi sento proprio .... (=*molto bene*)

3. Inserisci il sostantivo alterato appropriato in base al significato
根据词义，将下列后缀变化的名词填入对应的句子中

villetta *lavoretto* *figurone* *lavoraccio* *villone* *figuraccia*

1. Di solito in estate faccio qualche .... così metto via un po' di soldi.
2. Ridipingere la casa è davvero un ....
3. Sai, mi sono comprato una .... al mare.
4. Dovresti vedere che .... ha Luisa: chissà quanto avrà pagato!
5. Alla festa di compleanno di Roberta, Mario non ha portato neanche un regalo, una bottiglia di vino, qualcosa insomma. Che ....!
6. Che .... ho fatto ieri sera con il mio vestito di Armani! Ero la più elegante!

4. Scegli l'alterazione appropriata in base al contesto 根据语境含义选择正确的后缀

1. Ho comprato l'appartamento a un ottimo prezzo. È stato davvero un colpetto/colpaccio.
2. Mi aspetti un momentino/momentaccio? Torno subito, due minuti!
3. Suo padre ha perso un patrimonio al Casinò: che vizietto/viziaccio!
4. Insomma, lui ha truffato l'azienda per milioni di euro. Davvero una storiella/storiaccia.

4 AGGETTIVI INDEFINITI 泛指形容词

泛指形容词表示：

- 泛指的数量
- 数量为零 (zero)
- 性质 (或特性)

ESEMPI

Passo **qualche** giorno al mare. (qualche = *più di uno*, ma *non so quanti giorni*)
Vedo **poche**/**molte** macchine in strada. (poche/molte = *non so il numero preciso, piccolo o grande*)
Non c'è **nessuna** novità. (nessuna = *quantità 0*)
Ha telefonato per te **una certa** Marina. (una certa = identità)

泛指形容词可以分为以下三组：

1 具有**四种**词形变化的形容词：

poco
molto
parecchio
tanto
troppo
tutto
certo (单数形式的前面通常要加不定冠词)
altro (单数形式的前面通常要加不定冠词)
alcuno

	S.	PL.
M.	-o	-i
F.	-a	-e

ESEMPI

Quell'uomo ha **molti** soldi e **poco** cervello.
Non vedo Paolo da **parecchi** giorni: che gli sarà successo?
La bambina ha mangiato **troppa** pasta e adesso non vuole più niente.
Tanti auguri di Buon Natale e Buon Anno!
Certi giorni **tutte** le cose ti vanno male!
Alcune persone non riescono a smettere di fumare; **altre** persone, come mio padre, non ci provano nemmeno!

具有**两种**词形变化的形容词：

nessuno
ciascuno

	S.
M.	-o
F.	-a

ESEMPI

Una persona civile non deve lasciare **nessun** rifiuto per la strada.

Durante l'esame, **ciascuno** studente può uscire dalla classe solo una volta.

A: Dove sono le chiavi della macchina?
B: Ma lì, nella mia borsa.
A: Dove?! Qui non vedo **nessuna** borsa.

词形**不变**的形容词：

qualche
ogni
qualsiasi/qualunque (这两个词也可以用于名词之后，这个名词既可以是单数，也可以是复数，但名词前要加冠词。在这种情况下，所表达的意思也有细微变化)

ESEMPI

Ho aspettato solo **qualche** minuto e poi sono andata via.
La situazione purtroppo peggiora **ogni** giorno.
Qualsiasi persona potrebbe fare questo lavoro.

A: Che cosa prendi da bere?
B: Va bene una cosa **qualunque**.

这些形容词之后的**名词通常使用单数形式**，但是**表达的意思为复数**。

ESEMPI

Ho passato **qualche giorno** in Francia.
Ogni mattina esco di casa alle 7.
Non potete uscire a **qualsiasi ora**!

(*singolare per la grammatica, ma plurale come significato:* due o tre giorni, tutte le mattine, a tutte le ore)

! NOTA BENE 请注意

- 以下形容词：
alcuno, ciascuno, nessuno
要按照不定冠词的断音规则进行变化：

ESEMPI

Un	libro/albergo	=	alc**un**/ciasc**un**/ness**un**	libro/albergo
Uno	spagnolo	=	alc**uno**/ciasc**uno**/ness**uno**	spagnolo
Un'	azienda	=	alc**un'**/ciasc**un'**/ness**un'**	azienda

- 我们在泛指形容词 tutto 与名词之间要加入相应的定冠词，即：tutto + 定冠词 + 名词。

ESEMPI

Ho parlato con tutti **gli** amici.
Va al cinema tutte **le** settimane.
Ero stanco e ho dormito tutto **il** giorno.

- 泛指形容词 **alcuno** 在否定句中的意思与 **nessuno** 一致。

ESEMPI

Non ho visto **alcun** vigile. (= nessun *vigile*)
Non ha sentito **alcuna** lamentela. (= nessuna *lamentela*)
Non è possibile in **alcun** caso. (= nessun *caso*)

- 泛指形容词 **nessuno** 在否定句中经常与否定副词 **non** 连用。

ESEMPI

Non voglio **nessun** dolce.
Non ha fatto **nessuna** domanda.
Non vogliamo **nessuno** scandalo.

ESERCIZI 练习

1. Completa le seguenti frasi con gli indefiniti dati. Attenzione al genere e al numero
用给出的泛指形容词填空，完成下列句子。注意形容词的性、数变化

qualche *tutto* *alcuno* *qualsiasi* *ogni* *nessuno*

1. A: Vai spesso in palestra?
   B: Sì, ... le settimane.
2. A: Ti piace andare al cinema?
   B: Dipende. .... volte mi diverto, ma ultimamente non ci vado volentieri.
3. A: Quanto tempo vi fermerete in montagna?
   B: Solo .... giorno, abbiamo bisogno di un po' di relax.
4. A: Ma è possibile che fate sparire tutto?! Qui c'era il mio portafoglio!
   B: Noi non abbiamo visto .... portafoglio.
   A: Ma come no?! Era proprio lì!
   B: .... volta la stessa storia! Prima perdi le cose e poi accusi noi!
5. A: Come lo vuoi il succo di frutta?
   B: Un gusto .... va bene.
6. A: Da .... mesi Giovanni mi sembra cambiato.
   B: Perché lo dici?
   A: Non so, è diventato aggressivo, ... occasione è buona per litigare.
   B: Forse ha solo .... problema di lavoro, non ti preoccupare.

2. Usa la forma corretta di *alcuno/nessuno/ciascuno*
用泛指形容词 alcuno/nessuno/ciascuno 的正确词形填空

1. Per favore, ... studente spenga il proprio cellulare e lasci la borsa qui.
2. A: Sai già cosa regalare a Patrizia per il matrimonio?
   B: No, purtroppo. Non ha fatto .... lista nozze, quindi non ho .... idea di quello che le piace.
3. A: Buongiorno, ho visto la pubblicità dei vostri corsi. È vero che sono gratuiti?
   B: Sì, i corsi sono gratuiti, però .... partecipante deve versare una tassa d'iscrizione di 150 euro.
   A: Ho capito, grazie.

4. A: Senta, ho comprato questa gonna ieri, ma non va bene. Posso cambiarla?
B: Ma certo, signora, non c'è .... problema.
5. A: Scusi, è già passato l'autobus 74?
B: Mah, io non l'ho visto.
A: È tanto che aspetta?
B: Solo da .... minuti.
A: Ah, va bene, grazie.

3. Sostituisci gli indefiniti evidenziati con gli indefiniti dati senza cambiare il significato delle frasi 在不改变意思的前提下，用下列泛指形容词替换句中标出的泛指形容词

certo *qualsiasi* *tanto* *ogni* *qualche*

1. A: Avvocato, questa è mia moglie.
B: Molto piacere. ....
2. Tutte le volte che ti vedo sei depresso. Che ti succede? ....
3. È importante leggere le istruzioni, perché in alcuni casi questo medicinale può dare allergie. ....
4. A: Che treno devo prendere per la Stazione Centrale?
B: Tutti i treni vanno bene. ....
5. Poche settimane fa ci ha chiamato Piero: si è trasferito in Spagna. ....
6. Alcune riunioni durano ore e non servono a niente: perché non troviamo alcuni sistemi per evitarle? ....

4. Completa il testo con gli aggettivi indefiniti 用泛指形容词填空，完成下面的短文

Complimenti! Lei ha acquistato un capo artigianale, realizzato con i migliori materiali. Per mantenerlo bello come il primo giorno, anche dopo (1) .... anni, le consigliamo di scegliere per la pulitura solo laboratori altamente specializzati: su (2) .... catalogo dei nostri prodotti troverà anche un elenco di centri convenzionati. Le nostre squadre controllano (3) .... capo in (4) .... le fasi della lavorazione, in modo da garantire che sia perfetto, tuttavia, se dovesse trovare (5) .... difetti di fabbricazione, porti il capo in (6) .... negozio della nostra catena e verrà sostituito. Le ricordiamo però che in (7) .... caso potremo sostituire il prodotto deteriorato da uso improprio o da (8) .... circostanza non dipendente da noi.

5 COMPARATIVI 比较级

我们用形容词的**比较级**对两者进行比较。

比较级可以是：

- 较高级比较 = **più** + *aggettivo*
- 较低级比较 = **meno** + *aggettivo*
- 同级比较 = *aggettivo* + **come/quanto**

ESEMPI

(*aggettivo*: alto) Franco è **più alto** di Marta.
La Torre di Pisa è **meno alta** della Torre Eiffel.
I tuoi figli sono alti **come** (quanto) te.

- 我们也可以用**动词**或**动词后面加名词**的方式：

  - 较高级比较 = *verbo* (*nome*) + **più**
  - 较低级比较 = *verbo* (*nome*) + **meno**
  - 同级比较 = *verbo* (*nome*) + **come/quanto**

ESEMPI

(*verbo*: lavorare) Franco **lavora più** (meno) di Marta.
(*verbo* + *nome*: avere soldi) La mia società **ha meno** (più) **soldi** della tua.
Io **lavoro come** (quanto) te.
Io **ho soldi come** (quanto) te.

2 较高级比较与较低级比较（Comparativi di maggioranza e minoranza）

在比较级中，我们要使用不同的词来引出**第二个比较项（secondo termine di paragone）**。

- 当出现下列情况时，我们使用 **di** (有时要配合冠词使用)：

  - 比较**两个名词**的**同一种性质或动作**
  - 比较**两个代词**的**同一种性质或动作**
  - 比较**一个名词**和**一个代词**的**同一种性质或动作**
  - 第二个比较项是**一个副词**

ESEMPI

Il Teatro Manzoni è più caro **del** Teatro delle Erbe. (*un aggettivo*: caro, *due nomi di cosa*: Teatro Manzoni e Teatro delle Erbe)

Franco viaggia più **di** Sandro. (*un verbo*: viaggiare, *due nomi di persona*: Franco e Sandro)

Io ho più responsabilità **di** lui. (*un verbo* + *nome*: avere responsabilità, *due persone*: io e lui)

La mia città è meno caotica **della** tua. (*un aggettivo*: caotico, *un nome di cosa e un pronome*: la mia città e la tua)

Maria è meno occupata **di** prima. (*un aggettivo*: occupata, *un avverbio*: prima)

- 当出现下列情况时，我们使用 **che**：

  - 比较**同一个名词**的**两种性质**
  - 比较两个**动词不定式**的**同一种性质**
  - 比较两个**带有前置词**的名词

ESEMPI

La mia città è più caotica **che** grande. (*due aggettivi*: caotico - grande, *un nome*: la mia città)
Lavorare è meno noioso **che** stare a casa. (*un aggettivo*: noioso, *due infiniti*: lavorare - stare a casa)
A Milano fa più freddo **che** a Napoli. (*due nomi con preposizioni*: a Milano - a Napoli)

- 当出现下列情况时，我们使用 **di quanto**：

比较**两个**主语相同或不同的**变位动词**

ESEMPI

Lavoriamo più **di quanto** immagini. (*due verbi coniugati, soggetti diversi*: noi lavoriamo - tu immagini)
Il problema è meno grave **di quanto** pensavo. (*due verbi coniugati, soggetti diversi*: il problema è - io pensavo)
Spendo più **di quanto** vorrei. (*due verbi coniugati, soggetti uguali*: io spendo - io vorrei)

同级比较级（Comparativi di uguaglianza）

- 大多数情况下我们使用 **come** 和 **quanto** (或者 **tanto quanto** *)，它们表达的意思没有区别：

ESEMPI

La mia città è caotica **come** (quanto) la tua. (*un aggettivo*: caotico, *due nomi*: la mia città e la tua)
Franco viaggia **come** (quanto) me. (*un verbo*: viaggiare, *due persone*: io e Franco)
Studiare è importante **come** (quanto) lavorare. (*un aggettivo*: importante, *due infiniti*: studiare - lavorare)
A Milano fa freddo **come** (quanto) a Napoli. (*due nomi con preposizioni*: a Milano - a Napoli)
Il problema è grave **come** (quanto) pensavo. (*due verbi coniugati, soggetti diversi*: il problema è - io pensavo)

当出现下列情况时，我们使用 **tanto** + 形容词 + **quanto** 的形式：

一个名词有两个形容词修饰

ESEMPI

Quel negozio è **tanto** caro **quanto** elegante. (*due aggettivi*: caro - elegante, *un nome*: quel negozio)
La vacanza è stata **tanto** interessante **quanto** breve. (*due aggettivi*: interessante - breve, *un nome*: la vacanza)

(*) 不常见于口语。

! NOTA BENE 请注意

- **non** + 形容词或动词 + **come** 的结构相当于较高级或较低级比较级的形式。

ESEMPI

La mia città **non** è grande **come** la tua. (*= è più piccola/meno grande della tua*)
Al mare **non** mi diverto **come** in montagna. (*= mi annoio più/mi diverto meno che in montagna*)

ESERCIZI 练习

1. Abbina gli aggettivi al loro contrario 将下列形容词与相应的反义词连接起来

1. forte	a) amaro
2. grande	b) costoso
3. chiaro	c) lento
4. pieno	d) sconosciuto
5. dolce	e) corto
6. economico	f) scuro
7. famoso	g) stretto
8. lungo	h) debole
9. largo	i) piccolo
10. veloce	l) noioso
11. silenzioso	m) rumoroso
12. divertente	n) vuoto

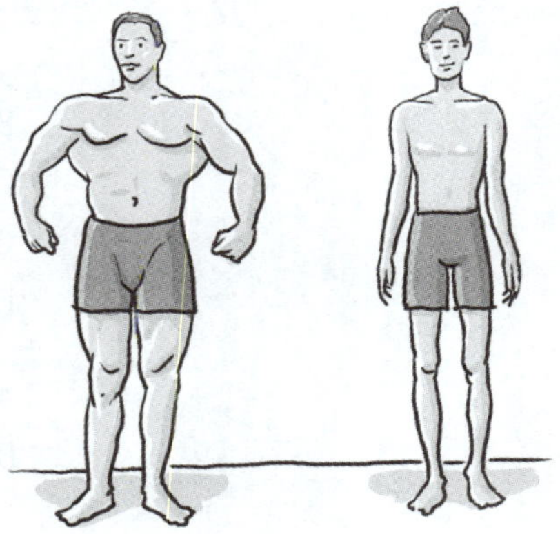

forte o ...?
强壮还是……?

2. **Forma almeno 6 comparazioni diverse con gli aggettivi delle liste dell'esercizio 1 e gli elementi dati** 试着用练习 1 中给出的形容词和下列信息写出至少 6 组各种比较级的句子

La mia città - La tua città   Io - Il presidente degli Stati Uniti   Lavorare - Andare in palestra
In città - Al mare   Viaggiare in treno - Viaggiare in macchina
Avere una villa con piscina - Avere un appartamento normale

....
....
....
....
....
....

3. **Trasforma le seguenti frasi come nell'esempio** 参照范例，改写下列句子

1. Franco si arrabbia spesso, invece Anna si arrabbia raramente. **Franco si arrabbia più spesso di Anna.**
2. Studiare l'italiano è faticoso, studiare l'inglese è più facile. ....
3. A Milano d'inverno fa freddo, a Napoli no. ....
4. Anna e Paolo sono alti 1.70. ....
5. Marta non è molto intelligente, ma è molto furba. ....
6. Silvia è intelligente e anche furba. ....
7. Capisco un po' l'inglese, ma non lo parlo. ....
8. Mi piace il cinema ed anche il teatro. ....

4. **Completa il testo con *tanto, che, quanto (2), di quanto, come***
用 tanto, che, quanto (2), di quanto, come 填空，完成下面的短文

GUSTAV KLIMT

Oggi è probabilmente un pittore famoso (1) .... gli impressionisti, tuttavia Gustav Klimt per qualche tempo è stato considerato poco più (2) .... un bravo decoratore. Nato vicino a Vienna nel 1862, Klimt diventa un esponente di rilievo del movimento della Secessione viennese, che si oppone all'arte ufficiale e accademica. La prima mostra della Secessione ottiene più successo (3) .... si poteva sperare, ma la carriera di Klimt non sarà facile (4) .... si potrebbe immaginare: il pittore sarà (5) .... premiato (6) .... criticato per le sue opere, a volte giudicate troppo erotiche e di composizione bizzarra.

6 COMPARATIVI IRREGOLARI 比较级的不规则形式

1

一些形容词除了它们规则的比较级形式外，还有一些**不规则形式**表示**较高级比较级**：

Buono	MIGLIORE	(= *più buono*)
Cattivo	PEGGIORE	(= *più cattivo*)
Grande	MAGGIORE	(= *più grande*)
Piccolo	MINORE	(= *più piccolo*)
Alto	SUPERIORE	(= *più alto*)
Basso	INFERIORE	(= *più basso*)

- 在选择引出**第二个比较项**的词语时，这些不规则形容词同样遵循我们前面讲过的一般规则：

ESEMPI

Questo appartamento è migliore **di** quello che avevo prima.
A Milano il tempo è peggiore **che** a Roma.
Il danno è maggiore **di quanto** ci avevate detto.

但是也**有例外**：
superiore **a**
inferiore **a**

ESEMPI

Lo stipendio di Marco è **inferiore a** quello di Gianni.
La qualità di quel tessuto è **superiore a** questa.

- 根据不同的**语境**，这些不规则的比较级形容词**有可能表达不同的含义**：

ESEMPI

Qui i prezzi sono **migliori (peggiori)** di quelli del supermercato.	(*migliori/peggiori* = più economici o più cari)
Ho una sorella **minore (maggiore)** di me di otto anni.	(*minore/maggiore*=più giovane o vecchio di età)
La spesa di quest'anno è stata **inferiore (superiore)** alle aspettative.	(*inferiore/superiore* = di quantità più piccola o più grande)

2

在较高级比较级中，副词 **bene** 和 **male** 只有不规则的形式：

bene MEGLIO
male PEGGIO

在选择引出**第二个比较项**的词语时，仍遵循我们前面讲过的规则。

ESEMPI

A: Hanno detto che possono rimborsare solo il 40 percento dei biglietti.
B: Beh, è meglio **che** niente!

A: Scusami, sono in ritardo.
B: Meglio tardi **che** mai!

Laura parla l'inglese meglio **di** me.
Stare senza far niente è peggio **che** lavorare troppo.

ESERCIZI 练习

1. Completa correttamente i brevi dialoghi con *migliore/peggiore* o *meglio/peggio*
用 migliore/peggiore 或 meglio/peggio 填空，正确完成下列小对话

1. A: Ti piace questo vino?
   B: Mah, non so, mi sembra .... di quello che beviamo di solito.
2. A: Uffa, non vedo niente, davanti a me c'è uno altissimo!
   B: Siediti al mio posto, di sicuro vedi ....

3. A: Uffa, questa valigia pesa! Ma perché non abbiamo preso la macchina?
   B: Sarebbe stato .... : almeno con la metropolitana evitiamo il traffico.
4. A: Com'è andata?
   B: .... di quanto sperassi! Mi hanno offerto il posto!
5. A: Com'è andata la vacanza?
   B: Abbastanza bene, anche se il tempo è stato .... delle previsioni: ha piovuto tre giorni su cinque.
6. A: Ho sentito che c'è una ragazza nuova in ufficio.
   B: Sì, l'abbiamo presa per sostituire Anna che è in maternità.
   A: E come va?
   B: Guarda, è molto giovane ma fa un lavoro .... di quello di molte persone qui dentro.
   A: Eh, si vede che le piace.

2. Completa con le forme irregolari dei comparativi in base al senso della frase
根据句子意思，选择比较级的不规则形式填空，完成下列句子

1. Il mio lavoro non è granché, ma è sempre .... che niente.
2. Mia sorella .... è infermiera.
3. Ieri ho mangiato in un ristorante .... di quello dove siamo andati con Luigi.
4. Purtroppo quest'anno il livello degli studenti è .... a quello degli anni passati.
5. Siamo leader del mercato perché i nostri prodotti sono di qualità ....
6. A: Come stai?
   B: Male. Ho la febbre alta e mi sento .... di ieri.
7. La temperatura è scesa, oggi è .... di due gradi rispetto a ieri.
8. I prezzi degli affitti salgono, in alcune città sono .... addirittura dell'11 percento.

3. Sostituisci le parti evidenziate con un comparativo irregolare
用比较级不规则形式代替下列句中的一般形式

1. I miei nonni abitano al piano di sopra.
2. Luisa canta bene, ma non bene come Laura.
3. Quest'anno il nostro budget sarà di meno.
4. Questa macchina la vendiamo a un prezzo più basso di quello delle altre.
5. Ho due sorelle più grandi.
6. La situazione è più grave di quanto mi avevano detto.
7. Adesso che la mamma è tornata a casa dall'ospedale per me la vita sarà molto più bella.
8. Dopo un anno in Germania, adesso per fortuna parlo il tedesco con meno difficoltà.

4. Completa il testo con i comparativi irregolari 用比较级的不规则形式填空，完成下列短文

ABBIAMO CURA DEL NOSTRO AMBIENTE

Noi sappiamo che tutte le nostre attività possono avere un effetto sul nostro pianeta: per questo ci impegniamo a realizzare prodotti (1) .... per noi e per l'ambiente, senza rinunciare alla qualità (2) .... e a prezzi sempre (3) .... rispetto al mercato. Come possiamo ottenere tutto questo? Perché sappiamo come eliminare i costi inutili e soprattutto come evitare sprechi di energia. Ogni fase della nostra produzione è stata studiata per avere un (4) .... impatto sull'ambiente, per permettere di riciclare (5) .... i materiali usati e garantire (6) .... vantaggi sia ai nostri clienti che a chi lavora per noi. Questo è il nostro impegno per l'ambiente, perché la Terra è la nostra casa e vogliamo averne cura.

7 SUPERLATIVI 最高级

我们使用形容词的**最高级**表示一种**“极高”**的品质。

ESEMPI

(*aggettivo*: bello)	Questa città è bella.	(*qualità di misura normale*)
	Questa città è più (meno) bella della mia.	(*qualità di misura più/meno alta*)
	Questa città è **bellissima/la più bella**.	(*qualità di misura* **molto alta**)

最高级有两种不同类型：

绝对最高级（Superlativo assoluto）

当我们赋予一个**名词**某种极高的品质，但又与其他事物无关时，使用绝对最高级。

形容词 (去掉词尾的元音) + issimo

Bell(o)	+ ISSIMO	= BELLISSIMO	= MOLTO BELLO
Grand(e)	+ ISSIMO	= GRANDISSIMO	= MOLTO GRANDE
Famos(o)	+ ISSIMO	= FAMOSISSIMO	= MOLTO FAMOSO

这种最高级的形式要与名词进行**性**、**数**配合：

ESEMPI

Il **treno** è lentissim**o**.	(*M.S.*)
Questi libr**i** sono vecchissim**i**.	(*M.PL.*)
La lezion**e** è stata noiosissim**a**.	(*F.S.*)
Quelle scarp**e** sono carissim**e**.	(*F.PL.*)

FRASI

A: Conosci **la ragazza** di Matteo? 你认识马泰奥的女朋友吗？
B: Sì, è **carinissima**. 认识，她非常可爱。

A: Che cosa hai fatto ieri? 你昨天做什么了？
B: Sono andata al cinema, ho visto **un film bellissimo**. 我去了电影院，看了一部非常好看的电影。

A: Sei poi andata alla **conferenza**? 之后你去参加了那个研讨会吗？
B: Sì, ma c'erano **pochissime** person**e**. Comunque, è stata **interessantissima**.
是啊，但是人非常少。不管怎么样，研讨会还是非常有趣的。

相对最高级（Superlativo relativo）

当我们赋予一个**名词**某种极高或极低的品质以**与其他一些同类名词进行比较**时，使用相对最高级。

- 定冠词 + più (meno) + **形容词**

Bello	=	*IL* PIÙ **BELLO**	(IL MENO BELLO)
Grande	=	*IL* PIÙ **GRANDE**	(IL MENO GRANDE)
Famoso	=	*IL* PIÙ **FAMOSO**	(IL MENO FAMOSO)

- 定冠词 + 名词 + più (meno) + 形容词

Libr**o** bell**o**	= *IL* LIBRO PIÙ **BELLO**	(IL LIBRO MENO BELLO)
Valigi**a** grand**e**	= *LA* VALIGIA PIÙ **GRANDE**	(LA VALIGIA MENO GRANDE)
Attor**e** famos**o**	= *L'*ATTORE PIÙ **FAMOSO**	(L'ATTORE MENO FAMOSO)

这种最高级的形式要与名词进行**性**、**数**配合：

ESEMPI

Questo vino è **il più (meno) caro** del ristorante. (*M.S.*)
I tuoi figli sono **i più (meno) bravi** della classe. (*M.PL.*)
Marta è **la più (meno) alta** delle sorelle. (*F.S.*)
Queste scarpe sono **le più (meno) eleganti** del negozio. (*F.PL.*)

根据一般规则 (*)，在相对最高级中用 **di** 或 **che** 引出第二个比较项。

ESEMPI

La loro villa è la più isolata **della** zona. (*DI + nome*)
Questo viaggio è il più bello **che** abbiamo fatto. (*CHE + verbo*)

FRASI

A: Allora, ti piace il cugino di Laura? 你喜欢劳拉的表弟吗？
B: Ah, è **il ragazzo più divertente** che abbia conosciuto!
嗯，他是我认识的最有趣的男孩子！

A: Vi siete divertiti sabato? 周六你们玩得开心吗？
B: Guarda, è stata **la serata più noiosa** che abbiamo mai passato!
天哪，那是我们过的最无聊的一个夜晚。

A: Hai poi comprato il vestito per il matrimonio di Luca?
后来你买了参加卢卡的婚礼要穿的衣服了吗？
B: Guarda, ero molto indecisa, ma alla fine ho preso **il meno caro** dei due, tanto lo metterò solo una volta.
我当时非常犹豫，但最后还是买了两件里面最便宜的那件，反正我只会穿一次。

(*) 见第 25 页第 5 章：**Comparativi 比较级**。

ESERCIZI 练习

1. Completa i brevi dialoghi con l'aggettivo al superlativo assoluto o relativo
用形容词的绝对最高级或相对最高级填空，完成下列小对话

1. A: È vero che Giorgio è così ingrassato?
   B: Sì, guarda, è .... (grasso)
2. A: Senta, devo fare un regalo, vorrei dei fiori veramente freschi ...
   B: Guardi, ... sono quelle rose gialle. (fresco)
3. A: Che ne pensi di loro?
   B: Mah, in generale mi sembrano simpatici, forse .... è Carlo.
   A: Sì, hai ragione, qualche volta è un po' scortese. (simpatico)

4. A: Abbiamo pensato di andare in vacanza in Finlandia, quest'estate.
   B: Fate bene, ci sono stata l'anno scorso e l'ho trovata .... (bello)
5. A: Peccato per Luisa!
   B: È vero! È una ragazza ...., eppure non riesce a trovare lavoro. (intelligente)
6. A: Conosci le sorelle Bianchi, Patrizia e Sara?
   B: Come no! ...., Sara, è stata fidanzata tre anni con mio cugino. (piccolo)
7. A: Tu in che supermercato vai?
   B: Io mi trovo bene al centro commerciale, hanno un sacco di prodotti con la scritta ".................................", che sono convenienti e anche buoni. (caro)

2. Riscrivi le frasi usando il superlativo appropriato 用适当的形容词最高级改写下列句子

1 Nessuno degli studenti è più bravo di Paolo. ....
2 Le ultime giornate sono state veramente faticose. ....
3. È una persona gentile, ma molto noiosa. ....
4. Non avevamo mai visto un appartamento così lussuoso. ....
5. La persona che ti ho mandato è estremamente affidabile. ....
6. Quest'anno non avevo ancora visto un film così stupido! ....
7. Nessuna delle camere dell'albergo è grande come questa. ....
8. È proprio giusto. ....

3. Completa con una frase a piacere con un superlativo assoluto o relativo 根据你们的意愿，用绝对最高级或相对最高级将下列句子补充完整

1. New York è ....
2. Il lavoro è ....
3. Questa è .... che abbiamo mai fatto.
4. Questo è .... dove siamo mai andati.
5. Viaggiare è ....
6. Ho conosciuto ....
7. Mi ha confidato ....
8. La televisione è ....

4. Completa la pubblicità con gli aggettivi dati al superlativo giusto aggiungendo correttamente l'articolo 用下列形容词最高级的正确形式填空，完成下列广告，注意填入正确的冠词

ghiotto *esclusivo* *semplice* *gradito* *nuovo* *conveniente*

UN' OCCASIONE DA NON PERDERE

Gentile Signora,
il nostro ipermercato ha deciso di farLe un regalo, anzi ... tre! Tre buoni acquisto che potrà spendere quando vorrà dal 2 al 30 maggio per (1) .... shopping .... dell'anno! Legga nei buoni qui sotto allegati le modalità: è (2) .... ! I buoni le permetteranno di ottenere uno sconto di 3 euro per ogni acquisto superiore a 3 euro nei giorni da lunedì a venerdì. Non le sembra (3) .... occasione .... dell'anno? Non aspetti altro tempo: venga a trovarci nel nostro (4) .... centro commerciale: troverà (5) .... negozi .... per i suoi acquisti, anche la domenica! Sì, ecco un'altra (6) .... novità: tutte le domeniche La aspettiamo a negozi aperti!

8 SUPERLATIVI IRREGOLARI 最高级的不规则形式

1 形容词：*buono, cattivo, grande, piccolo, alto, basso*

形容词**最高级**除了规则形式外，还有**不规则的形式**：

	Superlativo relativo	***Superlativo assoluto***
buono	il/la migliore (miglior) i/le migliori	ottimo/a ottimi/e
cattivo	il/la peggiore (peggior) i/le peggiori	pessimo/a pessimi/e
grande	il/la maggiore (maggior) i/le maggiori	massimo/a massimi/e
piccolo	il/la minore (minor) i/le minori	minimo/a minimi/e
alto	=	supremo (sommo)/a supremi (sommi)/e
basso	=	infimo/a infimi/e

- 相对最高级形容词**位于名词之前**时，可以去掉词尾的元音“e”：

ESEMPI

La **maggior** parte delle persone desidera essere ricca.
Ha ottenuto il **miglior** risultato.
Mario è il mio **migliore** amico.

- 最高级的不规则形式与最高级的一般形式使用规则一样。前面已经讲过，这些形容词最高级的不规则形式，在不同的语境中，表达的意思是不一样的(*)。

ESEMPI

Abbiamo cenato in un ristorante **ottimo** (**pessimo**).	= un ristorante *molto buono* (*molto cattivo*)
Producono un caffè di qualità **suprema** (**infima**) .	= *altissima* (*bassissima*) qualità
Non ho la **minima** idea di quello che stai dicendo.	= un'idea *piccolissima*
È stata la vacanza **migliore** (**peggiore**) della mia vita.	= la vacanza *più bella* (*brutta*)
La **maggiore** (**minore**) delle sorelle lavora in banca con me.	= la sorella *più vecchia* (*giovane*) d'età

(*) 见第 28 页第 6 章：**Comparativi irregolari 比较级的不规则形式**。

! NOTA BENE 请注意

- 副词 **bene** 和 **male** 的绝对最高级规则形式为：

bene = **benissimo**
male = **malissimo**

也有少量形容词，它们没有以 -issimo 为词尾的绝对最高级形式。

- “migliore/peggiore”和“ottimo/pessimo”这样的形式已经是比较级或最高级的形式了，不能说成“più migliore”或“ottimissimo”。

- 以下形容词的绝对最高级，我们使用 **-errimo** 这样的词缀，词形变化较大：

acre			**acerrimo**
celebre			**celeberrimo**
salubre	+ **errimo**	=	**saluberrimo**
integro			**integerrimo**
misero			**miserrimo**

- 少量以 ***-fico*** 和 ***-volo*** 结尾的形容词，它们的绝对最高级用 **-entissimo** 这样的词缀构成：

Magnifico	+ **entissimo**	=	**magnificentissimo**
Benevolo			**benevolentissimo**

然而以 **-errimo** 和 **-entissimo** 这样的词缀结尾的情况出现频率较低。

FRASI

Questo piccolo paese di montagna è famoso per l'aria **saluberrima**.
这个小山村以它非常清新的空气而著称。
Un **celeberrimo** direttore d'orchestra terrà un concerto nella nostra città.
一位鼎鼎大名的乐队指挥家将在我们的城市举办一次音乐会。
Quel palazzo d'epoca conserva ancora degli arredi **magnificentissimi**.
那座历史悠久的宫殿里仍保存着一些极其精美的装饰品。

ESERCIZI 练习

1. Completa le frasi con il superlativo assoluto o relativo degli aggettivi tra parentesi
用括号内形容词的绝对最高级或相对最高级填空，完成下列句子

1. A: Scusi, per la Stazione Centrale?
   B: Guardi, la cosa .... è prendere la metropolitana: fa due fermate e poi scende. (buono)
2. A: Che persona antipatica!
   B: Sì, anche a me ha fatto una .... impressione. (cattivo)
3. A: Dov'è Paolo? Non doveva aiutarti?
   B: Sì, è stato qui un po', comunque la .... parte del lavoro ho dovuto farla io. (grande)
4. A: Che fine ha fatto Sabrina?
   B: Non ne ho la .... idea, sono secoli che non la sento. (piccolo)
5. Dovete cercate di finire l'esercizio nel .... tempo possibile. (piccolo)
6. A: Il livello di questo lavoro è .... (basso)
   B: Non esagerare! Hanno fatto quello che hanno potuto.

2. Riscrivi le parti evidenziate usando il superlativo appropriato
用适当的最高级形式重新改写下列句中特别标示的部分

1. Guidava a velocità molto grande e ha avuto un grave incidente.
   ....
2. A: Come va Letizia a scuola?
   B: Beh, non è la più cattiva della sua classe, ma potrebbe fare di più.
   ....
3. Se vai a nome mio in quell'agenzia, ti faranno i prezzi più economici.
   ....
4. Non ha mai avuto neanche una piccolissima considerazione per gli altri.
   ....
5. Le temperature più basse e più alte di domani saranno di 0 e 8 gradi.
   ....
6. Quel quartiere ha una reputazione molto cattiva, per questo le case le vendono ai prezzi più bassi del mercato.
   ....
7. A: Come va il lavoro?
   B: Molto bene. Quest'anno abbiamo avuto i risultati più buoni degli ultimi 10 anni.
   ....

3. Rispondi a piacere con un superlativo irregolare
用最高级的不规则形式自由回答下列问题

1. A: Che ne dici, andiamo a cena al ristorante cinese?
   B: ....
2. A: Ho deciso di prendermi un anno sabbatico.
   B: ....
3. A: Che ne pensi di questi prodotti?
   B: ....
4. A: Che cosa fa Marco adesso?
   B: ....
5. A: Come sta tua madre?
   B: ....
6. A: Mi saprebbe consigliare un buon ristorante?
   B: ....
7. A: Come vanno gli affari?
   B: ....
8. A: Non mi sento molto bene, ho la nausea ...
   B: ....

4. Completa il testo con i superlativi irregolari 用最高级的不规则形式填空，完成下面的短文

MERCATI FINANZIARI

Dopo una giornata senza particolari entusiasmi, le borse europee sono riuscite a rialzare la testa sulla scia di Wall Street. La Borsa (1) .... è stata quella di Parigi, salita dell'1,13 percento, mentre a Piazza Affari il Mibtel si è avvicinato ai (2) .... dell'anno con un rialzo dello 0,48 percento. I titoli (3) .... sono stati quelli del comparto bancario, in particolare Bancageneral (+ 3,5%), mentre rimangono fra i (4) .... della settimana i telefonici, come Telitalia (-1,18%) e Genitel (- 0,54%). Chiusura positiva invece per il nuovo mercato, con un (5) .... recupero del titolo Mitsoftware (+ 3,8%), dopo l'annuncio della fusione con un'altra società non quotata.

9 ALTRI MODI DI FORMARE COMPARATIVI E SUPERLATIVI
比较级与最高级的其他构成形式

形容词的**比较级**和**最高级**还有一些其他形式。

同级比较（Comparativo ugualianza）

除了用 come 或 quanto，我们还可以使用：

non meno di/(che)
al pari di/(che)
altrettanto (di/che)

ESEMPI

La nostra città è importante **al pari della** vostra. = (*come* la vostra)
È intelligente **non meno che** bella. = (intelligente *quanto* bella)
Questa macchina è **altrettanto** sicura della tua. = (sicura *come* la tua)

di 或 che 的选择问题遵循我们前面讲过的一般规则 (*)。

(*) 见第 25 页第 5 章：**Comparativi 比较级**。

绝对最高级（Superlativo assoluto）

除了使用“形容词 + -issimo”的形式以外，我们还可以使用：

- 副词：

molto
davvero
assai + ***l'aggettivo***
proprio
oltremodo

estremamente
veramente
straordinariamente
incredibilmente
assolutamente (ecc.)

ESEMPI

È stata una conferenza **molto interessante**. = *interessantissima*
Fa un lavoro **estremamente difficile**. = *difficilissimo*
Hanno trovato una villa da ristrutturare ad un prezzo **assai vantaggioso**. = *vantaggiosissimo*
La tua ragazza è **proprio carina**. = *carinissima*

这样的用法多用于口语。

- 反复使用两遍形容词

ESEMPI

Mamma, guarda! Ho disegnato Babbo Natale con la barba **lunga lunga**. = *lunghissima*
Ho visto un appartamento **bello bello**. = *bellissimo*

- 加前缀：

stra
ultra + ***l'aggettivo***
arci

ESEMPI

Mio zio è **straricco**. = *ricchissimo*
In casa ha un arredamento **ultramoderno**. = *modernissimo*

A: Allora, sei contento del regalo?
B: Contento? Sono **arcicontento**! = *contentissimo*

反复使用形容词和加前缀的形式具有一定的局限性。

FRASI

Il tuo comportamento con Simone è stato **oltremodo** maleducato: scusati subito!
你对西蒙的所作所为非常没教养，你赶紧道歉！
Ho comprato uno di quei nuovi televisori con lo schermo **ultrapiatto**. 我买了一台那种新的超平板电视。
Non so perché, ma stasera mi sento **stanca stanca**. 也不知道为什么，今晚我感到非常累。
È un attore **arcifamoso**, ma in questo momento proprio non mi viene in mente il suo nome.
他是一位特别有名的演员，但我突然想不起他的名字来了。

ESERCIZI 练习

1. Trova altri modi per esprimere i seguenti comparativi e superlativi
用其他形式表达下列比较级或最高级

1. grande come la tua ....
2. luminosissima ....
3. famosissimi ....
4. testardissimo ....
5. spaziosissimo ....
6. lucide come le vostre ....
7. altissimo ....
8. sicuri come i suoi ....
9. rigidissimo ....
10. scontatissime ....
11. necessario come dormire ....
12. divertente come in vacanza ....

2. Completa opportunamente i brevi dialoghi con altri modi per esprimere i comparativi e i superlativi 用比较级或最高级的其他表达方式填空，正确完成下面的小对话

1. A: Allora, sei andato a vedere l'appartamento? È grande?
   B: Sì, ma è .... dal centro. (lontano)
2. A: È un posto piccolo e un po' provinciale, no?
   B: Può sembrare, ma ci sono servizi e negozi .... in una grande città. (fornito)
3. A: Mi sento uno straccio, stanotte non ho chiuso occhio per il caldo e le zanzare.
   B: A chi lo dici, sono .... di te. (stanco)
4. A: Che guaio! Siamo rovinati!
   B: Dai, la situazione è ...., ma non dobbiamo arrenderci. (delicato)
5. A: Che bell'ambiente, non trovi?
   B: Sarà, ma a me queste cose .... non piacciono molto. (moderno)
6. A: Dai, stai tutto il giorno sui libri, prendi un po' d'aria!
   B: Non posso, ho l'esame, devo studiare giorno e notte.
   A: Non esagerare! Il riposo è .... studio. (importante)

3. Trasforma le frasi usando altri modi per esprimere il comparativo o il superlativo 用比较级或最高级的其他表达方式重新改写下列句子

1. Laura è brava a scuola, ma anche sua sorella Maria ottiene buoni risultati.
   ....
2. Questo vino è carissimo.
   ....
3. Il ristorante dove siamo andati era davvero pessimo.
   ....
4. Mi piacerebbe lavorare in un posto interessante come il tuo.
   ....
5. La mia situazione non è meno complicata della tua.
   ....
6. Hanno fatto un'ottima impressione.
   ....
7. Abbiamo alloggiato in un albergo buono come un quattro stelle.
   ....
8. Il suo atteggiamento è sbagliatissimo.
   ....

4. Completa il testo con gli aggettivi dati al comparativo o superlativo (altri modi) 用下列形容词的比较级或最高级填空，完成下面的短文（注意使用其他方式）

accogliente *pittoresco* *pulito* *disponibile* *spazioso*

PENSIONE ELIA, ALBERGO DI CITTÀ

Situata in centro, all'interno delle mura della splendida città di xxxx, la Pensione Elia è una casa di città rimodernata con gusto, oltre che (1) .... Le camere variano leggermente per dimensioni, ma per la maggior parte sono (2) .... e in generale hanno piccoli balconi che danno su una strada (3) .... I mobili in legno sono semplici ma carini, con molto spazio a disposizione per i vostri oggetti personali; le camere all'ultimo piano sono più piccole ma (4) .... di quelle ai piani inferiori e con una magnifica vista . Il Signor Elia è (5) ...., e potete rivolgervi a lui per informazioni, quando l'ufficio del turismo è chiuso.

10 VERBI SEGUITI DA PREPOSIZIONI 由前置词引导出的动词

1 在意大利语中，当两个动词连用时，第二个动词应为不定式 (也有少数情况使用副动词)：

动词 + 动词不定式

Ho visto	***arrivare*** Renato.
1° verbo	2° verbo
Vorrei	***bere*** qualcosa.
1° verbo	2° verbo

2 一些动词后面可以直接跟动词的不定式，还有一些动词后面需要加上**前置词**，用于引出第二个动词：

● **动词 + di** + 动词不定式

表示**一个动作的结束、终止**：

finire	**Hai finito *di*** pulire il giardino?
piantarla	Marco, **piantala *di*** mangiare le patatine!
smettere	Sai, **ho smesso *di*** fumare.
terminare	Il ministro **ha terminato *di*** parlare alle undici.

表示**意图**：

cercare	**Ho cercato *di*** andare in palestra tutti i giorni.
sforzarsi	Bisogna **sforzarsi *di*** capire il punto di vista degli altri.
tentare	Silvia **ha tentato *di*** studiare il cinese.
(*eccezione: provare a*)	

● **动词 + a** + 动词不定式

表示**一个动作的开始或继续**：

cominciare	**Ho cominciato *a*** leggere il libro che mi hai regalato.
mettersi	Carlo **si è messo *a*** studiare tedesco.
continuare	**Continuava *a*** nevicare e così la partita è stata sospesa.
stare	Non **sto *a*** raccontarti tutta la storia altrimenti non finiamo più!

表示**能力**：

arrivare	Non **arrivo *a*** capire perché si è comportato così.
riuscire	**Riesci *a*** leggere quel cartello?

表示**运动**：

accompagnare	Mi **accompagni *a*** fare la spesa?
andare	**Vado *a*** trovare i miei genitori per Natale.
correre	**Corri *a*** vedere: c'è Mario in TV!
entrare	**Entro** un momento ***a*** comprare le sigarette.
mandare	**Hai mandato** qualcuno ***a*** spedire il fax?
salire	**Salite *a*** bere qualcosa da me?
tornare	**Sei tornato *a*** vedere quel film? È la terza volta!
uscire	**Uscite *a*** fare jogging con questa pioggia?
venire	**Vieni *a*** trovarmi quando vuoi.

还有一些动词无法确切归类，因此需要特别记忆。

- 动词 + **di** + 动词不定式

accorgersi	**Mi sono accorto *di*** spendere davvero troppo.
confessare	**Ha confessato *di*** fumare in bagno.
consigliare	Vi **consiglio *di*** provare gli spaghetti ai frutti di mare.
dimenticarsi	**Mi sono dimenticato *di*** fare gli auguri a Marta.
dire	**Ha detto *di*** preparare un dolce per stasera.
pregare	La **prego *di*** entrare in sala, il film sta iniziando.
ricordarsi	**Ti sei ricordato *di*** spegnere la stampante?
rifiutarsi	**Mi rifiuto *di*** firmare questo documento.

- 动词 + **a** + 动词不定式

abituarsi	**Mi sono abituato a** guidare in Italia.
aiutare	Scusa, mi **aiuti *a*** spostare questo mobile?
costringere	Ti **ha costretto *a*** fare questo?
decidersi	Non **si decide *a*** darmi una risposta.
divertirsi	**Ti diverti *a*** fare questi scherzi stupidi?
imparare	**Impara *a*** rispettare le regole.
insegnare	Chi ti **ha insegnato a** sciare?
invitare	Vi **invito** tutti ***a*** bere qualcosa da me.
restare	Dai, **resta *a*** guardare il film con noi.
rinunciare	Anche se piove non **rinuncio *a*** uscire.
sbrigarsi	**Sbrigati *a*** finire i compiti!

NOTA BENE 请注意

- 在前后两个动词的主语一致的情况下，我们可以用前置词 **di** + 动词不定式的形式来代替动词**虚拟式** (*)：

Spero che *Marina faccia* presto. (io … lei) — **Spero di *fare*** presto. (io … io)

Aspetto che *vediate* i risultati. (io … voi) — **Aspettano di *vedere*** i risultati. (loro … loro)

ESEMPI

avere paura	Lui **ha paura di** prendere l'aereo.
avere bisogno	**Ho bisogno di** parlare con l'avvocato.
avere voglia	**Ho voglia di** mangiare una pizza.
chiedere	**Ha chiesto di** partecipare alla riunione.
credere	**Crede di** essere un grande attore, figurati!
decidere	**Ha deciso di** partire il mese prossimo.
pensare	Marco **pensa di** parlare bene l'inglese.
permettere	Ci **permetteranno di** entrare?
pretendere	Maria **pretende di** avere sempre ragione.
vergognarsi	Non **si vergognano di** dire queste cose?

(*) 表示意见、意愿、期盼、希望、怀疑、害怕等的动词。见第 81 页第 24 章：**Il congiuntivo presente: verbi regolari 虚拟式现在时：规则动词**。

ESERCIZI 练习

1. Abbina le frasi delle due colonne 将左右两部分的句子连接起来

1. Insomma, sbrigati
2. Ho cominciato
3. Hai provato
4. Hai cercato
5. Il bambino si è messo
6. In aeroporto mi sono accorta
7. Finalmente ho finito
8. Mi piace il caos e non mi abituerò mai

a) di fare una dieta seria?
b) a mangiare meno?
c) di aver dimenticato il biglietto.
d) a chiudere le valigie!
e) di pulire il garage!
f) a vivere in campagna.
g) a piangere senza motivo.
h) a fare yoga regolarmente.

2. Leggi il testo e scegli la preposizione corretta 阅读下面的文章，选择正确的前置词

Ormai è impossibile cercare 1)di/a ignorare il problema: l'inquinamento dell'aria è diventata una questione di rilevanza mondiale. Il Protocollo di Kyoto, in vigore dal febbraio 2005, chiede agli stati firmatari 2)di/a ridurre le emissioni di anidride carbonica. Tutti noi, però, possiamo fare qualcosa, per esempio sforzarci 3)di/a adottare comportamenti più corretti. Possiamo decidere 4)di/a usare per la nostra casa le nuove "vernici intelligenti" che aiutano 5)di/a usare di meno caloriferi e condizionatori oppure provare 6)di/a fare la spesa in uno dei cento negozi italiani che hanno scelto 7)di/a rinunciare 8)di/a confezionare la merce, evitando quindi spreco di carta e plastica. In fondo, non è difficile imparare 9)di/a rispettare l'ambiente.

3. Di o A? Completa le frasi 用 di 或者 a 填空，完成句子

1. Che peccato! Ha smesso .... nevicare.
2. Paola si è finalmente decisa .... imparare l'inglese.
3. Avete provato .... parlare con il direttore?
4. Il dottore ha detto che devo rinunciare .... mangiare dolci e fritti.
5. Andiamo .... trovare Monica?
6. Scusi, Le dispiacerebbe aiutarmi .... compilare questo modulo?
7. Abbiamo cercato .... convincerlo ma non ci siamo riusciti.
8. Non ti accorgi .... essere un po' troppo aggressivo?

4. Completa le frasi, facendo attenzione alla preposizione corretta, e segna il gruppo di appartenenza del verbo sottolineato, come nell'esempio
填空完成下列句子，注意使用正确的前置词，然后参照范例，指出所填写的部分属于哪种类型

inizio *continuazione* *fine* *capacità* *tentativo* *movimento*

1. Cercherò ...di arrivare in tempo............ ...tentativo............
2. Vado ....
3. Termino ....
4. Non riesce ....
5. Iniziamo ....
6. Ha continuato ....
7. Vieni ....
8. Mi sono messo ....

11 PRONOMI INTERROGATIVI 疑问代词

在提问 (直接的或间接的) 时我们经常用到疑问代词：

Chi
Che / Che cosa / Cosa
Quale
Quanto

1 Chi

● 指代有生命的物体 (人或动物)。没有词形的变化。可以单独使用，也可以用在前置词的后面。

ESEMPI

A: **Chi** è al telefono?
B: Sono **Paola Rossi**. (chi = *Paola*)

A: **Con chi** sei uscita ieri?
B: **Con Pierluigi**. (con chi = *con Pierluigi*)

A: Guarda, sono arrivati dei fiori ma non so **per chi** sono.
B: Vediamo se c'è un biglietto … Ah, sono **per me**! (per chi = *per me*)

A: **Per chi** è questa nuova ciotola?
B: **Per Cirillo**, il mio gatto. (per chi = *per il mio gatto*)

● 当 **chi** 指的是句子的主语，是第三人称单数，因此谓语动词也应该使用第三人称单数形式。

ESEMPI

Chi parla?
Chi è entrato?
Chi verrà alla festa?

● 代词 **chi** 也可以指代与动词 essere 一起使用的复数。

ESEMPI

Chi **sono** *queste persone*? (chi = *queste persone, i tuoi amici*)
Chi **sono** *i tuoi amici*?

2 Che / Che cosa / Cosa

● 指代事物 (一件物品或一种行为)，因此不可用于有生命的物体。没有词形的变化。可以单独使用，也可以用在前置词的后面。

ESEMPI

A: **Che** mangiamo oggi?
B: **Pollo** arrosto. (che = *il pollo*)

A: **A che** serve questo?
B: **A togliere** i parassiti dalle piante. Stai attento, è velenoso. (a che = *a togliere*)

A: Hai il cavatappi?
B: No.
A: Allora **con che** apriamo la bottiglia?
B: Prova **con questo coltello**. (con che = *con il coltello*)

● 我们也可以把 **che** 作为疑问形容词 (后跟名词) 使用，与 **quale** 表示相同的含义。

ESEMPI

Che caramelle mangi?
Che cantante preferisci?
Che lavoro fai?

3 Quale

● 用于表明质量和种类。可以指代事物也可以指代人，可以单独使用。也可以用在前置词的后面。根据单复数的不同，有两种不同的词形：

	S.	PL.
M./F.	**quale**	**quali**

ESEMPI

A: C'è **vino bianco o rosso. Quale** vuoi?
B: Rosso, grazie.

A: **Quali** sono **i tuoi interessi**?
B: Mi piace la musica e anche fare sport.

A: Conosci **quella ragazza**?
B: **Quale**?
A: La bionda.

A: Per favore, porta questo caffè **a quel signore**.
B: **A quale**?
A: Al signore calvo con la giacca grigia.

● 我们也经常把 **quale** 当作疑问形容词 (后跟名词) 使用，与疑问代词表示相同的含义。

4 Quanto

● 用于表明具体数量。可以单独使用，也可以用在前置词的后面。有四种不同的词形 (阴阳性、单复数)：

	S.	PL.
M.	**quanto**	**quanti**
F.	**quanta**	**quante**

ESEMPI

A: Vorrei della **mortadella**.
B: **Quanta**?
A: Facciamo 3 etti. (quanta = *la mortadella*)

A: Hai dei **fogli bianchi** da darmi?
B: **Quanti** ne vuoi?
A: 10 bastano. (quanti = *fogli*)

A: Lo conosco da un sacco di **tempo**.
B: **Da quanto**?
A: Almeno da 10 anni. (da quanto = *tempo*)

● 我们经常把 **quanto** 当作疑问形容词 (后跟名词) 使用，与疑问代词表示相同的含义。

ESEMPI

Quanti anni hai?
A quante persone l'hai detto?
Da quanto tempo lavori qui?
Quanta carta ti serve?

NOTA BENE 请注意

○ 所有的疑问形容词和疑问代词都可以在**感叹句**（**frasi esclamative**）中使用，用来表达喜爱、讨厌、惊喜、讽刺等意思。

ESEMPI

Che bella ragazza! *(ammirazione)*
Quanta sporcizia in questa camera! Perché non ti decidi a pulire? *(disgusto)*
Siamo invitati anche noi? **Quale** onore! *(sorpresa)*
Tu sei stanco? A **chi** lo dici! *(ironia)*

A: Perché non parli con lei?
B: A **che** pro? Ha già deciso e non cambierà idea. *(cinismo/rassegnazione)*

ESERCIZI 练习

1. Completa correttamente con chi, che, quale, quanto
用 chi, che, quale, quanto 正确填空，完成下列句子

1. A: A .... hai spedito l'invito per l'inaugurazione?
   B: A circa 300 persone.
   A: Uhm, non bastano, dobbiamo spedirne altri 200.
   B: Va bene, ma a .... ? Io ho già contattato tutti quelli che avevo nel database.
2. A: Scusi, ... viene quella giacca di pelle in vetrina?
   B: .... ?
   A: Quella chiara, corta.
   B: Ah, quella è scontata del 20%, viene 120 euro.
3. A: .... era al telefono?
   B: Mah, niente, hanno sbagliato numero.
4. A: Mamma mia, ... film orrendo!
   B: Hai ragione, volevo uscire già dal primo tempo.
5. A: Scusa, ... hai detto? Ero distratta.
   B: Ti ho chiesto se hai visto Paolo recentemente.
   A: Paolo .... ?
   B: Il fratello di Luca ...
   A: Ah, lui. No, Luca mi ha detto che si è trasferito a Roma per lavoro.
6. A: .... hai salutato?
   B: Una delle sorelle di Piero.
   A: Un'altra?! Ma .... ne ha?
   B: Ah, è una famiglia numerosa, sono in sei, e Piero è l'unico maschio.

2. Ricostruisci le frasi 重新组合句子

1. Con chi	a) dipende?
2. Da quanto	b) ti serve?
3. Per quanto	c) ne hai ordinata?
4. Quale	d) si prepara?
5. Da che	e) avete il gatto?
6. Secondo chi	f) vi fermate?
7. Con che	g) è sbagliato?
8. Quanta	h) andate?

3. Scrivi le domande usando *chi, che, quale, quanto* e le preposizioni quando necessario
用 chi, che, quale, quanto 提出问题，如有必要，可以加入前置词

1. A: ....?
   B: Con Paolo.
2. A: ....?
   B: Circa due settimane.
3. A: ....?
   B: Per un anno e mezzo.
4. A: ....?
   B: Quelli blu.
5. A: ....?
   B: Più o meno quindici.
6. A: ....?
   B: Da mia sorella.
7. A: ....?
   B: Al signore seduto al tavolo 6.
8. A: ....?
   B: Con lo yogurt e i frutti di bosco.

4. Inserisci nei dialoghi le seguenti espressioni per esprimere ironia, sorpresa, disapprovazione, disgusto...
将下列表达方式填入对应的句子中，用于表示讽刺、惊喜、责备、讨厌等意思

a chi lo dici *quale onore* *che bello* *che schifo* *quanto spreco* *a che pro*

1. A: Siamo stati invitati da Lisa e Guido per il fine settimana.
   B: ....! E come mai si sono fatti vivi dopo tutto questo tempo?
   A: Fanno l'inaugurazione della nuova casa e così hanno invitato un sacco di gente.
2. A: Luisa è piena di vestiti che non si mette, e continua a comprarne altri.
   B: ....! Ma non potrebbe regalarli a qualcuno? Con tutta la gente che ha bisogno!
3. A: Non sopporto più di stare dai miei, continuano ad assillarmi, non sono libero di fare niente.
   B: ....! Ma intanto, se non troviamo lavoro come facciamo ad andarcene?
4. A: Ho avuto il posto!
   B: ....! Quando cominci?
   A: Alla fine di questo mese.
5. A: Senti, ma se le cose al lavoro vanno così male, perché non ne parli con Giorgio?
   B: ....? Lui non ci può fare niente, è il capo che decide.
6. A: ....! Da quanto non pulisci?
   B: Uffa, lasciami in pace, non ho tempo adesso.

12 PRONOMI INDEFINITI 泛指代词

泛指代词可以**指代**未明确指出的**人或事物**。

ESEMPI

Vi posso offrire **qualcosa**? (qualcosa = *da mangiare o da bere, non specifico*)
Non ho visto **nessuno**. (nessuno = *una persona, non dico quale*)
Tu non hai fatto ferie, la tua collega ne ha fatte **troppe**. (troppe = *sostituisce* ferie *ma non indica esattamente la quantità*)

泛指代词有三类：

具有**四种词形变化**的泛指代词：

alcuno
tanto
altrettanto
altro
uno
molto
poco
troppo
tutto

	S.	PL.
M.	-o	-i
F.	-a	-e

ESEMPI

A: Ci sono ***delle belle cose*** in quel negozio?
B: **Alcune** sì, **altre** sono molto care e secondo me non di buona qualità. (alcune, altre = *cose*)

A: Quanti ***giorni*** sei stato in Giappone?
B: **Pochi**, sono andato per lavoro. (pochi = *giorni*)

A: C'era molta ***gente*** al matrimonio?
B: **Tanta**, forse **troppa**. (tanta, troppa = *gente*)

A: Hai speso molto per il viaggio?
B: Beh, ho speso 400 ***euro*** per l'aereo e **altrettanti** per il vitto e l'alloggio. (altrettanti = *euro*)

- 泛指代词 uno 和 altro 可以一同使用以表示相互的关系。

ESEMPI

A: Dove sono ***i ragazzi***?
B: **Uno** a studiare, **l'altro** in palestra.

Siamo senza ***segretarie***, **una** è in ferie, **l'altra** in maternità.

2

具有**两种词形变化**的泛指代词：
(只有单数或复数 *solo al singolare o solo al plurale*)

qualcuno
ciascuno
ognuno
nessuno

	S.
M.	-o
F.	-a

certi (certuni)

	PL.
M.	-i
F.	-e

ESEMPI

Certi proprio non capiscono l'educazione!
Ognuno deve lavorare.

A: Hai visto **qualcuno**?
B: No, non c'è **nessuno**.

3

无词形变化的泛指代词：

chiunque (chicchessia) (*solo per le persone*)

qualcosa
niente (nulla) (*solo per le cose*)

ESEMPI

È una persona che non parla con **chiunque**.

A: Ti offro **qualcosa**?
B: **Nulla,** grazie, ho già mangiato.

! NOTA BENE 请注意

- 有很多泛指代词也是形容词 (*) 或副词，特别是下面这些词：

  tanto, altrettanto, poco, parecchio, molto, troppo

ESEMPI

Ho mangiato **troppo**
poco
parecchio
ecc.

(*) 见第 22 页第 4 章：**Aggettivi indefiniti 泛指形容词**。

ESERCIZI 练习

1. Completa i dialoghi con i seguenti pronomi indefiniti alla forma giusta
用下列泛指代词的正确形式填空，完成对话

ognuno *alcuno* *altro* *qualcosa* *chiunque* *qualcuno* *troppo*

1. A: È venuto ....?
   B: No, perché?
   A: Mi è sembrato di sentire bussare alla porta.
2. A: Mamma mia quanta gente che aspetta la metropolitana!
   B: .... Io aspetto il prossimo treno.
   A: Io sono già in ritardo, cercherò di salire comunque.
3. A: Come vanno i nuovi assunti?
   B: Al solito. .... imparano in fretta e lavorano bene, ... non si danno molto da fare.
4. A: Cerchi ....?
   B: Sì, le mie chiavi. Tu le hai viste?
5. A: Ma sei matta a tenere la porta aperta così?! Può entrare ....!
   B: Stai calmo, adesso la chiudo.
6. A: Che bel buffet! È per noi?
   B: Certo. .... può prendere quello che vuole.

2. Abbina le frasi 连接句子

1. Non mettere più zucchero: — e)
2. C'è molto traffico?
3. Chi era al telefono?
4. Se continui a spendere così
5. Non è difficile:
6. Litigate sempre e
7. Butto tutti i vestiti che non metto più
8. Che robaccia! Ma come fanno a venderla?

a) può farlo chiunque.
b) e ne compro altrettanti nuovi.
c) ognuno vuole avere ragione.
d) Beh, a qualcuno piace.
e) ce n'è già troppo.
f) Nessuno, hanno sbagliato.
g) non ti resterà niente.
h) Parecchio, è l'ora di punta.

3. Scrivi la domanda o la risposta usando un pronome indefinito 使用泛指代词写出问题或回答

1. A: ....?
   B: Sì, è passata Angela e ti ha lasciato questa busta.
2. A: Che cosa hai detto?
   B: ....
3. A: ....?
   B: Grazie, prendo volentieri un caffè.
4. A: Chi stai aspettando?
   B: ...., perché?
5. A: Deve parlare con una persona in particolare?
   B: No, ...
6. A: ....?
   B: No, va bene così.

4. Completa il dialogo con i pronomi indefiniti giusti 用正确的泛指代词填空，完成对话

A: Mi sembri un po' giù. (1) .... non va?
B: No, sono solo stanco. C'è troppo lavoro, ci vorrebbe (2) .... che mi desse una mano.
A: Beh, se è solo per questo, ce ne sono fin (3) .... che cercano lavoro ...
B: Sì, certo, ma io non voglio prendere (4) .... Ci vorrebbe (5) .... in gamba, con molta voglia di lavorare e impegnarsi, ma che vada anche bene con le persone che abbiamo già.
A: Allora hai già provato a cercare?
B: Stiamo cercando da mesi, figurati, ma non troviamo (6) ....
A: Mi sembra strano, però, con tutta la gente disoccupata che c'è in giro ...
B: Eh, il problema è che (7) .... non hanno esperienza, (8) .... che potrebbero andare bene chiedono (9) .... e noi, come sai, non possiamo pagare (10) ....
A: Ascolta, se vuoi, mi informo e vedo se fra le persone che conosco c'è (11) .... interessato.
B: Grazie, se puoi, mi faresti un favore.

13 ESPRESSIONI CON *CI* E *NE* 带有CI或NE的表达方式

1

我们在初级语法分册中已经讲到，代词 **ci** 可以指代一个地点。

ESEMPI

Vado **a Roma** e **ci** rimango tre giorni. (ci = *a Roma*)
Che cosa **ci** fai **qui** a quest'ora? (ci = *qui*)

然而也有许多以**动词词尾加 ci 的表达方式**，这些表达方式中的 **ci** 与上述用法不一样。
以下是一些实例：

capirci	**cascarci**
contarci	**crederci**
metterci	**pensarci**
provarci	**riuscirci**
sentirci	**scommetterci**
tenerci	**vederci**
volerci	

● 在意大利语中，这些表达方式常用作惯用语，要符合实际使用的需要。
请看以下范例：

ESEMPI

A: L'esame è troppo difficile, non lo passerò mai.
B: Dai, almeno **provaci**! (*provaci* = prova *a fare l'esame*)
A: È inutile, **non ci riuscirò** mai. (*non ci riuscirò* = non riuscirò *a passare l'esame*)

A: Quanto **ci scommetti** che Mario non ti restituirà più i soldi che gli hai prestato? (*ci scommetti* = scommetti *su questo fatto*)
B: Ma se glieli ho chiesti già tre volte!
A: Eh, ma lui da quell'orecchio **non ci sente**! (*non ci sente* = non sente *quello che dici*)

A: Hai sentito che Mauro **si compra una Ferrari**?
B: **Non ci credo**! (*non ci credo* = non credo *a questa cosa*)

A: Sai? Ho detto a Marina per scherzo che il mese prossimo ci sposiamo e lei **ci è cascata**!
B: È proprio una credulona!
(*ci è cascata* = è cascata *su quello che ho detto, ha creduto a tutto*)

A: Marco ha finalmente ottenuto la promozione, dopo tanto tempo.
B: Sì, lui **ci ha** sempre **creduto**.
(*ci ha creduto* = ha creduto *alla promozione*)

A: Senti! C'è Tommaso al telefono, vuole parlarti.
B: Mi dispiace, **non ci parlo**, mi ha fatto troppo arrabbiare.
(*non ci parlo* = non parlo *con Tommaso*)

我们在初级语法分册中已经说到了代词 **ne** 可以指代部分的数量。

ESEMPI

A: Quanti panini vuole?
B: Me **ne** dia **cinque**.
(ne = *di panini*)

A: Prendi un po' di frutta!
B: No, grazie, non **ne** voglio.
(ne = *quantità 0 di frutta*)

然而，也有许多以**动词词尾加 ne** 的**表达方式**，这些表达方式中的 **ne** 与上述用法不一样。
以下是一些实例：

dirne
esserne (+ aggettivo)
parlarne
pensarne
saperne
sentirne parlare
valerne la pena
non poterne più

- 在意大利语中，这些表达方式常用作惯用语，要符合实际使用的需要。

ESEMPI

A: Ti do un passaggio in macchina?
B: **Non ne vale la pena**, abito a due passi da qui.
(*non ne vale la pena* = non vale la pena *di darmi un passaggio, non è necessario*)

A: **Che ne dici** di andare da Fernando, stasera?
B: Buona idea!
(*che ne dici* = che dici *del fatto di andare da Fernando*)

Sono andata a Roma e **ne sono tornata** entusiasta.
(*ne sono tornata* = sono tornata da Roma)

A: Allora, com'è la faccenda di Monica?
B: **Non ne so** niente.
(*non ne so niente* = non so niente *di questa faccenda*)

A: Ma dai! **Ne parla** tutto l'ufficio. Dicono che ha problemi con il capo ...
(*ne parla* = parla *di questa faccenda*)
B: Io **non ne ho** mai **sentito parlare**.
(*non ne ho sentito parlare* = non ho sentito parlare *di questa faccenda*)

Sto parlando da tre ore: **non ne posso più**!
(*non ne posso più* = sono stanco/a, sono stufo/a di questo!)

ESERCIZI 练习

1. Abbina ciascuna espressione con *ci* o *ne* al significato corrispondente
将下列带有 ci 或 ne 的表达方式分别与其正确的解释选项连接起来

1. Che ne dici?
2. Non ne vale la pena
3. Non ci credo!
4. Ci sei cascato!
5. Ne ho sentito parlare
6. Ci conto
7. Ci tiene molto
8. Non ci provare!

a) Hai creduto a uno scherzo.
b) per lui è molto importante.
c) Non devi neanche pensare di fare questa cosa.
d) Sei d'accordo o no?
e) non puoi deludermi.
f) Non è possibile.
g) è inutile fare questa cosa.
h) lo conosco di nome.

2. Completa i dialoghi con le seguenti espressioni coniugate alla forma giusta
用下列词语的正确变位形式填空，完成对话

riuscirci *saperne* *pensarci* *scommetterci* *sentirci* *esserne*

1. A: Mi sono dimenticata di fare la spesa!
   B: Non preoccuparti, ... io.
2. A: Mamma, voglio parlare anch'io con il nonno al telefono!
   B: Sì, ma parla forte, non .... bene.
3. A: Che hai, stai male?
   B: Domani ho l'esame, ma non mi ricordo niente, farò una figuraccia!
   A: Ma va! Andrai benissimo, ... sicura!
   B: Dici davvero?
   A: Quanto ....? Prenderai il massimo.
4. A: Hai preso tu il messaggio di Franchini? Doveva confermare l'appuntamento di giovedì ...
   B: Io sono appena arrivata, forse .... qualcosa Carolina.
5. A: È inutile, non .... mai!
   B: Dai, non scoraggiarti, vedrai che con un po' di impegno migliorerai.

3. Trova e scrivi la frase che precede le seguenti affermazioni
写出下列句子之前的句子，注意写出代词 ci 或 ne 指代的内容

1. Ci penso io. ....
2. Non ci credo! ....
3. Non ci capisco niente. ....
4. Non ci vedo bene. ....
5. Non ne so niente. ....
6. Ne ho sentito parlare. ....
7. Ci mettiamo un'ora. ....
8. Non ci vuole ancora molto. ....
9. Ci scommetto la testa! ....
10. Contaci! ....

4. Completa opportunamente con le espressioni con *ci* e *ne*
用带有 ci 或 ne 的正确表达方式填空，完成下列句子

1. A: Che caldo qui! Puoi aprire la finestra?
   B: ...., si è incastrata!
2. A: Abbiamo tutto tranne il vino.
   B: Non preoccuparti, Gianni ha detto che ....
3. A: Allora, avete visto la casa? È veramente un affare come dicevano?
   B: Beh, il prezzo è basso, però è tutta da ristrutturare: per noi non ....

4. A: Ti dispiace se cambiamo posto? Ho una colonna proprio davanti, non ....
   B: Certo, non c'è problema.
5. A: Paolo non viene con noi domani.
   B: .... sicuro? L'ho sentito ieri e non mi ha detto niente.
6. A: Franca non ci darà mai quei soldi, non le interessa il progetto.
   B: Che ....? Magari ha cambiato idea.
7. A: Mia madre mi ha dato il permesso! Posso venire in vacanza con voi!
   B: Non ....! Come hai fatto a convincerla?
8. A: Quanto .... che Marta non si fa vedere neanche questa volta?
   B: Dai, un po' di pazienza! È in ritardo di soli 10 minuti!

14 I PRONOMI COMBINATI 组合代词

在意大利语中，经常将第三人称**直接宾语代词** (**pronomi diretti**) 与间接宾语代词 (**pronomi indiretti**) 组合起来，构成**组合代词**。

ESEMPI

Regalo ***un libro***	= ***LO*** regalo	(***LO*** = *un libro*: pronome diretto M.S.)
Regalo ***a Maria***	= ***LE*** regalo	(***LE*** = *a Maria*: pronome indiretto F.S.)
Regalo **un libro a Maria**	= **GLIELO** regalo	(**GLIELO** = *LE* + *LO*: pronome indiretto F.S. + pronome diretto M.S.)

下面是组合代词的书写规则一览表：

Pronomi indiretti		Pronomi diretti	**PRONOMI COMBINATI**	
(*a me*)	MI	LO	**ME LO**	(LA, LI, LE)
(*a te*)	TI	LA	**TE LO**	»
(*a noi*)	CI	LI	**CE LO**	»
(*a voi*)	VI	LE	**VE LO**	»
(*a lei/a Lei*)	LE		**GLIELO**	»
(*a lui/a loro*)	GLI		**GLIELO**	»

注意表格中的内容(NOTA ALLA TABELLA)：

1) 在组合代词中，间接宾语的词尾 i 要变成 e，比如要写成 **me** lo porti，而**不能**写成或读成 mi lo porti。
2) 在组合代词中，**第三人称**单、复数，阴、阳性的形式都**是一样的**。

ESEMPI

A: **Claudio** ha dimenticato qui **gli occhiali: glieli** puoi dare tu? (***glieli*** *puoi dare* = puoi dare **gli occhiali a Claudio**)
B: Certo, non ti preoccupare.

A: È pronta **la relazione**?
B: Quasi: **te la** porto questo pomeriggio. (***te la*** *porto* = porto **a te la relazione**)

A: Il vostro **olio** è buonissimo!
B: Grazie. **Ce lo** mandano tutti gli anni i nostri amici dalla Puglia. (***ce lo*** *mandano* = mandano **a noi l'olio**)

Signor Rossi, appena è pronto **il contratto glielo** spedisco. (***glielo*** *spedisco* = spedisco **a Lei il contratto**)

A: Claudia e Marco sanno **della festa**?
B: Non ancora, **glielo** dico stasera. (***glielo*** *dico* = dico **a loro questa cosa**)

2

组合代词的位置遵循以下规则：

- 位于动词之前
- 句中如有动词不定式，组合代词可以置于动词不定式的**前面**，**也可以置于**不定式**后面**并与其连写。

ESEMPI

Dico **qualcosa a Gianfranco.** = **Glielo** dico.

Posso dire **qualcosa a Gianfranco.** = **Glielo** posso dire/Posso dir**glielo**.

3

若在**复合时态**中使用组合代词，动词的过去分词要与组合代词中直接宾语代词部分 (lo, la, li, le) 进行**性**、**数**配合，同时 lo 和 la 在复合时态中要缩写成 l'：

ESEMPI

Tempo composto	***oggetto***	***oggetto indiretto***	
Ho portato	**una pianta** (*LA*)	*a Maria* (*LE*)	= Gliel'ho portat**a**
Avrei comprato	**i pantaloni** (*LI*)	*a voi* (*VI*)	= Ve **li** avrei comprat**i**

- 在与**复合时态和动词不定式**同时使用时，组合代词的位置有两种可能性：

ESEMPI

Aveva voluto mandare **le lettere** *a loro.* = Gli**e**le aveva volut**e** mandare/Aveva voluto mandar**gliele**.
Non ho potuto dire **la verità** *a te.* = Non **te l'**ho potut**a** dire/Non ho potuto dir**tela**.

4

部分代词 **ne** 也可以和间接宾语代词构成组合代词：

ESEMPI

Mi dia un po' *di quel pane.*	(*NE*)	MI + *NE*	= ME NE dia un po'.
Gli ho portato *tre libri.*	(*NE*)	GLI + *NE*	= GLIENE ho portati tre.
Ti parlo dopo *di questo progetto.*	(*NE*)	TI + *NE*	= TE NE parlo dopo.

其形式如下表：

Pronomi indiretti		Partitivo	**PRONOMI COMBINATI**
(a me)	MI		**ME NE**
(a te)	TI		**TE NE**
(a noi)	CI	NE	**CE NE**
(a voi)	VI		**VE NE**
(a lei/a Lei)	LE		**GLIENE**
(a lui/a loro)	GLI		**GLIENE**

带有 **ne** 的组合代词同样遵循组合代词位置和与复合时态配合使用的规律。

! NOTA BENE 请注意

- 很明显，组合宾语代词**只能**与既可以接直接宾语代词（或ne）也可以接间接宾语代词的动词一起使用。以下是一些这种类型的动词：

comprare	dare
regalare	mandare
spedire	portare
consegnare	dire
parlare	spiegare
dimostrare	confermare
comunicare	scrivere
passare	promettere

ESERCIZI 练习

1. Completa con il verbo fra parentesi e i pronomi combinati, come nell'esempio
根据例子，用括号内动词与组合代词的配合形式填空，完成下列句子

1. A: Quanto tempo devo aspettare per il pacco?
   B: Guardi, possiamo ...... *consegnarglielo* .... alla fine di questa settimana. (consegnare)
2. A: Che bello il bracciale di Giovanna!
   B: .... suo marito dal Messico. (portare)
3. A: Hai invitato tuo fratello alla festa?
   B: .... ma non può venire. (dire)
4. A: Allora, che cosa ha detto Gianni del progetto?
   B: Non .... ancora. (parlare)
5. A: Dove si potrebbe andare a mangiare stasera?
   B: Andate da *Piero*, ... mio fratello. (raccomandare)
6. A: Perché prendi questa tisana?
   B: .... il medico per la tosse. (consigliare)
7. A: Vieni al cinema con me stasera?
   B: Non posso, devo portare Marco al Luna Park, ... (promettere)
8. A: Adesso funziona la fotocopiatrice?
   B: No, ... e .... un'altra in sostituzione per qualche giorno. (cambiare/dare)

2. Riscrivi le frasi con le parti evidenziate usando i pronomi combinati
使用组合代词代替句中特别标示的部分，重新改写下列句子

1 A: Allora, hai detto a Simona che non c'è problema?
  B: Sì, ho detto a Simona che non c'è problema.
  ....

2 A: Sono Marini, vorrei parlare con il Dott. Ardino.
  B: Un attimo, passo il Dott. Ardino a lei.
  ....

3. A: Pronto, c'è Maria? Sono Marco.
   B: Un attimo, passo Maria a te.
   ....

Un attimo, per favore.
请稍等。

4. A: Signora, ha sentito la novità?
   B: Sì, mi hanno parlato della novità.
   ....
5. A: Diresti una cosa del genere a tua madre?
   B: No, non direi mai una cosa del genere a mia madre.
   ....
6. A: Non abbiamo capito come si fa quest'esercizio.
   B: Va bene, spiego a voi quest'esercizio di nuovo.
   ....
7. A: Avete già chiesto al capo le ferie?
   B: No, non abbiamo ancora chiesto le ferie al capo.
   ....
8. A: Che belle penne che hai!
   B: Ti piacciono? Ti regalo una di queste penne!
   ....

Ha sentito cosa è successo?!
他听到发生了什么事情?!

3. Inserisci i seguenti pronomi nel dialogo 用下列代词填空，完成对话

ce lo *te lo* *te ne* *glielo (2)* *lo* *la* *le*

A: Abbiamo un impegno per sabato.
B: Che impegno?
A: (1) .... avevo parlato la settimana scorsa: siamo invitati da Angela.
B: Non mi ricordo, comunque non posso, mi sono messo d'accordo con Pino per giocare a calcetto.
A: Uffa! Ma per una volta non potresti rimandare? Angela ci tiene, e poi (2) .... ho promesso!
B: Senti, perché non ci vai da sola? In fondo io non (3) .... conosco neanche molto bene ...
A: Appunto! Sarebbe ora che vi conosceste meglio. Senti, (4) .... chiedo per favore, che ti costa venire?
B: Che stress! E chi ci sarebbe, poi, a casa di questa Angela?
A: I nostri ex compagni di università, è una specie di rimpatriata, tutta gente simpaticissima, vedrai.
B: No, senti, è tutta gente che non conosco, poi Pino il campo (5) .... ha già prenotato, se non giochiamo sabato, chissà quando (6) .... ridanno.
A: Insomma, non vuoi venire! E come (7) .... dico a Angela?
B: Vedi tu, trova qualche scusa, magari puoi dir (8) .... che non mi sento bene.
A: Al solito, con te non si può fare mai niente.

4. Completa il dialogo con i pronomi semplici e combinati 用一般代词和组合代词填空，完成对话

A: Signorina, ha preparato le lettere che (1) .... avevo chiesto?
B: Sì dottore, (2) .... ho messe sul tavolo. Non (3) .... ha viste?
A: No, qui non ci sono.
B: Mah, (4) .... sembra strano. Forse Luisa (5) .... ha portate al Dottor Marini per far (6) .... vedere. Vuole che (7) .... faccia un colpo di telefono?
A: Lasci perdere, ci penso io. Piuttosto, (8) .... faccia un favore: chiami Brambati e (9) .... dica che abbiamo bisogno urgente di quelle pratiche sulle assicurazioni, e che (10) .... mandi un fax appena possibile.
B: (11) .... è già arrivato un fax da Brambati. Ecco (12) .... qui.
A: Sì, sì, ma non è quello che (13) .... serviva. (14) .... richiami e insista per la risposta. (15) .... voglio entro stasera.
B: Subito.

15 I PRONOMI RELATIVI 关系代词

关系代词用来**代替一个名词**，同时**使两个句子产生联系**。

ESEMPI

Frase 1: Mario ha incontrato *Luisa*.
+ = Mario ha incontrato Luisa, **che** gli ha parlato a lungo di te.
Frase 2: *Luisa* gli ha parlato a lungo di te. (**che** = *Luisa*)

Frase 1: Ti ho parlato *di Luca*.
+ = Luca, **di cui** ti ho parlato, è stato licenziato.
Frase 2: *Luca* è stato licenziato. (**di cui** = *di Luca*)

关系代词可以代替主语、直接宾语或者间接补语。

代替主语和直接宾语的关系代词（Pronomi relativi soggetto e oggetto diretto）：

Che （词形不变）

	S.	PL.
M.	**il quale**	**i quali**
F.	**la quale**	**le quali**

此时 che 和 il quale 等的含义是一样的，但是 **il quale** 很少用来代替宾语。

ESEMPI

La ragazza **che** mi hai presentato è molto simpatica. (*che* = la ragazza, *oggetto F.S.*)
Ho parlato con *Paolo*, **il quale** mi ha consigliato di rivolgermi ad un avvocato. (*il quale* = Paolo, *soggetto M.S.*)
Le persone **che** devono fare la visita dal dottor Marchi sono pregate di aspettare qui. (*che* = le persone, *soggetto F.PL.*)
Abbiamo conosciuto dei validi *consulenti*, **i quali** potrebbero aiutarci. (*i quali* = i consulenti, *soggetto M.PL.*)

- 关系代词 che 和 il quale 等可以用在下列词语之后：
  - **coloro, colui, colei**
  - **quello, quella, ...**

- 关系代词 chi 与 **coloro, colui, colei che** 的含义是一样的。

ESEMPI

Coloro *i quali* (*che*) hanno terminato l'esame, possono uscire. (*coloro i quali* = le persone che)
Non capisco **quello che** dici. (*quello che* = le cose che)
Colui *che* (*il quale*) ha parlato è pregato di alzarsi in piedi. (*colui che* = l'uomo che)
Chi vuole partecipare al concorso, deve spedire la cartolina entro il 31 dicembre. (*chi* = la persona o le persone che)

A: Mi puoi prestare *una giacca*?
B: Certo, scegli **quella che** vuoi. (*quella che* = la giacca che)

3

代替间接补语的关系代词（Pronomi relativi complemento indiretto）：

前置词：

a		
di		
in		
da	+	**cui**（词形不变）或 **il quale, la quale, i quali, le quali**
con		
per		
su		
tra/fra		

ESEMPI

Le persone **alle quali** (***a cui***) sto pensando hanno grande esperienza. (*alle quali* = alle persone)
La ragione **per cui** (***per la quale***) ti scrivo è molto seria. (*per cui* = per la ragione)
Ci sono molti alberghi, **di cui** (***dei quali***) il più bello è certamente il Palace. (*di cui* = di questi alberghi)

注意，关系代词 **che** 的前面**不能**使用**前置词**：
La villa **in cui** abitiamo è molto vecchia. (我们**不能**说：in che abitiamo)

4

特例（Casi particolari）

- 用冠词 **il + che** 的形式可以代替**整个句子**：

ESEMPI

Nostro figlio non studia, **il che** ci preoccupa. (*il che* = il fatto che nostro figlio non studi)
La situazione economica dell'azienda è solida, **il che** ci fa essere ottimisti per il futuro. (*il che* = il fatto che la situazione economica sia solida)

- 定冠词 **il, la, i, le + cui** 这样的形式可以表示**物主形容词的意思**（**significato possessivo**）。

这时**定冠词**必须与**所修饰的事物**（**oggetto posseduto**）进行性、数配合，而代词 **cui** 指代的是**拥有者**（**possessore**）。

ESEMPI

Ti ricordi di ***Marta***, **il *cui* fratello** veniva con te a scuola? (*il cui fratello* = il fratello (M.S.) ***di Marta***)
Imbarcheremo per primi ***i passeggeri* i *cui* biglietti** iniziano dalla fila 19. (*i cui biglietti* = i biglietti (M.PL.) ***dei passeggeri***)
Quella società, **la *cui* situazione** finanziaria non è buona, rischia di licenziare 500 lavoratori. (*la cui situazione* = la situazione (F.S.) ***della società***)

! NOTA BENE 请注意

- 表达方式 **quello che** 在一般情况下可以被 **ciò che** 所取代。

ESEMPI

Non ho capito **quello che** hai detto. = Non ho capito **ciò che** hai detto.
Prendi **quello che** vuoi. = Prendi **ciò che** vuoi.

- 这些表达方式也可以用在 **tutto** 的后面，因此注意千万不能省略 **quello** 或 **ciò**。

ESEMPI

Non ho capito **tutto quello che** hai detto. (我们不能说：Non ho capito *tutto che* hai detto)
Prendi **tutto ciò che** vuoi. (我们不能说：Prendi *tutto che* vuoi)

- 如果是动词需要，也可以在 **il cui, la cui** 前面加上前置词：

ESEMPI

È una persona **della *cui* onestà sono sicura.** (*della* ***cui*** *onestà* = **sono sicura dell'onestà** della persona)

Sono amici **sul *cui* appoggio** possiamo sempre **contare**. (*sul* ***cui*** *appoggio* = *possiamo* **contare sull'appoggio** degli amici)

这样的结构更多用于书面语中。

ESERCIZI 练习

1. Sottolinea nelle seguenti frasi i pronomi relativi e spiega che cosa sostituiscono
指出下列句子中的关系代词，并解释它所替代的内容

1. Conosco un ragazzo che parla benissimo il russo.
2. È un lavoro per cui vale la pena rischiare.
3. Alla fine non siamo dovuti andare a quel noioso matrimonio, il che mi ha fatto molto piacere.
4. Coloro che la pensano diversamente da me, sono pregati di esprimere la loro opinione.
5. Per Paolo e Giorgio, ai quali non piacciono i dolci, ho portato un bel pezzo di parmigiano.
6. Ti ricordi di Marta, il cui fratello veniva con te a scuola? Ha avuto un brutto incidente.
7. Chi vivrà, vedrà.
8. Non capisco mai quello che vuoi dire veramente.

2. Scegli il pronome relativo giusto per completare le frasi
选择正确的关系代词填空，完成下列句子

che *cui* *il cui* *il che* *chi*

1. A: Allora, com'è finita la tua storia con la Telecom?
   B: Al solito, guarda: dicono che per ottenere il rimborso a .... ho diritto devo mandare una raccomandata, poi aspettare il conguaglio nella prossima bolletta, eccetera, eccetera ...
2. Signore e signori, buongiorno e benvenuti sul volo AZ 1234 per Roma Fiumicino. Imbarcheremo per primi i passeggeri .... posto va dalla fila 19 alla fila 36.
3. A: Allora, ho saputo che hai cambiato lavoro!
   B: Sì, lavoro per una società internazionale .... vende via Internet.
   A: E sei contenta?
   B: Beh, posso lavorare da casa, ... è meglio per il bambino, però mi manca un po' l'atmosfera .... c'era in ufficio.
4. A: Avremo abbastanza da mangiare per tutti quelli .... vengono?
   B: Ma sì, io ho detto che .... viene alla cena deve comunque portare qualcosa.
   A: Sì, ma sai come sono, magari portano solo da bere ...
   B: .... è sempre una buona cosa!
   A: Certo, ma ...
   B: Va bene, non ti preoccupare, nel caso in .... mancasse da mangiare, abbiamo sempre le pizze nel congelatore.

5. A: Che cosa voleva da te il direttore?
   B: Niente.
   A: Ma scusa, ci sarà un motivo per .... ti ha fatto andare nel suo ufficio in fretta e furia!
   B: Ma niente, ti dico, sai com'è fatto, è uno a .... piace fare un po' di scena.

3. Completa la lettera con i pronomi relativi 用关系代词填空，完成下面这封信

Condominio di Via Morganti 16
Alla c.a. dell'Amministratore

Egr. Dott. Ferrini,
il motivo (1) .... le scrivo è il fatto che, nonostante i ripetuti avvertimenti, molti condomini continuano a lasciare negli spazi comuni, (2) .... dovrebbero per regolamento essere sempre liberi, biciclette, oggetti ingombranti, giocattoli dei bambini ed altro ancora. Questa situazione ha già causato diversi incidenti, (3) .... il più grave proprio stamattina: mia madre, una signora di 80 anni, reduce da un'operazione, mentre usciva dal portone della nostra scala ha inciampato su un oggetto, (4) .... si è rivelato poi un pattino a rotelle, (5) .... proprietario è senza dubbio uno dei ragazzini che abitano qui; come risultato, mia madre ha dovuto essere accompagnata al pronto soccorso, dove per fortuna non hanno diagnosticato nessuna frattura, ma comunque lo spavento è stato considerevole, per non parlare del fatto che mi ha comportato la perdita di una giornata di lavoro. La prego vivamente, anche a nome di altri condomini, (6) .... firme troverà in fondo a questa lettera, di fare il possibile affinché episodi del genere, (7) .... non sono degni di una civile e rispettosa convivenza, non si ripetano.

Cordiali saluti
Silvana Romano

4. Unisci le frasi usando i pronomi relativi. Fai tutti i cambiamenti necessari
用关系代词将各个分句连接起来。如有需要，可以对句子进行改写

1. a. Ha trovato finalmente un lavoro. ....
   b. Con questo lavoro, può permettersi l'affitto. ....
2. a. Mia moglie è depressa. ....
   b. Questa cosa mi preoccupa molto. ....
3. a. Ti ho parlato di mia zia. ....
   b. La zia ha una casa in montagna. ....
   c. La casa è bella ma in cattive condizioni. ....
4. a. Ho conosciuto delle persone. ....
   b. Quelle persone parlano solo di calcio. ....
   c. Questa cosa mi fa annoiare. ....
5. a. Marco abitava con la sorella. ....
   b. La sorella di Marco si è trasferita all'estero. ....
   c. Marco pensa di cambiare casa. ....
6. a. Non parlo mai di quelle cose. ....
   b. Io non mi intendo di quelle cose. ....
7. a. Cercano una segretaria: ....
   b. questa segretaria deve parlare bene due lingue. ....
   c. Devono potersi fidare di questa segretaria. ....
8. a. Ha detto che avrebbe finito lui il lavoro. ....
   b. Non so se ha fatto questa cosa. ....

16 VERBI SEGUITI DA DUE PRONOMI (VERBI PRONOMINALI) 词尾带有两个代词的动词（代词式动词）

代词式动词的**不定式词尾**可以**带有一个或两个代词**（*）。
词尾带有两个代词的代词式动词经常在惯用语中出现。

ESEMPI

(*infinito* = **farcela**)	Non **ce la faccio** a finire il lavoro per oggi.	(*significa*: non posso finire)
(*infinito* = **cavarsela**)	A: Sei bravo a scuola? B: Beh, **me la cavo**.	(*significa*: sono abbastanza bravo)

- 加在不定式词尾的代词可以是：

si riflessivo (自反代词 **si**)　**ci**　**ne**　**la**

在这些代词中，只有**自反代词 si** 要根据主语进行词形变化。注意，在跟另外一个代词进行组合的时候，代词词尾的 **i** 要变成 **e**。

- 下面是一些词尾带有两个代词的代词式动词的不定式：

farcela	*riuscire a fare qualcosa*
cavarsela	*ottenere un risultato abbastanza positivo*
accorgersene	*capire/notare*
andarsene	*andare via da un posto*
avercela (con)	*essere arrabbiati (con)*
approfittarsene	*sfruttare una persona/una situazione*
lavarsene (le mani)	*non interessarsi di una situazione*
legarsela (al dito)	*non dimenticare un'offesa*
passarsela (bene/male)	*stare bene/male in un posto/una situazione*
prendersela	*offendersi*
mettercela (tutta)	*fare il massimo sforzo*
non sentirsela	*non avere il coraggio*
sbrigarsela	*finire qualcosa*
vedersela (brutta)	*salvarsi per miracolo*

- 下面是一些代词式动词在简单时态和复合时态中的变位情况：

	Presente	**Passato prossimo**	
andarsene	me ne vado	me ne sono	
	te ne vai	te ne sei	andat**o/a**
	se ne va	se n'è	
	ce ne andiamo	ce ne siamo	
	ve ne andate	ve ne siete	andat**i/e**
	se ne vanno	se ne sono	

	Presente	**Passato prossimo**	
farcela	ce la faccio	ce l'ho	
	ce la fai	ce l'hai	
	ce la fa	ce l'ha	
	ce la facciamo	ce l'abbiamo	fatt**a**
	ce la fate	ce l'avete	
	ce la fanno	ce l'hanno	

FRASI

A: Mio figlio mi ha preso ancora la macchina senza dirmi niente! Adesso come faccio?
我儿子又没有经过我的同意开走了我的车！现在我该怎么办呢？
B: Sei troppo permissiva con lui, e **se ne approfitta**. 你对他太宽容了，他就是利用了你这一点。

A: Perché Simona ti è così antipatica? 为什么西蒙娜让你这么反感？
B: Eravamo molto amiche, poi ho scoperto che usciva con il mio ragazzo, e **me la sono legata** al dito.
我们本来是很好的朋友，但后来我发现她经常跟我的男朋友一同外出，这件事我和她没完。

A: Che stupidi scherzi! 这些玩笑真愚蠢！
B: Dai, **non prendertela**, siamo amici! 拜托，别生气，我们是朋友！

A: Lo sapevi che Marco porta il parrucchino? 你知道马可戴了假发吗？
B: Davvero? Non **me n'ero mai accorta**! 真的吗？我一点都没发现！

A: A che ora ci vediamo domani? 明天我们什么时候见面？
B: Dunque, devo passare in banca, ma penso di **sbrigarmela** in mezz'ora, possiamo fare alle 12.
这样，我要去趟银行，但我想会在半小时内很快完事，我们可以 12 点见面。
A: Perfetto! 太好了！

(*) 有代词的代词式动词的范例，见初级语法分册第 102 页第 34 章：**Le espressioni *Ci vuole*/*Ci metto* Ci vuole 和 Ci metto 的用法**；第 129 页第 46 章：***Ci* e *Ne* Ci 和 Ne 的用法**。

! NOTA BENE 请注意

- 代词式动词中代词的位置应遵循以下规则。

注意：

以 **-cela** 结尾的动词 → *I pronomi* ***non cambiano*** *nella coniugazione del verbo.*
Nei tempi composti richiedono l'ausiliare ***avere***.

以 **-sene/-sela** 结尾的动词 → *I pronomi* ***cambiano*** *nella coniugazione del verbo.*
Nei tempi composti richiedono l'ausiliare ***essere***.

ESEMPI

以 **-cela** 结尾的动词 (*mettercela*)

Io **ce la metto** tutta, ma non riesco a giocare bene a tennis.

Noi **ce la mettiamo** tutta, ma non riusciamo a finire il lavoro in tempo.

Ce l'hanno messa tutta, ma non sono riusciti a passare l'esame.

以 **-sene/-sela** 结尾的动词 (*andarsene*)

Io **me ne vado** adesso perché ho da fare a casa.

Noi **ce ne andiamo** perché ci annoiamo.

A: Hai visto Giorgio e Luca alla conferenza?
B: Sì, ma **se ne sono andati** presto.

ESERCIZI 练习

1. Abbina le espressioni al loro significato 将下列表达方式与正确的含义连接起来

1. Finalmente ce l'ho fatta!
2. Me la sono cavata
3. Non me ne sono accorto
4. Me ne vado
5. Ce l'ho con lui
6. È uno che se ne approfitta
7. Se n'è lavato le mani
8. Se la sono legata al dito
9. Se la passa bene
10 Te la sei presa
11 Ce la devi mettere tutta
12 Non me la sento
13. Me la sbrigo in due minuti
14. Se l'è vista brutta

a) non ho il coraggio di fare questa cosa.
b) si è salvato per miracolo.
c) non si è interessato assolutamente.
d) ti sei offeso.
e) devi fare il massimo sforzo.
f) ho ottenuto un risultato abbastanza positivo.
g) la sua situazione è buona.
h) non intendono dimenticare l'offesa.
i) vuole sfruttare una persona o una situazione.
l) sono riuscito a fare quello che volevo.
m) finisco subito.
n) sono arrabbiato con lui.
o) vado via da qui.
p) non ho capito o notato qualcosa.

2. Completa le frasi con il verbo pronominale giusto coniugato opportunamente. Scegli fra i verbi dati (alcuni non si devono usare)
用代词式动词的正确形式填空，完成下列句子。在下列动词中挑选适当的填空（注意有些动词是多余的）

farcela *cavarsela* *andarsene* *sbrigarsela* *lavarsene le mani* *mettercela tutta*
legarsela al dito *passarsela bene* *approfittarsene* *prendersela* *accorgersene*

1. A: Allora, hai installato il programma?
   B: Beh, io ...., ma non ci sono riuscita.
2. A: .... a portare tutto da solo?
   B: Sì, non è pesante.
3. A: Sai che Mario non mi ha ancora restituito i soldi che gli ho anticipato?
   B: Ha fatto così anche con me, è uno che ....
4. A: Perché il capo non ti ha dato il permesso?
   B: Ti ricordi di quella volta che mi aveva chiesto di fare gli straordinari e gli ho detto che non potevo? Evidentemente ....
5. A: Ma che cos'aveva Gino? Non mi ha neanche salutato!
   B: .... perché hai parlato male di Luca, sai che è il suo migliore amico.
6. A: Lo sapevi che Pietro e Gisella stanno insieme?
   B: Davvero? Non ....!
7. A: Vieni con noi a prendere un aperitivo?
   B: No, è tardi, ...
8. A: Senti, ho deciso, parto per l'Australia con Sara.
   B: Va bene, fai quello che vuoi, io ....

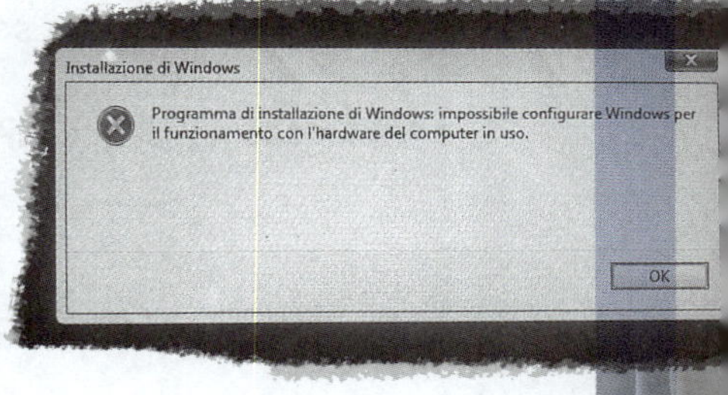

3. Riscrivi le frasi usando i verbi pronominali appropriati 用适当的代词式动词改写下列句子

1. È riuscito a passare l'esame perché si è impegnato moltissimo.
   ....
2. Non lo considero un vero amico perché cerca sempre di sfruttarmi.
   ....
3. Perché hai detto quelle cose a Silvia? Lo sai che è una che si offende facilmente!
   ....

4. A: Sei già qui?
   B: Sì, ho fatto tutto prima del previsto.
   ....

5. Ti sei tagliato i capelli? Non l'avevo notato.
   ....

6. Non ho il coraggio di dargli questa brutta notizia.
   ....

7. A: Come state?
   B: Non ci lamentiamo, le cose vanno bene.
   ....

8. Ragazzi, abbiamo finito, possiamo tornare a casa.
   ....

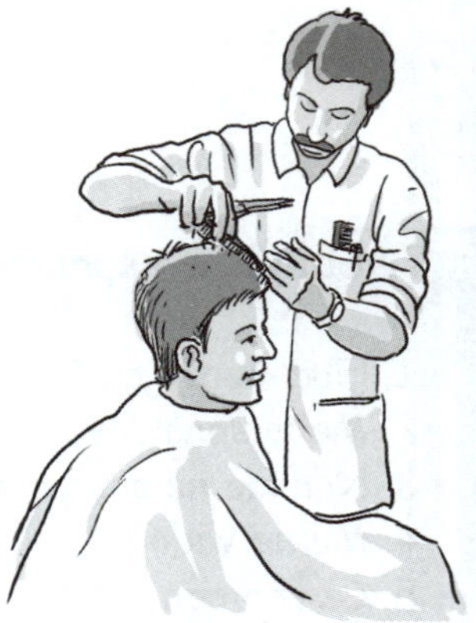

I capelli corti ti stanno bene!
短发更适合你!

4. Completa i brevi dialoghi con la battuta mancante usando un verbo pronominale
使用代词式动词填空，完成下列小对话中的空缺部分

1. A: Allora, com'è andato l'esame?
   B: ....
2. A: Puoi portare anche quella borsa?
   B: ....
3. A: Che hai, sei arrabbiato?
   B: ....
4. A: Se siete stanchi, possiamo fare una sosta.
   B: ....
5. A: È vero che ha avuto un incidente?
   B: ....
6. A: C'era fila in posta?
   B: ....
7. A: Attento, hai una scarpa slacciata.
   B: ....
8. A: Vi fermate a cena?
   B: ....

17 IL FUTURO SEMPLICE PER IPOTESI E DEDUZIONI
用于表达假设和推论的简单将来时

1

在意大利语中，我们使用简单将来时除了表示将来的动作和情况外，还可以用它来表示**对当下情况的假设和推论**。

为了表示对当下情况的假设和推论，我们可以使用不同的方式：

- 一个表达观点的动词 (penso, credo, mi sembra...) + 虚拟式现在时
- 动词 **dovere** + 动词不定式
- 一个副词 (forse, probabilmente...) + 动词的直陈式现在时

例如：
A: Senti, sai quanti anni ha Marisa?

B: Marisa? Mah ... **penso che** abbia 30 anni.
B: Marisa? Mah ... ***dovrebbe*** avere 30 anni.
B: Marisa? Mah ... **<u>forse</u>** ha 30 anni.

前面已经讲过，我们也可以使用**简单将来时**表达上述意思，而且表述更为简练：

B: Marisa? Mah ... **avrà** 30 anni ... *(forse ha 30 anni, non sono sicuro, è un'ipotesi)*

ESEMPI

A: Non capisco perché il cellulare di Gianna è sempre spento!
B: Eh dai, non essere geloso! **Starà** lavorando .. *(probabilmente sta lavorando)*

Scusami Elena, **avrai** fame! Non ti ho ancora offerto niente! *(forse hai fame)*

A: Sono stanchissimo. Che ore **saranno**?
B: Mah ... **saranno** le undici. Ma non c'è un orologio qui? *(probabilmente sono le undici)*

我们用**动词 essere 的第三人称单数形式**作为一种快速有效的表达疑问的方式：

ESEMPI

A: Sai, in banca mi hanno consigliato di vendere subito le mie azioni: dicono che è il momento buono!
B: Uhm, **sarà** ... io aspetterei ancora un po'. *(forse è come ti hanno detto ma io ho dei dubbi)*

A: Mario, perché non compri queste carote? Vedi? Sono biologiche.
B: Ma costano il doppio!
A: Sì, però vengono da coltivazioni biologiche: niente pesticidi, niente crescita forzata. Insomma sono più sane!
B: Mah ... **sarà**! *(forse è così ma io non ne sono convinto)*

! NOTA BENE 请注意

- 在使用简单将来时表达假设和推论的时候一定要用**一种不确定的语气**，通常还要加上一些表示不确定的语气词，比如 mah，mhm，bah，beh，boh 等等，这样所表达的意思就不会与单独使用简单将来时表达的意思相混淆。

Marisa? Avrà 30 anni il mese prossimo. *(nessun segnale discorsivo, intonazione ferma di certezza)*

ESERCIZI 练习

1. Sostituisci le espressioni evidenziate con un verbo al futuro semplice
用动词的简单将来时代替句中特别标示的表达方式

1. A: Sa, mio figlio è violinista nell'orchestra della Scala.
   B: E deve suonare benissimo, immagino! = ...
2. A: Sai dov'è Cristina?
   B: Cristina? Mah ... penso che sia a casa. = ...
3. Che traffico! Credo che sia meglio cambiare strada. = ...
4. A: Silvia, come mai i bambini sono così silenziosi?
   B: Mhm ... probabilmente stanno facendo i compiti. = ...
   A: Non è che forse stanno combinando qualcosa? = ...
5. Questa è la tua camera. Ti lascio riposare, probabilmente sei stanca! = ...
6. Allora, hai finalmente cambiato la macchina o no? Dovrebbe essere a pezzi ormai! = ...

2. Completa le frasi con un verbo appropriato al futuro semplice
用动词的简单将来时形式填空，完成下列句子

1. Il biglietto per il concerto? Mah, ... una ventina di euro ma è meglio chiedere.
2. Abbiamo dormito un sacco! Che ore .... ?
3. A: Hai visto il quadro che hanno in soggiorno? Dicono che è un autentico Modigliani!!
   B: Mhm ....
4. Ma quanti anni .... la signora Valenti? Sembra così giovane!

3. Abbina le frasi e indica se si tratta di un futuro vero o di un futuro per fare un'ipotesi
连接句子，指出句子是表示简单将来时的一般意义，还是表示假设的意义

1. Quest'anno la Pasqua
2. Dov'è Nicoletta?
3. Vai a Cuba come al solito?
4. Che caldo! Vuoi una birra fresca?
5. C'è Laura?
6. Perché Anna non risponde?

a) Sarà a casa ... .
b) Avrai sete! ....
c) No, arriverà alle dieci. ....
d) Starà dormendo. ....
e) No, andrò in montagna. ....
f) sarà alla fine di marzo. ...*vero*...

4. Completa l'email di Simona con i seguenti verbi al futuro semplice
用下列动词的简单将来时形式填空，完成西蒙娜的这封电子邮件

essere *costare* *avere* *studiare* *essere*

Ciao Marcella,
ho sentito che Fabio e Tiziana vogliono andare a vivere in campagna. 1) .... vero? A me sembra strano perché a Fabio piace troppo la città, il caos, uscire la sera etc... Mah, 2) .... una decisione di Tiziana ... In ogni caso, hanno visto un grande casale in Umbria, già ristrutturato e con molto terreno intorno. 3) .... un sacco di soldi, non credi? E se poi non gli piace vivere lì? Ieri ho provato a chiamare Luciano per avere altre notizie ma il suo cellulare è sempre spento, 4) .... per l'esame di anatomia. Insomma, sono molto curiosa ma non voglio chiamare direttamente loro perché non conosco bene Tiziana (l'ho vista una sola volta!) e poi non vorrei disturbare, 5) .... un sacco di cose da fare ... Tu sai qualcosa di più? Fammi sapere. Baci. Simona

18 IL FUTURO ANTERIORE PER IPOTESI E DEDUZIONI
用来表达假设和推论的先将来时

我们用先将来时 (又称复合将来时) 表示对过去发生的动作或情况的假设和推论。

为了表示对过去发生的动作或情况的假设和推论，我们可以使用不同的方式：

- 一个**表示观点的动词** + 虚拟式的过去时态、未完成过去时或愈过去时
- **动词 dovere** + 动词不定式的过去时
- 一个**副词** (forse, probabilmente...) + 动词的直陈式过去时

例如：
A: Perché stamattina Piero non è venuto a lezione?

B: Beh, **credo che** abbia bevuto troppo ieri sera, alla festa di Carla ...
B: Beh, ***deve*** aver bevuto troppo ieri sera, alla festa di Carla ...
B: Beh, **probabilmente** ha bevuto troppo ieri sera, alla festa di Carla ...

如前所述，我们也经常使用**先将来时**来表达上述意思：

B: Beh, **avrà bevuto** troppo ieri sera, alla festa di Carla ...

ESEMPI

A: A che ora è arrivato l'avvocato?
B: Mah, **saranno state** le dieci e mezza ...

Bruno è in ritardo, **avrà trovato** traffico ...

A: Roberta, che ha Enrico? Mi sembra un po' nervoso ...
B: Mhm, **avrà parlato** con il capo, per l'aumento ...

! NOTA BENE 请注意

- 同样，在使用先将来时表达假设和推论的时候也一定要用一种不确定的语气，通常还要加上一些表示不确定的语气词。比如 mah，mhm，bah，beh，boh 等等。

ESERCIZI 练习

1. Sostituisci le espressioni evidenziate con un verbo al futuro anteriore
用动词的先将来时形式代替句中特别标示的表达方式，重新改写句子

1. A: Quando hai conosciuto il dottor Solari?
   B: Uhm, *mi sembra che sia stato* dieci anni fa, a un congresso. = ...
2. Ho un po' di mal di testa, *forse ho preso* troppo sole. = ...
3. A: A che ora hai spedito il fax?
   B: *Penso che fossero* le undici. = ...
4. Non ti ha chiamato? *Probabilmente ha perso* il tuo numero. = ...
5. Marco si è sposato molto presto, *mi sembra che avesse* 20 anni. = ...
6. A: Dov'è finito Carlo? *Pensi che si sia perso*? = ...
   B: Ma no, *deve aver trovato* traffico. = ...

2. Completa le frasi con un verbo appropriato al futuro anteriore
用所给动词的先将来时形式填空，完成下列句子

esserci   *divertirsi*   *essere*   *lasciare*

1. Hai lavorato un anno in Cina? Beh, ... difficile imparare il cinese.
2. Siete stati a Disneyland? I bambini .... molto!
3. Se si è comportato così .... un buon motivo, no?
4. A: Non trovo le chiavi della macchina.
   B: Beh, le .... a casa, come al solito.

3. Rispondi alle domande facendo un'ipotesi con un verbo al futuro anteriore
用动词的先将来时形式做出假设，用来回答下列问题

1. Perché Nicoletta è rimasta a casa? ....
2. A che ora è finito il film? ....
3. Perché Cristina non ha passato l'esame? ....
4. Perché Mario e Luisa sono così nervosi? ....
5. Perché ieri l'aeroporto è rimasto chiuso? ....
6. Perché i bambini sono così stanchi? ....

4. Completa l'email di Marcella con i seguenti verbi al futuro semplice o anteriore
用下列动词的简单将来时或先将来时形式填空，完成马尔切拉的这封电子邮件

essere   *valutare*   *essere*   *traslocare*

Ciao Simona,
grazie della tua mail. Io non sapevo niente del trasferimento di Fabio e Tiziana! Ho chiamato Luciano, lui sa sempre tutto e mi ha detto che in effetti hanno comprato un casale in Umbria. Ormai 1) .... già ...., perché vogliono aprire al più presto un Bed&Breakfast. Immagino i genitori di Fabio! 2) .... molto preoccupati: gestire una struttura turistica deve essere molto faticoso (sveglia alle 6, lavorare fino a tardi) e insomma Fabio non mi sembra il tipo adatto ... Luciano invece è entusiasta, dice che è un'idea fantastica e che funzionerà alla grande. Mhm, 3) ....

Comunque 4) .... bene tutti i pro e i contro, no? Appena ho altre notizie ti scrivo. Nel frattempo, bacioni anche a te.
Marcella

19 IL FUTURO: ALTRI USI 将来时的其他用途

将来时 (与未完成过去时和条件式一样) 可以起到一种**缓和与弱化判断语气**的作用。

我们用将来时特别表示：

- 使我们的语气缓和或更有礼貌。

  Ti **dirò**, non ho capito bene quello che intendi.

- 提前向对话者表明我们的观点 (通常是不同意见)，这样可以使我们的不同意见显得更加委婉。

  Non mi **dirai** che questa casa ti piace!

- 在向对话者提出不同意见之前，先认同对方的观点 (一种让步式的用法："ti concedo che ... ma ... 我承认，你……，但是……")，而且经常与 anche 一同使用。

  Avrai *anche* ragione, ma non credo sia una buona idea fare così.

- 缓和命令或强烈的判断语气 (代替命令式)。

  A: Allora, sei pronto? Andiamo?
  B: Ah no, ci **andrai** tu allo stadio con questa pioggia! Io resto a casa.

  A: Allora dottore, che devo fare?
  B: **Prenderà** questo sciroppo ogni tre ore e **starà** il più possibile a letto.

ESEMPI

Non **sarò** certo io a dirLe cosa fare, dottore! *(rendiamo meno forte la nostra affermazione)*

Lei, signor ministro, **ammetterà** che il deficit quest'anno è aumentato del 3%.
Non **crederai** spero che io abbia letto le tue mail personali! *(anticipiamo l'opinione dell'interlocutore)*

Senti, Marco **sarà** *anche* un ottimo avvocato, ma preferisco non lavorare più con lui.
Ti **sembrerà** strano, ma a me piace passare le vacanze in città. *(ti concedo che ... ma ...)*

Insomma basta, **farete** quello che dico io!
Maleducato **sarà** Lei! Io ho rispettato la fila! *(rendiamo meno forte la nostra affermazione)*

ESERCIZI 练习

1. Attenua le seguenti frasi trasformando il verbo evidenziato in un futuro
将下列句中出现的动词用将来时替换，以达到缓和语气的目的

1. Avvocato, mi scusi / .... se non l'accompagno ma ho una riunione.
2. Ti dico / .... che non mi sembra una buona idea.
3. Pigro sei / .... tu! Io lavoro come un somaro!
4. Le dico / .... , questo ristorante non mi piace per niente.
5. Signora non posso dirLe di più, vuole scusarmi / .... , è una questione privata.
6. Manda / .... subito un biglietto di ringraziamento alla signora Puglisi.

2. Inserisci i seguenti verbi nelle frasi 用下列动词填空

sembrerà vorrai dirai sarà dirà ammetterai

1. .... anche come dici tu ma resto della mia opinione.
2. Lei mi .... che hanno agito in buona fede ma hanno commesso un reato!
3. Insomma, ... che il mare della Sardegna è il più bello d'Italia!
4. Non mi .... che ti è piaciuto il film? Era noiosissimo.
5. Le .... ingenuo da parte mia, ma io credo alle promesse del governo.
6. Non .... chiamare il dottore per due linee di febbre?

3. Leggi le frasi e indica la funzione del verbo al futuro
阅读下面的句子，指出动词将来时所起到的作用

a) esprime una previsione b) esprime un' ipotesi c) esprime un'azione futura d) attenua la frase

1. Mi vorrà scusare se Le dico queste cose ma è mio dovere. ....
2. Se continui a bere così tanto, starai male! ....
3. A: Sai l'ora?
   B: No ma saranno le tre, credo. ....
4. Vivere in campagna sarà anche rilassante ma non è un po' noioso? ....
5. Le dirò, ho qualche obiezione sulla vostra proposta. ....
6. A: Elena, dove sono i miei occhiali?
   B: Mah, saranno sul divano, come al solito. ....
7. Domani sera andremo a cena da Cecilia. ....
8. Ammetterai spero che l'albergo era terribile! ....

4. Cosa rispondi? Non sei d'accordo con il tuo interlocutore: usa un verbo al futuro per attenuare la tua risposta 如何回答？你与你的对话者意见不一：用动词的将来时回答，以达到缓和语气的目的

1. A: E questo, vedi, è il progetto finale: che ne pensi?
   B: ....
2. A: Luisa è davvero una bella ragazza, non credi?
   B: ....
3. A: Non capisco perché non vuoi fare le vacanze al lago: è così rilassante!
   B: ....
4. A: Ma signora Grassi, deve già andare via?
   B: ....

20 IL PASSATO REMOTO 远过去时

1 远过去时**表示在过去完全终结的动作**：

La Seconda Guerra Mondiale **terminò** nel 1945.

这是一种用于文学、历史叙述中的时态，有时也出现在通讯报道中。

2 该时态的构成：去掉动词不定式词尾的 **-are**，**-ere**，**-ire**，分别加上**远过去时**变位的词尾。

规则动词：

-ARE (parlare)	**-ERE** (credere)	**-IRE** (dormire)
parl**ai**	cred**ei** (o credetti)	dorm**ii**
parl**asti**	cred**esti**	dorm**isti**
parl**ò**	cred**é** (o credette)	dorm**ì**
parl**ammo**	cred**emmo**	dorm**immo**
parl**aste**	cred**este**	dorm**iste**
parl**arono**	cred**erono** (o credettero)	dorm**irono**

ESEMPI

(*lei - arrivare, lei - trovare*) Anna *arrivò* in quel paesino di montagna a notte fonda e non *trovò* nessuno che la aiutasse con le valigie.

(*noi - parlare, voi - ascoltare*) *Parlammo* per ore del nostro problema e non ci *ascoltaste*.

(*loro - finire, io - dovere*) I soldi *finirono*, e io *dovetti* (dovei) vendere la casa.

3 在远过去时的变位中，**不规则动词**的比例很高。

ESSERE	**AVERE**
fui	ebbi
fosti	avesti
fu	ebbe
fummo	avemmo
foste	aveste
furono	ebbero

下面是一些远过去时最常用的不规则动词变位。

- 为了能够更好地记忆这些不规则动词的变位，我们要注意，大部分远过去时不规则动词的变位只有第一人称单数和第三人称单、复数是不规则的，而其余人称是规则的。

bere	**bevvi**, bevesti, **bevve**, bevemmo, beveste, **bevvero**
chiedere	**chiesi**, chiedesti, **chiese**, chiedemmo, chiedeste, **chiesero**
conoscere	**conobbi**, conoscesti, **conobbe**, conoscemmo, conosceste, **conobbero**
correre	**corsi**, corresti, **corse**, corremmo, correste, **corsero**
dare	**diedi** (detti), desti, **diede** (dette), demmo, deste, **diedero** (dettero)
decidere	**decisi**, decidesti, **decise**, decidemmo, decideste, **decisero**
dire	**dissi**, dicesti, **disse**, dicemmo, diceste, **dissero**
fare	**feci**, facesti, **fece**, facemmo, faceste, **fecero**
mettere	**misi**, mettesti, **mise**, mettemmo, metteste, **misero**
prendere	**presi**, prendesti, **prese**, prendemmo, prendeste, **presero**
rispondere	**risposi**, rispondesti, **rispose**, rispondemmo, rispondeste, **risposero**
sapere	**seppi**, sapesti, **seppe**, sapemmo, sapeste, **seppero**
scendere	**scesi**, scendesti, **scese**, scendemmo, scendeste, **scesero**
stare	**stetti**, stesti, **stette**, stemmo, steste, **stettero**
tenere	**tenni**, tenesti, **tenne**, tenemmo, teneste, **tennero**
vedere	**vidi**, vedesti, **vide**, vedemmo, vedeste, **videro**
venire	**venni**, venisti, **venne**, venimmo, veniste, **vennero**
vincere	**vinsi**, vincesti, **vinse**, vincemmo, vinceste, **vinsero**
volere	**volli**, volesti, **volle**, volemmo, voleste, **vollero**

ESEMPI

(essere, conoscere) Il castello **fu** edificato nel XIII secolo e **conobbe** il suo massimo splendore nel Rinascimento.

(avere, venire) La catastrofe **ebbe** conseguenze spaventose per il Paese e alla popolazione **vennero** a mancare i mezzi di sopravvivenza.

(dire, stare) Mi **disse** che aveva delle informazioni riservate, perciò **stetti** ad ascoltarlo con estrema attenzione.

(vincere, vedere) La squadra **vinse** il campionato per due stagioni di seguito, ma all'inizio della terza si **vide** subito che non era in grado di ripetere i successi passati.

(fare, essere) **Facemmo** tutto il possibile, ma non **fummo** in grado di salvarlo.

! NOTA BENE 请注意

- **远过去时**表示的是一个完成的动作，而且这个动作在现在没有“留下痕迹”。通常用于表示发生在遥远时代的客观事实：

Il Rinascimento **fu** per l'Italia un periodo di grande splendore e ricchezza.
L'era dei dinosauri **finì** per le conseguenze dell'impatto di un asteroide sulla Terra.

- 但当一个发生在过去的动作至今仍有影响时，我们就要用直陈式近过去时。

Da bambino **ebbi** una baby sitter inglese. *(azione conclusa, nessun legame con il momento presente)*
Da bambino **ho avuto** una baby sitter inglese e per questo parlo molto bene l'inglese. *(azione conclusa ma con conseguenze nel presente)*

- 但也会有这种可能：尽管一个动作客观上已经完成，而且未对现在造成明显的影响，但我们却仍能感觉到它的存在或仍能体会到它持续的影响：

L'anno scorso **persi** il mio orologio d'oro durante le vacanze.
(azione conclusa, è un fatto oggettivo e lontano anche psicologicamente)
Ho perso il mio orologio d'oro l'anno scorso e ancora ci penso. Che rabbia!
(azione conclusa ma sentita ancora viva al momento presente)

因此**远过去时**不仅表示客观的、时间的距离，也表示感觉的、心理上的距离。

- 在意大利的托斯卡纳大区和意大利的中部地区会使用远过去时（与近过去时交替使用）；在意大利南方，远过去时被大量使用（尽管意义不尽相同）。然而在意大利北方，人们在口语中（以及在非正式的书面语中）只使用近过去时。

- **标准意大利语**是在意大利西北部口语的基础上形成的，**未**规定在口语和非正式的书面语中必需使用**远过去时**。因此，为了表达过去发生的事或情况，人们只使用近过去时、未完成过去时和近愈过去时。

Allora ragazzi, Colombo ha scoperto l'America nel 1492. Era un uomo molto coraggioso ed era partito con tre barche, chiamate Niña, Pinta e Santa Maria.

如今的意大利语教学要求外国学生学习标准意大利语（而不是托斯卡纳式的意大利语），因此不是十分强调远过去时的学习。然而，由于该时态经常会出现在文学作品（在童话中就已经出现了）和一些正式书面文本（比如大学的课文）中，因此我们必须要能识别远过去时的动词变位，也能将远过去时的变位动词还原为动词不定式，或在口语中能够将其转化为标准意大利语中的近过去时形式。

Morelli **ebbe** (= avere) molte disavventure in America e perciò **fu** (= essere) con molto piacere che **accettò** (= accettare) di ritornare in Italia.
Lasciai (= ho lasciato) Napoli dieci anni fa e mi ricordo che **feci** (= ho fatto) le valigie in fretta, per paura di cambiare idea all'improvviso. Pensa che **arrivai** (= sono arrivato) all'aeroporto tre ore prima.

ESERCIZI 练习

1. Riconosci l'infinito di origine delle seguenti forme di passato remoto
写出下列远过去时变位动词对应的动词不定式

passato remoto	infinito
1. corse	....
2. chiedeste	....
3. tenni	....
4. volle	....
5. desti	....
6. scappò	....
7. stemmo	....
8. facesti	....
9. furono	....
10. avemmo	....
11. seppe	....
12. restarono	....

2. Completa con i verbi dati al passato remoto 用所给动词的远过去时形式填空

1. L'illustre scienziato .... di parlare e tutti lo .... (finire, applaudire)
2. Lo .... quella sera per l'ultima volta e lui ....: da quel giorno non .... più notizie del mio amico. (salutare, partire, avere)
3. Non .... molto tempo da loro perché .... una telefonata da Maria che ci chiedeva di tornare a casa immediatamente. (restare, ricevere)
4. Alessandro Magno .... un grande condottiero e .... i confini del suo regno fino in Oriente. (essere, portare)
5. .... il mio cane abbaiare e .... di colpo: .... che fosse entrato un ladro. (sentire, svegliarsi, pensare)

3. Leggi il seguente brano dell'opera *Il Barbiere di Siviglia* di Gioacchino Rossini, sottolinea i passati remoti (6) e trova l'infinito di origine 阅读乔奇诺·罗西尼作品《塞尔维亚的理发师》中的选段，指出文中 6 处远过去时的用法，并写出相应动词的不定式

ATTO I, SCENA II

FIGARO

...
In Madrid io debuttai, ...
feci un'opera, e cascai; ....
e col mio bagaglio addosso ....
me ne corsi a più non posso ....
in Castiglia e nella Mancia, ...
nell'Asturie, in Catalogna; ....
poi passai nell'Andalusìa, ...
e girai l'Estremadura, ...
come ancor sierra Morena: ....
ed in fin nella Galizia; ....
in un luogo bene accolto, ...
in un altro in lacci avvolto; ....
ma però di buon umore, ...
d'ogni evento superior. ....

Figaro
费加罗

4. Completa il testo con le forme date al passato remoto 用下列远过去时形式填空，完成短文

diede *volle* *decise* *sviluppò* *fu (2 volte)* *impiegò*

La realizzazione dell'Ultima Cena di Leonardo da Vinci si inserisce nell'ambito dell'ampio rinnovamento artistico e culturale che Ludovico il Moro (1) .... a Milano a partire dal 1490. Il Duca (2) .... a Leonardo l'incarico di decorare la parete del Refettorio del Convento di Santa Maria delle Grazie; l'elaborazione del Cenacolo (3) .... abbastanza lenta, nonostante le sollecitazioni. Leonardo (4) .... , infatti, circa quattro anni (1494 - 1498) a realizzare l'opera, utilizzando una tecnica a secco, cioè a tempera, come se si trattasse di una grande tavola (4,60 x 8,80m). Uno dei motivi per cui Leonardo (5) .... di non affidarsi alla consolidata tecnica dell'affresco (6) .... che l'affresco, pur offrendo garanzie per la conservazione, impone il rispetto del tempo nella stesura; l'artista (7) .... invece avere la massima libertà nella fase esecutiva per correggere, modificare e ottenere particolari effetti cromatici.

21 IL TRAPASSATO REMOTO 远愈过去时

1

远愈过去时是一个复合时态，它的构成方式是：

助动词 **avere** 或 **essere** 的远过去时变位 + 动词的过去分词。

ebbi	MANGIATO	**fui**	ANDATO/A
avesti		**fosti**	
ebbe		**fu**	
avemmo		**fummo**	ANDATI/E
aveste		**foste**	
ebbero		**furono**	

ESEMPI

(*io - sentire*)	ebbi sentito
(*voi - stare*)	foste stati
(*loro - prendere*)	ebbero preso
(*noi - venire*)	fummo venuti
(*tu - svegliarsi*)	ti fosti svegliato
(*lui - finire*)	ebbe finito

2

远愈过去时表示一个发生**在远过去时之前**的动作，可以由下列时间词语引出：

non appena
quando
dopo che
(ecc.)

ESEMPI

Non appena **ebbi visto** quello che aveva fatto, *decisi* di telefonare alla polizia. (*prima vedo, e poi decido*)

Quando **fu seduto**, *cominciò* a parlare. (*prima si siede, e poi comincia a parlare*)

Dopo che **avemmo dimostrato** la nostra tesi, *ricevemmo* molti complimenti. (*prima dimostriamo, e poi riceviamo*)

! NOTA BENE 请注意

- 远愈过去时一定要与远过去时配合使用，因此在现代意大利语和口语中很少使用。

ESERCIZI 练习

1. Forma il trapassato remoto dei verbi tra parentesi 写出括号内动词相应的远愈过去时

1. (lui - dormire) ....
2. (io - partire) ....
3. (voi - viaggiare) ....
4. (tu - rimanere) ....
5. (loro - alzarsi) ....
6. (noi - decidere) ....

2. Riscrivi le frasi usando il trapassato remoto 使用远愈过去时改写句子

1. Prima aprì la finestra e poi saltò giù.
   ....
2. Prima parlai con il direttore e poi decisi di dare le dimissioni.
   ....
3. Prima entraste nella stanza e poi vedeste la confusione.
   ....
4. Prima arrivarono tutti e poi il presidente dichiarò aperti i lavori della Commissione.
   ....
5. Prima passammo a trovare Silvia e poi proseguimmo il viaggio.
   ....
6. Prima telefonaste a Giulia e poi andaste all'ospedale.
   ....

3. Passato o trapassato remoto? Scegli la forma giusta, facendo attenzione al rapporto temporale (azione precedente o no) 使用远过去时还是远愈过去时？注意句中动作发生的时间关系（是否是一个动作之前发生的动作），选择正确答案

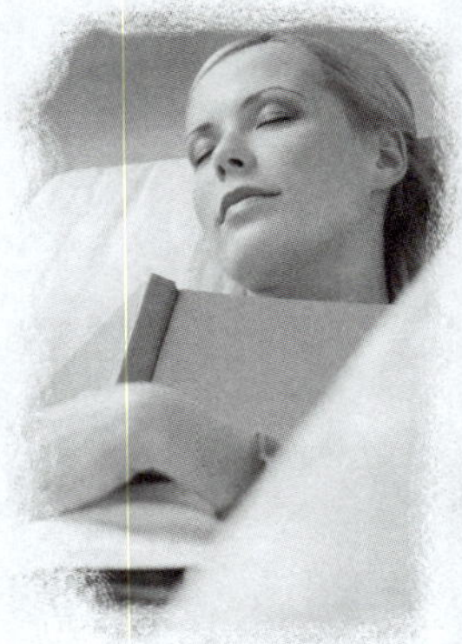

1. Dopo che finì/ebbe finito il romanzo, si addormentò di colpo.
2. Quando guardò/ebbe guardato in basso si sentì male.
3. Il treno partì proprio quando arrivai/fui arrivata sul binario.
4. Non appena ricevettero/ebbero ricevuto i soldi, cominciarono a costruire la casa.
5. Quando seppe/ebbe saputo tutta la verità, finalmente la perdonò.
6. Nel momento in cui lo vidi/ebbi visto, capii che era stato lui.

4. Completa il testo con le forme date di passato e trapassato remoto 用给出的远过去时和远愈过去时填空，完成下面的短文

ebbi caricato *portai* *entrai* *ebbi controllato* *uscii*
tornai *ebbi osservata* *mi avvicinai* *fui entrato*

LA CONFESSIONE DI UN LADRO

Erano le sei di sera quando (1) .... nell'appartamento 1, del numero 15 di Ladyhall Avenue, a Kingsmarkham. Non era ancora buio. Il portone non era chiuso a chiave, quindi non dovetti scassinarlo. Dopo che (2) .... mi diressi verso il soggiorno per vedere che cosa potevo rubare: (3) .... via solo il televisore. Appena lo (4) .... nel mio furgone, (5) .... all'appartamento e andai verso la camera da letto. Con mia sorpresa, nel letto vidi una donna. Lì per lì credetti che dormisse, ma quando l' (6) .... meglio mi insospettii: aveva un braccio che penzolava in modo strano. (7) .... e senza toccarla mi accorsi che era morta. A questo punto (8) .... dalla camera in tutta fretta e ritornai al furgone. Dopo che (9) .... se mi aveva visto qualcuno, me ne andai.

22 L'IMPERATIVO PER IL *LEI* 命令式：用 LEI 的尊称形式

1 当我们需要以**正式的**方式下达指令、提出建议等时，要使用**尊称**命令式 (间接命令式)。
规则动词的变位如下：

	(-ARE)	(-ERE)	(-IRE)
	scusare	*prendere*	*sentire*
forma affermativa	SCUSI	PRENDA	SENTA
forma negativa	NON SCUSI	NON PRENDA	NON SENTA

ESEMPI

A: Vorrei parlare con il direttore.
B: Sì, **attenda** in linea, prego.

A: È permesso?
B: Prego, signora, **entri** pure!

A: **Scusi**, per andare alla stazione?
B: **Prenda** la prima strada a destra e **prosegua** sempre dritto.

Pronto?! Vorrei parlare con ...
喂？我想跟……通话。

2 关于不规则动词的变位，请大家记住一条实用的规律：把该动词直陈式现在时第一人称单数变位中的 **o** 改成 **a** 即可。

Infinito		Presente	Imperativo per il **Lei**
fare	io	faccio	FACCIA
dire		dico	DICA
venire		vengo	VENGA
andare		vado	VADA
tenere		tengo	TENGA

其他不规则动词

dare	DIA
stare	STIA
essere	SIA
avere	ABBIA
sapere	SAPPIA

ESEMPI

A: Quanto pago?
B: Sono 56 euro e 70.
A: Ecco a lei.
B: Grazie, **tenga** lo scontrino.

A: Dottore, è grave?
B: **Stia** tranquilla, signora, è stato solo un falso allarme.

Quant'è?
多少钱？

- 如果句中出现**代词**，代词的位置应该**放在尊称**命令式变位动词的**前面**。

ESEMPI

(*accomodarsi*) Prego, avvocato, **si *accomodi*** qui.
(*dare* + **mi**) **Mi *dia*** mezzo chilo di fettine di vitello, per favore.
(*andare* + **ci**) Non **ci *vada***, signora, perde solo tempo.
(*parlare* + **gliene**) **Gliene *parli*** domani, adesso non ha tempo.

ESERCIZI 练习

1. Sostituisci le parti evidenziate con l'imperativo (*Lei*) 用尊称命令式替换句中特别标示的部分

1. Signora, deve aspettare qui un momento. ....
2. Per favore, deve dirgli che non posso venire. ....
3. Mi dà mezzo chilo di fettine di vitello? ....
4. Deve andare dritto per circa 100 metri ....
   e poi deve girare a sinistra. ....
5. Non deve preoccuparsi, abbiamo ancora tempo. ....
6. Vuole accomodarsi qui, prego? ....
7. Deve stare calmo, non è successo niente di grave. ....
8. Mi può portare all'aeroporto, per cortesia? ....

2. Completa la ricetta mettendo i verbi dati alla terza persona singolare (*Lei*) dell'imperativo 用所给动词的第三人称尊称命令式形式填空，完成下面这份菜谱

togliere *mettere* *scaldare* *tritare* *tagliare*
cuocere *mescolare* *girare* *coprire*

POMODORI ALLA PROVENZALE

Per 4 persone occorrono 4 pomodori, 3 spicchi d'aglio, 100 grammi di pangrattato, un po' di prezzemolo, 2 cucchiai d'olio d'oliva, sale e pepe. (1) .... a metà i pomodori lavati e (2) .... una parte della polpa. (3) .... l'aglio e il prezzemolo e li (4) .... con il pangrattato, il sale, il pepe e 3 cucchiai d'acqua fino a ottenere una pasta con cui farcirà i pomodori. (5) .... l'olio in una padella, (6) .... i pomodori dal lato riempito a cuocere per 4 minuti. (7) .... i pomodori dall'altro lato, li (8) .... con un coperchio e li (9) .... per altri 6 minuti.

3. Completa le frasi con un verbo appropriato all'imperativo (*Lei*) 用适当的动词的尊称命令式填空，完成下列句子

1. ...., non ha preso lo scontrino.
2. .... pure, vado a chiamare mio marito e gli dico che è arrivato.
3. Signora, la prossima volta .... di timbrare il biglietto prima di salire sul treno.
4. Silvia, ... i bambini a scuola alle 8.30 e poi .... a fare la spesa. Quando rientra, per favore, ... bene le pulizie nel salone e .... anche i vetri.
5. A: ...., signora.
   B: Da vari mesi ho un forte calo d'appetito e sono preoccupata. Che posso fare?
   A: Ha già fatto gli esami del sangue?
   B: No.
   A: Ecco, allora, li .... e poi .... da me con i risultati, così possiamo avere un'idea più precisa della causa
6. Non ...., altrimenti peggiora la situazione.
7. .... più tardi, per cortesia, l'avvocato è impegnato in una riunione.
8. ...., sa se c'è un ufficio postale in zona?

4. Leggi le frasi e prova a dare dei consigli usando l'imperativo (*Lei*)
阅读下列句子，用尊称命令式提出建议

1. Cerco una casa in affitto in montagna per la stagione sciistica.
……………………………………………………
2. Con due figli piccoli, io e mio marito non usciamo più la sera da anni.
……………………………………………………
3. Non so cosa regalare ai miei genitori per il loro anniversario.
……………………………………………………
4. Mio figlio non studia, sono preoccupata.
……………………………………………………
5. Non so se cambiare la macchina o no ...
……………………………………………………
6. Vorrei perdere qualche chilo ...
……………………………………………………
7. Il mio lavoro è troppo stressante.
……………………………………………………
8. Non so che fare nel mio tempo libero.
……………………………………………………

23 L'IMPERATIVO: CONTRASTO *TU/LEI*
命令式：尊称LEI与非尊称TU的区别

掌握尊称命令式 **Lei** 式与非尊称命令式 **Tu** 的区别非常重要：

	TU	LEI
(-ARE) *scusare*	SCUS**A**	SCUS**I**
(-ERE) *prendere*	PREND**I**	PREND**A**
(-IRE) *sentire*	SENT**I**	SENT**A**

- 我们通过上表可以看出，非尊称命令式和尊称命令式词尾的 **a** 和 **i** 是完全相反的，因此必须记住我们要使用的动词是以 **-are**, **-ere** 还是 **-ire** 结尾的。

ESEMPI

Tu
A: Ciao, Paola, sei occupata?
B: No, entr**a**!

A: Sono Angela, mi passi Franco?
B: Sì, attend**i** solo un attimo in linea.

A: Per colpa tua dobbiamo rifare tutto!
B: Sì, ma capisc**i** la situazione! Che altro potevo fare?

Lei
A: Signora, è occupata?
B: No, entr**i**!

A: Sono Rossi, mi passa il Sig. Tornaghi?
B: Sì, attend**a** solo un attimo in linea.

A: Per colpa sua dobbiamo rifare tutto!
B: Sì, ma capisc**a** la situazione! Che altro potevo fare?

● 如果是不规则动词，那么尊称与非尊称就不会混淆。

ESEMPI

	Tu	Lei
(*dare*)	**DA'/DAI**	**DIA**
(*fare*)	FA'/FAI	FACCIA
(*venire*)	VIENI	VENGA
(*stare*)	STA'/STAI	STIA
(*andare*)	VA'/VAI	VADA

● 关于代词的位置，在**非尊称**命令式中，所有代词均**位于**变位动词**之后**，而在**尊称**命令式中，代词则**位于**变位动词**之前**。

ESEMPI

	Tu	Lei
(*fare + **mi***)	FAM**MI**	***MI*** FACCIA
(*parlare + **gli***)	PARLA**GLI**	***GLI*** PARLI
(*non preoccupar**si***)	NON PREOCCUPAR**TI** (*)	NON ***SI*** PREOCCUPI
(*dire + **me lo***)	DIM**MELO**	***ME LO*** DICA

(*) 在**非尊称**形式的否定形式中，代词也可以放在动词的前面，而意思不变：Non **ti** preoccupare.

FRASI

A: Marco, **ricordati** di portarmi quel libro. 马可，记得给我带那本书！
B: Ah, già, me n'ero dimenticato! 啊，我忘了！

A: Dottore, dottore, venga presto! 大夫，大夫，请您赶紧过来！
B: Signora, ***si calmi*** per favore e ***mi racconti*** tutto. 女士，请您保持冷静，把所有情况都告诉我。

A: Dove la vuole la libreria, signora? 女士，您想把书柜放在哪里？
B: ***La lasci*** lì, per il momento, poi ci pensa mio marito. 请您暂时放在那儿吧，一会儿我丈夫会考虑的。

A: Mio figlio mi tormenta perché vuole la macchina. 我儿子老缠着我，因为他想买那辆车。
B: E tu **compragliela**, d'altra parte serve anche a te una macchina nuova.
那你就给他买吧，再者你也需要一辆新车。
A: Forse hai ragione. 或许你说的对。

ESERCIZI 练习

1. Trasforma il seguente dialogo dal *tu* al *Lei*, cambiando i verbi
用适当的动词变位将下列对话中的非尊称命令式改成尊称命令式

A: Scusa, mi sai dire come si va alla stazione centrale da qui?
B: A piedi o in macchina?
A: A piedi.
B: Allora vai dritto, poi dopo il primo semaforo gira a sinistra,
prosegui dritto per circa 100 metri e sulla sinistra trovi la stazione.
A: Grazie. Senti, sai anche se c'è una farmacia sulla strada?
B: Sì, guarda, la trovi proprio accanto alla stazione.

....
....
....
....
....
....

2. Completa le seguenti frasi con l'imperativo (*Tu* o *Lei*) dei verbi dati fra parentesi e inserisci anche i pronomi quando necessario
用括号内所给动词的命令式（非尊称或尊称）填空，完成句子，如有需要，可以加入适当的代词

1. .... attenta, signora, il pavimento è bagnato e si scivola. (stare)
2. Paola, ... una mano, non vedi che ho le valigie? (dare)
3. Prego, signora, ... qui: il dottore è subito da Lei. (accomodarsi)
4. Se tuo figlio insiste per avere la macchina nuova, ... (comprare)
5. Se non ti piace stare qui, ... (andarsene)
6. A: Buongiorno, signora, desidera?
   B: .... un etto di prosciutto crudo, ma .... sottile. (dare/tagliare)
7. A: Domani ho il colloquio! Sono nervosissima, e se non so cosa dire?
   B: ...., vedrai che andrà tutto bene! (preoccuparsi)
8. A: Dottore, è arrivato questo fax per lei.
   B: Ah, sì, ... sulla scrivania, per favore. (mettere)

3. *Tu* o *Lei*? Completa le frasi con l'imperativo e gli elementi mancanti (aggettivi possessivi, pronomi) alla forma corretta
使用非尊称还是尊称？用命令式填空，完成句子，同时用物主形容词和代词的正确形式填空

1. Signorina, ... e .... là il .... cappotto.
2. A: ...., sono .... queste chiavi?
   B: Sì, grazie, meno male che le hai trovate!
3. Maria, ... le chiavi di casa.
4. Anna! .... tutto quel rumore!
5. A: ...., sa dirmi che cosa devo prendere per andare in centro?
   B: Mi dispiace, signora, non sono di qui.
6. Simone, ... di sopra i .... giocattoli!
7. A: La gonna che ho comprato ieri non va bene. Me .... con la taglia più grande, per favore.
   B: Certo, signora, ... questa. Il camerino è in fondo a destra.
8. A: Signorina, se telefona il Dott. Bianchi .... subito sull'altra linea.
   B: Va bene, ingegnere.

4. Correggi gli errori (7) negli imperativi (*tu* al posto del *Lei* e viceversa)
改正文章中出现的7处命令式的使用错误（用非尊称代替尊称或者用尊称代替非尊称）

A: Signorina , mi faccia un favore. Vai da Marchi e gli dica di firmare queste lettere. ....
B: Va bene, dottore, vado immediatamente. ....

(Nell' ufficio di Marchi)

B: Scusi, Sig. Marchi, per favore, firmami queste lettere per il dottore. ....
C: Sì, va bene, aspetti un momento, signorina. Ecco. Senta, mi sa dire se ....
il dottore è libero dopo le due? Dovrei parlargli. ....
B: Aspetti, adesso chiamo la mia collega e controllo sulla sua agenda. ....
(telefona alla collega) Ciao, Anna, sono io. Senta, guarda sull'agenda del dottore, ...
per cortesia e mi dica se è libero dopo le due, ah, è in riunione fino alle tre ... .
C: Guardi se è possibile alle 5:30. ....
B: Un momento, scusa, a che ora ha detto? ....
C: 5:30. ....
B: Anna, dimmi se è libero alle 5:30 Ah, ho capito. *(parla con Marchi)* Senta, ...
la mia collega dice che dopo la riunione ha l'aereo per Parigi e ritorna dopodomani. ....
C: Va bene, non importa, però gli dica di farmi chiamare quando ha un minuto, ...
che devo discutere di una cosa con lui. ....
B: Senz'altro. ....

(Di nuovo dal Dottore)

B: Tenga le lettere firmate.

A: Grazie, signorina. Vediamo un po'... Ah, qui ci volevano due firme! Ritorni da Marchi, per favore e fagli firmare questo foglio qui, ma non perdere troppo tempo perché poi ho bisogno di lei.

B: Va bene dottore.

24 IL CONGIUNTIVO PRESENTE: VERBI REGOLARI 虚拟式现在时：规则动词

虚拟式有4 种**时态**：现在时、过去时、未完成过去时、愈过去时。

语式指的是动词的状态及其要表达的含义，而动词的**时态**指的是动作发生的**时间**。

虚拟式现在时的构成：去掉动词不定式词尾的 **-are**, **-ere**, **-ire**, 分别加上虚拟式现在时的变位词尾。

	PARL**ARE**	PREND**ERE**	SENT**IRE**	PREFER**IRE**
io / tu / lui/lei	parl **i**	prend **a**	sent **a**	preferisc **a**
noi	parl **iamo**	prend **iamo**	sent **iamo**	prefer **iamo**
voi	parl **iate**	prend **iate**	sent **iate**	prefer **iate**
loro	parl **ino**	prend **ano**	sent **ano**	preferisc **ano**

ESEMPI

(io - mangiare) mangi
(lui - amare) ami
(voi - perdere) perdiate
(tu - decidere) decida
(loro - partire) partano
(lei - dormire) dorma
(tu - capire) capisca
(loro - spedire) spediscano

FRASI

Mi sembra che **ascoltino** spesso musica jazz. 我觉得他们经常听爵士音乐。
Spero che Marina **arrivi** in tempo. 我希望玛丽娜能准时到。
Ho paura che **perdano** soldi in investimenti sbagliati.
我害怕他们会因为错误的投资而蒙受损失。
Non voglio che i bambini **vedano** questo film. 我不想让孩子们看这部电影。
Siete davvero contenti che io **parta**? 我离开，你们真的很开心吗？
Penso che **dormiate** un po' troppo, ragazzi! 孩子们，我想你们睡得有点儿多了！
Non ti sembra che Nicola **tossisca** un po' troppo? Dovrebbe andare da un medico!
你不觉得尼古拉咳嗽得很厉害吗？他应该去看看医生！
È probabile che la zia **preferisca** rimanere a casa. 婶婶有可能更愿意待在家里。

! NOTA BENE 请注意

- 虚拟式现在时第一人称复数的变位与直陈式现在时是相同的。

  Paolo crede che **noi partiamo** domani. Noi ***partiamo*** domani.

- 注意：句中的 **che** 是一个虚拟式的标志。
  当出现表示主观判断和希望的动词 (比如表示意见、猜测、害怕、怀疑、希望的动词) 时，经常可以**省略 che**。

ESEMPI

Non ti sembra stiano dormendo?
Penso sia un bellissimo regalo.
Suppongo Lei voglia vedere il progetto.
Temo sia un po' tardi per il cinema.
Dubito abbia capito il problema!
Speriamo arrivi in tempo!

- 当出现表示意愿、命令的动词和无人称动词时，**che** 则倾向于保留。

ESEMPI

Voglio che tu faccia come dico io.
Il mio capo pretende che io lavori anche il sabato.
Bisogna che puliate bene il giardino.
È meglio che lui non sappia niente.

- 在虚拟式现在时 (规则动词和不规则动词) 中，动词变位重音的位置和直陈式现在时是一样的。

	ARRIVARE	ESSERE
io / tu / lui lei	arrivi	sia
noi	arriviamo	siamo
voi	arriviate	siate
loro	arrivino	siano

- 虚拟式现在时变位的前三个人称的词尾是一样的：如果语境不是很清晰，为了避免歧义，通常要补上相应的人称代词。

L'ingegnere vuole che **veda** il progetto al più presto. = *chi deve vedere il progetto?*

L'ingegnere vuole che **io** veda il progetto al più presto.
L'ingegnere vuole che **tu** veda il progetto al più presto.
L'ingegnere vuole che **Mario** veda il progetto al più presto.

ESERCIZI 练习

1. Completa la tabella 填表

	COMPRARE	LEGGERE	PARTIRE	CAPIRE
io	compri	....	parta	....
tu	....	legga	....	....
lui/ ei	....	....	....	capisca
noi	....	....	partiamo	....
voi	compriate	....	....	capiate
loro	....	leggano	....	....

2. Abbina le frasi delle due colonne 将左右两部分的句子连接起来

1. Mi sembra che loro
2. Credo che Luca
3. Non voglio che i bambini
4. Roberto spera che voi
5. Signora, se è stanca è meglio che
6. Il mio medico vuole che io

a) parli il tedesco.
b) si sieda un po'.
c) capiate la situazione.
d) lavorino in banca.
e) smetta di fumare.
f) mangino troppi dolci.

3. Completa le frasi con un verbo appropriato al congiuntivo presente
用适当动词的虚拟式现在时填空，完成下列句子

finire *perdere* *guardare* *parlare* *spedire* *cercare*

1. Mi sembra che i Rossi .... una casa al mare.
2. È probabile che Carlo .... di lavorare molto tardi.
3. Penso che Massimo .... correntemente il francese.
4. Ho paura che i nonni .... il treno!
5. Preferisco che voi .... il pacchetto per via aerea.
6. Non voglio che i bambini .... troppa televisione.

4. Completa il testo con i seguenti verbi al congiuntivo presente
用下列动词的虚拟式现在时填空，完成短文

restare *rischiare* *continuare* *desiderare* *diventare*

Hamburger o pizza? Kebab o panino? Sushi o lasagne? Eh sì, dal fast food made in USA alle specialità etniche, oggi non c'è che l'imbarazzo della scelta. Pare che gli italiani 1) .... sperimentare gusti e sapori diversi dai soliti e quasi sembrerebbe che la grande tradizione culinaria italiana 2) .... di scomparire. Per fortuna non è così, perché tra un piatto di tagliatelle al ragù e uno dal nome impronunciabile gli italiani, in fondo, non hanno esitazioni. Anzi, sembra che la ricerca di prodotti genuini 3) .... sempre più diffusa. *Slow food*, associazione per la valorizzazione della cucina italiana, crede che la cucina casalinga 4) .... comunque un punto di riferimento fondamentale per la maggior parte degli italiani. E infatti ecco diffondersi il turismo enogastronomico, alla ricerca di sapori e profumi di una volta, di artigiani che preparano vino, salumi e formaggi secondo l'antica tradizione, e speriamo che 5) .... così ancora per lungo tempo!

25 IL CONGIUNTIVO PRESENTE: VERBI IRREGOLARI
虚拟式现在时：不规则动词

1

在直陈式现在时中变位不规则的动词在虚拟式现在时中变位也不规则。

下面是动词 **essere** 和 **avere** 的虚拟式现在时的变位：

	ESSERE	AVERE
io / tu / lui/lei	**sia**	**abbia**
noi	**siamo**	**abbiamo**
voi	**siate**	**abbiate**
loro	**siano**	**abbiano**

ESEMPI

Pare che Shanghai **sia** una città caotica ma molto interessante.
Avvocato, è tardi e mi sembra che Lei **sia** stanco: rimandiamo a domani?
Spero che tu **abbia** un po' di tempo per rivedere queste fatture.
Non credo che Silvia e Nicola **abbiano** grandi possibilità economiche.

2

下面是两个非常常用的虚拟式现在时不规则动词的变位：

	ANDARE	FARE
io / tu / lui/lei	vad**a**	facci**a**
noi	and**iamo**	facc**iamo**
voi	and**iate**	facc**iate**
loro	vad**ano**	facc**iano**

- 为了更好地记忆虚拟式现在时不规则动词的变位，我们要记住：**虚拟式现在时不规则动词的变位是基于直陈式现在时变位的。**

	直陈式现在时	虚拟式现在时
Andare	io **vado**	io **vada**
Bere	io be**vo**	io be**va**
Dire	io di**co**	io di**ca**
Fare	io fa**ccio**	io fa**ccia**
Potere	io po**sso**	io po**ssa**
Produrre	io prod**uco**	io prod**uca**
Proporre	io propo**ngo**	io propo**nga**
Rimanere	io rima**ngo**	io rima**nga**
Scegliere	io sce**lgo**	io sce**lga**
Tenere	io te**ngo**	io te**nga**
Tradurre	io trad**uco**	io trad**uca**
Uscire	io **esco**	io **esca**
Venire	io ve**ngo**	io ve**nga**
Volere	io vo**glio**	io vo**glia**

ESEMPI

(tu - rimanere)	rimanga	*(tu - bere)*	beva
(noi - rimanere)	rimaniamo	*(io - dire)*	dica
(lui - scegliere)	scelga	*(voi - potere)*	possiate
(voi - scegliere)	scegliate	*(voi - uscire)*	usciate
(tu - uscire)	esca	*(voi - venire)*	veniate
(loro - venire)	vengano	*(Lei - volere)*	voglia

FRASI

Pensi che loro alla fine **spengano** il computer?
你认为他们最后会关闭电脑吗？
Aspetto che tu **proponga** qualcosa. 我期待着你能提出一些建议。
Voglio che Lei **tolga** immediatamente i piedi dal tavolo!
我希望您立刻把脚从桌子上拿下去！
È meglio che voi **usciate** subito da qui. 你们最好立刻从这里出去。
È necessario che Lei **beva** almeno due litri d'acqua al giorno.
您每天需要至少喝 2 升的水。
Spero che tu **faccia** buon viaggio! 我希望你旅途顺利！
Signora, spero che Lei **possa** fermarsi ancora un po'. 女士，我希望您能再逗留片刻。
Spero che oggi voi **stiate** meglio. 我希望今天你们能够感觉更好。
Non credo che **vogliano** venire con noi al cinema. 我不相信他们想和我们一起去看电影。

Questo videogame è veramente bello!
这个电脑游戏真是太棒了！

还有一些不规则动词的变位**并不**遵循上述规律：

Dare	io **dia**
Dovere	io **debba** (possibile anche **deva**)
Sapere	io **sappia**
Stare	io **stia**

ESEMPI

(voi - dare)	diate
(loro - dare)	diano
(lui - dovere)	debba/deva
(noi - dovere)	dobbiamo
(io - sapere)	sappia
(loro - sapere)	sappiano
(voi - stare)	stiate
(loro - stare)	stiano

FRASI

Mi sembra che i ragazzi **debbano** ancora fare i compiti.
我觉得孩子们还应该多做点练习。
Mi pare che voi **diate** troppa importanza al giudizio di Bruno.
我觉得你们太重视布鲁诺的判断了。
Temo che **dobbiate** passare qui la notte. 我恐怕你们要在这里过夜了。
Non ti sembra che Angela **dia** troppa importanza ai soldi?
你不觉得安洁拉太看重金钱了吗？
Non so se Valeria **sappia** già la novità.
我不知道瓦莱丽亚是否已经知道了这个消息。
È meglio che **sappiate** subito come stanno le cose.
你们最好立刻搞清楚事情的进展情况。
Signora, come va? Spero che **stia** meglio oggi! 女士，您怎么样？我希望您今天感觉好多了！
Credo che **stia** per piovere. 我认为马上要下雨了。

...questi esercizi di matematica sono troppo difficili.
……这些数学练习太难了。

NOTA BENE 请注意

- 虚拟式现在时不规则动词第一人称复数的变位与直陈式现在时是一样的。

  Non credete **che noi possiamo farcela**? Noi ***possiamo farcela***.

- 在虚拟式现在时中，动词 **andare** 的变位与直陈式现在时的变位有相似之处：除了第一人称和第二人称的复数之外，其余人称均需要改变词根。

  andare → **vad**a, **vad**ano → andiamo, andiate

以下动词的变位情况也类似：*proporre, rimanere, scegliere, spegnere, tenere, togliere, uscire, venire.*

- 动词 **fare** 需要改变词根，而且在虚拟式现在时变位的所有人称中都要保留这个词根：

  fare → **facc**ia, **facc**iamo, **facc**iate, **facc**iano

以下动词的变位情况也类似：*bere, dire, potere, produrre, sapere, tradurre, volere.*

ESERCIZI 练习

1. Completa il dialogo con i verbi dati al congiuntivo presente
用下列动词的虚拟式现在时填空，完成对话

proporre volere fare uscire potere venire

A: Pronto, Stefano?
B: Ah ciao Marisa, come va?
A: Bene, grazie, e tu?
B: Stiamo tutti bene, grazie.
A: Senti, volevo parlarti della festa di Paolo: spero che tu e Giulia ci 1) ....
B: Guarda, anch'io volevo parlarti di questo: ho paura che Giulia 2) .... andare a trovare i suoi.
A: Beh, vieni da solo!
B: Ah no, sai com'è Giulia, temo che poi mi 3) .... una scenata delle sue.
A: Allora niente, pazienza! Spero che 4) .... vederci in un'altra occasione.
B: Ma certo! Anzi è probabile che Giulia ti 5) .... una gita a Ferrara per il prossimo week end.
A: Perfetto!
B: Allora ti faccio richiamare?
A: Certo! Non stasera però: è probabile che io 6) .... con Marcello.

2. Completa la tabella 填表

	ESSERE	AVERE	DARE	STARE	DOVERE
io	....	....	....	stia	....
tu	sia	....	dia	....	....
lui/lei	....	....	....	....	....
noi	....	abbiamo	....	....	dobbiamo
voi	siate	....	....	stiate	....
loro	....	abbiano	diano	....	debbano

3. Completa le frasi con i verbi tra parentesi al congiuntivo presente
用括号内动词的虚拟式现在时填空，完成下列句子

1. Speriamo che tu non .... ripetere l'esame! (dovere)
2. Ho paura che Maria non .... molto bene. (stare)
3. Mi pare che sua sorella .... 30 anni. (avere)
4. Non mi piace che i bambini .... da mangiare ai piccioni. (dare)
5. Voglio che .... quanto è stato bello avervi qui! (sapere)
6. Credo che quei turisti .... polacchi. (essere)

4. Completa il testo con un verbo appropriato al congiuntivo presente
用适当动词的虚拟式现在时填空，完成短文

essere *dare* *esserci* *potere* *farsi* *dovere*

«Nella moda l'unica certezza è l'assenza di certezze assolute» diceva Gianni Versace. Se infatti guardiamo un vecchio film, pare impossibile che oggi una signora borghese 1) .... tranquillamente uscire senza guanti e cappello! Le cose sono cambiate notevolmente, offrendoci mille possibilità: dal minimalismo di Giorgio Armani, alle atmosfere mediterranee di Dolce e Gabbana, passando da Roberto Cavalli il quale – sostenendo che le donne 2) .... fuggire dalla noia del minimalismo bianco, nero e grigio – propone colori vivacissimi, accostamenti azzardati, stampe "animalier". Quindi Valentino, l'eleganza e lo stile per eccellenza e poi Prada, l'innovazione tecnica dei tessuti e delle forme. Insomma, sembra proprio che oggi 3) .... tutto e il contrario di tutto. E comunque, non credete 4) .... meglio che le donne non 5) .... condizionare dai dettami della moda ma 6) .... spazio anche e soprattutto al gusto e alla creatività personali?

26 IL CONTRASTO TRA CONGIUNTIVO E INDICATIVO
虚拟式和直陈式的区别

虚拟式表达一种和直陈式相反的概念：通常虚拟式表示**远离事实**的概念，因此也是**不确定**的、**主观性**的概念，而直陈式大部分情况下表示的是实际情况，以及确定的、客观的概念。
在很多情况下，这种主观性或不确定性都是由用在虚拟式之前的那个**动词**所决定：

CONGIUNTIVO		INDICATIVO
Mi sembra che Maria **parli** russo. non realtà / soggettività	←→	Maria **parla** russo. realtà / oggettività
Ho sentito parlare di questo albergo ma ***non so*** dove **sia**. non realtà / incertezza	←→	Io so dov'**è**! realtà / certezza

在这些情况下，我们讨论的是虚拟式的从属性用法：实际上虚拟式的用法取决于它前面出现的动词，这些动词不属于表述客观事实的范畴，因为它们表达的都是个人观点、假设、害怕、愿望、不确定或怀疑等含义。

ESEMPI

Suppongo che l'avvocato sia ancora in ufficio. (*è solo una mia ipotesi, forse non è così*)
Temo che l'aereo sia in ritardo. (*è solo un mio timore*)
Mi auguro che l'esame vada bene. (*è un mio desiderio*)
Speriamo che questa pioggia finisca presto. (*è un mio desiderio*)
Non so se l'appartamento abbia un balcone. (*non sono certo*)
Dubito che lui possa partecipare al ricevimento. (*non sono certo*)
Non ***voglio che*** faccia tardi la sera. (*è una mia volontà*)

我们说过，**虚拟式**和**直陈式**最主要的区别在于“**非现实（non-reale）**”和“**现实（reale）**”、“**主观（soggettivo）**”和“**客观（oggettivo）**”。

认真阅读下面这组在书店中的对话：

A: Buongiorno, sto cercando un libro che **parli** di pittura giapponese. (*sto chiedendo se esiste un libro così, io non lo so*)

B: Sì, adesso vediamo se c'è qualcosa. (*ho capito che il cliente non sa se un libro così esiste*)

A: Buongiorno, sto cercando un libro che ***parla*** di pittura giapponese. (*so che il libro esiste, non mi ricordo il titolo*)

B: Va bene, si ricorda il titolo, per cortesia? (*ho capito che il cliente sa che il libro esiste, probabilmente non si ricorda il titolo*)

Preferisco un aereo che **arrivi** direttamente, senza scali, per favore. (*se possibile, non so se questo aereo è disponibile*)

Preferisco l'aereo che ***arriva*** direttamente, senza scali, per favore. (*so che esiste*)

在这些例子（带有关系代词 che 的句子）中，并没有（或很难“发现”）一个虚拟式中经常出现的表示“非现实”含义的动词。对于学生来说，这些使用虚拟式的例子的确很难识别，但是它们却大大丰富了意大利语的表达。

! NOTA BENE 请注意

- 有很长一段时间以来，人们都在谈论“**虚拟式的危机（crisi del congiuntivo）**”问题，也就是说人们越来越多地用直陈式来代替虚拟式。

例如：credo che il treno *parte* alle dieci; è meglio che tu *fai* così; ho paura che *è* troppo tardi; e così via.

尽管一门语言的演进是不可避免的，但我们还是主张使用虚拟式，因为它可以反映出自身含义的细微变化，同时也能反映出意大利语一贯富于文化意味的显著特色，因此在工作和学习领域，虚拟式是不可缺少的。

ESERCIZI 练习

1. Leggi le frasi e indica se esprimono: A) certezza B) incertezza C) oggettivà D) soggettivà 阅读下列句子，指出这些表达方式表达的是：A) 确定 B) 不确定 C) 客观 D) 主观

	A	B	C	D
1. Ritengo che i vini australiani siano i migliori.	☐	☐	☐	☐
2. So che il cinese è una lingua molto complessa.	☐	☐	☐	☐
3. Mi sembra che lo stadio sia fuori città.	☐	☐	☐	☐
4. Penso che Michele sia simpatico, no?	☐	☐	☐	☐
5. Tokyo è una città davvero molto grande.	☐	☐	☐	☐
6. Non so se il direttore partecipi alla riunione.	☐	☐	☐	☐
7. Siamo a 5 gradi sottozero!	☐	☐	☐	☐
8. Credo che il cinese sia più difficile del giapponese.	☐	☐	☐	☐

2. Completa le frasi 填空完成句子

so che *penso che* *mi sembra* *mi auguro che*
sono sicuro che *speriamo che* *temo che* *pare che*

A: Pedrotti, ha sentito l'ultima? 1) .... il vice direttore lasci a fine mese.
B: Non è possibile! 2) .... ha qualche problema con il consiglio di amministrazione ma 3) .... strano che se ne vada.
A: Mah, a me l'ha detto il dottor Savelli e 4) .... lui è una persona affidabile.
B: Non molto discreta, però! Comunque 5) .... sia meglio aspettare una conferma ufficiale. 6) .... ci ripensi, è un ottimo dirigente e sarebbe un peccato perderlo.
A: Sono d'accordo con Lei ma 7) .... sia una notizia fondata.
B: 8) .... non sia così!

3. Trasforma le frasi in affermazioni *non certe* usando un verbo appropriato + congiuntivo
用适当的动词加虚拟式的形式改写下列句子，将它们改为表示不确定含义的句子

1. Sono sicuro che questo cane è di razza Beagle.
....
2. Praga è una città molto bella.
....
3. So che i Martini stanno divorziando.
....
4. Stanno bussando!
....
5. Sono sicuro che dice la verità.
....
6. Nicola parte domani mattina.
....
7. So dov'è il Ponte Vecchio: a Firenze.
....
8. Cerco una baby sitter che parla italiano e francese, non mi ricordo il nome però.
....

4. Completa il testo con un verbo al presente indicativo o al presente congiuntivo
用直陈式现在时或虚拟式现在时填空，完成下面的短文

Il nome maschile più diffuso in Italia 1) .... Giuseppe Russo.
E com'è l'italiano-tipo? Dunque, l'altezza media 2) .... di 174 centimetri, 3) .... occhi marroni e capelli castani. In famiglia 4) .... esattamente 2,7 persone. L'italiano-tipo 5) .... una casa di proprietà e 6) .... al Nord.
E le sue abitudini quotidiane? Beh, in questo caso è più difficile essere precisi. Pare che 7) .... tra le 7 e le 7.30 e la colazione la 8) .... a casa. Sembra che nel tempo libero 9) .... andare al cinema o guardare lo sport in TV. Una cosa 10) .... certa: 11) .... il maggior risparmiatore in Europa. Chi l'avrebbe mai detto!

27 Il CONGIUNTIVO PASSATO 虚拟式过去时

1 虚拟式过去时是一个**复合时态**，由两部分构成：

abbia		***mangiato***
助动词 essere 或 avere 的虚拟式现在时变位	+	过去分词

ESEMPI

Credo che tu **abbia *comprato*** un ottimo impianto stereo.
Spero che tu **abbia *prenotato*** i biglietti.
Credo che Paolo **sia** già ***tornato*** a casa.
Mi sembra che tu **sia *stato*** davvero gentile con lei.
Daniele pensa che tu **abbia *speso*** un po' troppo.

很明显，虚拟式过去时表示**过去**发生的动作：

Mi sembra che tu **abbia fatto** tutto il possibile.
adesso prima

Non so davvero cosa **sia successo** a Mario!
adesso prima

FRASI

Non ti sembra che Simona **sia** molto **cambiata**? 你不觉得西蒙娜变了很多吗？
È un peccato che tu non **sia venuto** alla festa di Carlo. 你没来卡洛的生日聚会太遗憾了。
Pare che Marisa **abbia perso** 10 chili! 玛丽莎看上去减了 10 公斤！
Credo che i bambini **siano** già **andati** a scuola. 我认为孩子们已经去上学了。
Sono molto contento che tu **abbia scritto** ai nonni. 我很高兴你给爷爷奶奶写了信。

2 直陈式近过去时和虚拟式过去时非常**相似**。

Ho sentito che Laura ***è stata*** in Grecia. → Penso che Laura **sia stata** in Grecia.

- 而区别直陈式近过去时和虚拟式过去时的基本原则就是表达的是“客观性”还是“主观性”。

So che ***ci sono stati*** molti problemi. → Penso che **ci siano stati** molti problemi.
这是一个事实 这是一个假设

ESERCIZI 练习

1. Scrivi il congiuntivo passato dei seguenti verbi 写出下列动词的虚拟式过去时

1. uscire = sia uscito/a
2. dire = ...
3. essere = ...
4. leggere = ...
5. prendere = ...
6. stare = ...
7. avere = ...
8. aspettare = ...

9. fare = ...
10. vedere = ...

2. Trasforma i verbi evidenziati al congiuntivo passato 用虚拟式过去时改写下列特别标示的动词

1. Sono contenta che Laura finalmente torni dagli Stati Uniti.
....
2. Credo che Michail abbia un problema con il permesso di soggiorno.
....
3. Ho paura che la zia si stanchi troppo.
....
4. Mi sembra che Franco dica la verità.
....
5. Non so se Marco capisca la gravità della situazione.
....
6. Mi sembra che il cane faccia un disastro in giardino!
....

3. Scrivi le domande o le risposte con un verbo al congiuntivo passato 用一个动词的虚拟式过去时写出问题或回答

1. A: Chi ha combinato questo disastro in cucina?
B: ....
2. A: Ma che ha Simone? Ha una faccia!
B: ....
3. A: ....
B: Ma certo! Gli è piaciuto moltissimo, era proprio quello che voleva!
4. A: Allora, com'è andata la festa?
B: ....
5. A: ....
B: No, mi sembra invece che si sia annoiato a morte!
6. A: ....
B: Ma sì, non ti preoccupare, hai portato tutto.

4. Completa il dialogo con un verbo appropriato: usa l'indicativo presente, il congiuntivo presente o il congiuntivo passato 用适当动词填空，完成对话：直陈式现在时，虚拟式现在时，虚拟式过去时

esserci (2) *essere (5)* *cambiare* *valere* *parlare* *andare*

Anna: Paolo allora, che ne dici di un week end a Torino?
Paolo: A Torino?! Cosa 1) .... da vedere? Non mi sembra che 2) .... molto, no?
Anna: Ma scherzi? Torino 3) .... una città particolare. Ho l'impressione che tu non ci 4) .... mai ....
Paolo: Beh, penso che 5) .... una città grigia, industriale.
Anna: E invece no! 6) .... una città bellissima, con un'architettura notevole. Poi c'è il fiume Po, il Parco del Valentino, e poi c'è il famoso Museo Egizio.
Paolo: Ah, sì. Mi sembra che qualcuno mi 7) .... di questo museo: pare che 8) .... il Museo Egizio più importante dopo quello del Cairo.
Anna: Non "pare", 9) ....! E poi senti, a ottobre c'è il Salone del Gusto: tutte le specilità della cucina piemontese. Immagino che tu non 10) .... le tue buone abitudini, no?
Paolo: Quando c'è da mangiare sai che non mi tiro mai indietro.
Anna: Insomma, Torino e i suoi dintorni offrono davvero tanto: mi stupisco sempre che non 11) .... più turisti da quelle parti! Tutta la regione è veramente fantastica e secondo me ancora poco conosciuta.
Paolo: Va bene Anna, mi sembra proprio che 12) .... la pena di andarci!

28 IL CONGIUNTIVO PRESENTE/PASSATO PER ESPRIMERE OPINIONI E DESIDERI 表达观点和愿望的虚拟式现在时和过去时

1

通常在一个表达观点的动词 (credo, penso, ritengo 等)之后要使用虚拟式。一个表达观点的动词与虚拟式的连用使句子表述的语气更加委婉，同时也表示一种偶然性和观点的不确定性 (*)。

Penso che sia meglio andare.
观点更委婉

È meglio andare.
观点更明确

Signora, **credo che** Lei **sia arrivata** dopo di me.
语气更亲切

Signora, Lei ***è arrivata*** dopo di me.
语气更强硬

ESEMPI

A: Direttore, **credo che ci sia** un errore in queste cifre.
B: Ah, sì? Vediamo insieme ...

A: **Penso che** Mozart **sia** il compositore più importante della storia.
B: Non sono d'accordo, e Beethoven allora?

A: **Mi sembra che sia** rischioso partire senza una revisione della macchina, no?
B: Hai assolutamente ragione!

2

在一个表达愿望、希望的动词之后也要使用虚拟式，因为这些愿望和希望不一定是事实，不一定能实现，因此一般不使用表示客观事实的直陈式(*)。

Speriamo che arrivi in tempo!
表示一种希望，并非事实

Ha telefonato: ***non arriva*** in tempo.
实际情况

Mi auguro che Isabella porti il dolce!
表示一种希望，并非事实

Allora, Isabella ***porta*** il dolce.
实际情况

ESEMPI

Carla **spera** tanto **che** tu possa venire alla festa di sabato.
Spero che tutto si risolva nel migliore dei modi.

A: Alberto, **spero che** tu abbia portato dei soldi perché io sono al verde!
B: Non ti preoccupare, ho la carta di credito.

Ci auguriamo che possiate intervenire numerosi alla riunione.
Auguriamoci che ci sia bel tempo, altrimenti addio gita!

A: **Mi auguro che** il pranzo sia stato di vostro gradimento.
B: È stato tutto perfetto, come al solito, signor Pirani!

(*) 另见第 87 页第 26 章：**Il contrasto tra congiuntivo e indicativo 虚拟式和直陈式的区别**。

! NOTA BENE 请注意

- 当主句主语和从句虚拟式的主语一致时，则必须使用 **di** + 动词不定式的形式：

Spero che Alberto torni presto.
(io) (lui)

Spero **di tornare** presto.
(io) (io)

ESEMPI

Penso che tu spenda troppo.	Penso **di spendere** troppo.
Mariella spera che io resti a casa tutto il giorno.	Mariella spera **di restare** a casa tutto il giorno.
Noi speriamo che tu legga questo libro.	Noi speriamo **di leggere** questo libro.
Matteo pensa che tu parta domani.	Pensi **di partire** domani?

ESERCIZI 练习

1. Completa le frasi con i seguenti verbi al congiuntivo presente o passato
用下列动词的虚拟式现在时或过去时填空，完成句子

essere (2) *fare* *laurearsi* *avere* *potere*

1. Non pensate che .... meglio fermarci qui per la notte?
2. Mi sembra che Luisa .... in chimica l'anno scorso.
3. Riteniamo che la situazione economica .... migliorare ulteriormente.
4. Molti pensano che vivere in città .... stressante.
5. Credo che tu .... proprio ragione.
6. Penso che l'architetto .... un buon lavoro.

2. Come sopra 同上

divertirsi *nevicare* *fare* *potere* *andare* *essere*

1. Spero che tu .... trovare presto un lavoro.
2. Ogni anno speriamo che .... per Natale.
3. Il direttore si augura che il vostro soggiorno .... soddisfacente.
4. Spero che voi .... alla festa.
5. Spero che Paolo .... d'accordo con i nuovi colleghi.
6. Mi auguro che Lei .... buon viaggio.

3. Esprimi la tua opinione usando un verbo appropriato + il congiuntivo
用一个适当动词的虚拟式回答下列问题，表达你的观点

1. Che cosa ne pensi della medicina naturale?

....

2. Che ne pensi delle vacanze nei villaggi turistici?

....

3. Qual è la tua opinione sul lavoro part-time?

....

4. Come giudichi le attività di volontariato?

....

4. Esprimi un desiderio o un augurio usando un verbo appropriato + il congiuntivo
用一个适当动词的虚拟式表达你的愿望或祝福

1. L'inquinamento atmosferico è un problema a livello globale.

....

2. Oggi nel mondo ci sono ancora molte guerre.

....

3. Il turismo nello spazio è già una realtà, anche se per pochi.

....

4. L'eruzione del vulcano Krakatoa è stata una delle più disastrose della storia.

....

29 ESPRESSIONI CON IL CONGIUNTIVO PRESENTE/PASSATO
使用虚拟式现在时或过去时的一些表达方式

在一些特定的单词或表达方式之后也要使用虚拟式。

1 在正式语言或书面语 (*) 中，在下列这些表示“尽管（**anche se**）”意思的单词后面要使用虚拟式：

nonostante, malgrado, benché, sebbene + congiuntivo

ESEMPI

Il primo ministro si è dichiarato ottimista, **nonostante ci sia** un forte deficit nel bilancio. (*anche se c'è un forte deficit*)
Malgrado abbia ormai **compiuto** 70 anni, continua a giocare a calcio ogni domenica. (*anche se ha ormai compiuto*)
Signori, **benché capisca** la difficile situazione, vi invito a misurare le parole! (*anche se capisco*)
Sebbene l'Italia **abbia** una grande tradizione operistica, pochi la conoscono. (*anche se l'Italia ha una grande tradizione operistica*)

(*) 非正式的口语中则更喜欢用 **anche se** + 直陈式。

FRASI

Signori, **benché sia già** tardi, vi prego di rimanere ancora qualche minuto.
先生们，尽管现在已经很晚了，我还是请你们多留几分钟。
Malgrado nell'incidente **abbia** riportato una brutta frattura, il pilota ora sta meglio.
尽管飞行员在那次事故中严重骨折，但现在他已经好多了。
Sebbene non **abbiano raggiunto** l'accordo previsto, i rappresentanti sindacali si sono dichiarati ugualmente soddisfatti. 尽管没有达成预期的协议，但工会代表们还是表示很满意。
Nonostante ci siano state molte difficoltà organizzative, tutto è andato per il meglio.
尽管我们遇到了很多组织上的困难，但还是一切进展顺利。

2 在下列这些表示“如果 (**se**)”，也就是表示存在某种条件的表达方式后面要使用虚拟式：

a patto che, a condizione che, a meno che non, purché (*) **+ congiuntivo**

ESEMPI

Potremo superare la crisi dell'azienda **a condizione che** tutti **facciano** qualche sacrificio. (*se tutti fanno*)
Dr. Rossi, il personale accetta le nuove condizioni **a patto che introduciate** l'orario flessibile. (*se introducete*)
Gli studenti potranno sostenere l'orale **purché abbiano superato** lo scritto. (*se hanno superato*

(*) 在非正式的口语中则更喜欢用 **se** + 直陈式。

FRASI

Vi presto la macchina **a patto che** me la **riportiate** domani. 只要你们明天能还给我，我就把车借给你们。
Partiamo domenica, **a meno che non ci sia** sciopero dei treni. 只要火车不罢工，我们星期天就出发。
Gli spettatori possono entrare **purché abbiano comprato** un biglietto valido. 观众只有买了有效的票后才能进入。

在下列这些表示“**我为什么要做某事（perché faccio qualcosa）**”，即目的从句中要使用虚拟式：

perché, affinché (*) **+ congiuntivo**

Vado da Rita **perché sta** meglio.
Rita è migliorata, è un fatto, una realtà = **indicativo**

←→

Vado da Rita **perché stia** meglio.
Vado da lei per aiutarla, forse dopo starà meglio, è il mio obiettivo ma non è sicuro = **congiuntivo**

ESEMPI

Ho parlato così duramente a Nicola **perché** lui non **faccia** più lo stesso sbaglio. *(l'obiettivo del mio discorso è evitare ulteriori errori, ma non è sicuro)*

La riunione si farà in collegamento video, **affinché** tutti i delegati **possano** seguirla. *(l'obiettivo è la partecipazione di tutti i delegati)*

Il ministro dell'Interno ha predisposto misure di sicurezza eccezionali, **affinché** la manifestazione si **svolga** senza incidenti. *(l'obiettivo è evitare incidenti durante la manifestazione)*

Gli hanno dato una borsa di studio **perché possa** finire gli studi. *(l'obiettivo della borsa di studio è il completamento degli studi)*

(*) affinché 是正式用法或书面语，意思是“为的是(al fine che)”。

FRASI

A: Ti piace questa poesia? “**Affinché** tu **comprenda** i miei pensieri, coltiverò per te rose e viole ...”
你喜欢这首诗吗？“为了能让你明白我的心思，我将为你种下玫瑰和紫罗兰……”
B: Mah, insomma ... 嗯，算了吧……

L'orario di accesso alla biblioteca verrà anticipato, **affinché** gli studenti **possano** recarvisi prima delle lezioni.
图书馆的开门时间将要提前，为的是让学生们能够在上课之前前往。
Paolo sta lavorando moltissimo, **perché** tutto **sia** pronto in tempo per il ricevimento.
为了使一切接待工作按时完成，保罗正在努力工作。
Perché si possa vincere le prossime elezioni, il governo deve spendere più soldi ed energie.
为了能够赢得马上开始的选举，政府要花费更多的资金和精力。

在下列这些表示“一种不确定的概念”的形容词和不定代词，即表示一种不属于客观事实的词汇后面要使用虚拟式：

qualunque/qualsiasi, ovunque/dovunque, chiunque, comunque + congiuntivo

ESEMPI

Qualunque cosa tu **dica**, io non cambio idea. *(non so ancora cosa dirai)*
Qualsiasi decisione tu **abbia preso**, per me va bene. *(non so ancora che cosa hai deciso)*
Ovunque tu **decida** di andare, telefonami subito. *(non so ancora dove andrai)*
Chiunque abbia domande da fare, prego ... *(forse qualcuno ha domande da fare)*
Comunque vadano le cose, ne è valsa la pena. *(non so come andranno le cose)*

FRASI

Amnesty International interviene **dovunque ci siano** oppressioni e ingiustizie.
任何有压迫和不公正的地方都会有大赦国际组织的干预。
Non puoi dire **qualunque cosa ti venga** in mente! Prima, pensaci!
你不能想到什么就说什么！首先，你要好好思考一下！

Chiunque abbia visto quello spettacolo ne parla bene.
所有看过那场演出的人都说演出很精彩。
Qualunque cosa combini il nostro cagnolino Tobia, non lo sgridiamo mai.
不管我们的小狗托比亚惹了什么麻烦，我们都不会冲它大吼大叫。

5

在 **prima che, senza che** 的后面要使用虚拟式。

FRASI

Prima che tu vada, vorrei farti assaggiare questo vino siciliano.
在你走之前，我想让你尝尝这种西西里岛的葡萄酒。
Guarda che deve essere tutto pronto **prima che arrivino** gli ospiti. 注意在客人到来之前将一切安排妥当。
L'avvocato vorrebbe parlarti **prima che tu prenda** qualsiasi decisione.
在你做出任何决定之前，律师想跟你谈一谈。
I ragazzi vogliono uscire **senza che** il papà **se ne accorga**. 孩子们想趁着爸爸不注意的时候出去。
Guarda, ho già capito la situazione **senza che** tu **aggiunga** altro. 你看，不需要你再说什么，我已经了解情况。
Pretende di decidere tutto lui, **senza che** io **dica** una parola! 他妄图自己决定一切，而让我一言不发！

ESERCIZI 练习

1. Abbina le frasi delle due colonne 将左右两部分的句子连接起来

1. Nonostante
2. A meno che tu non
3. Qualsiasi
4. Le presto la macchina
5. Affinché
6. Chiunque
7. Telefona tu al direttore
8. Ha tenuto il mio Felix per un mese

a) cifra tu offra, lui non accetterà mai.
b) purché Lei me la restituisca in settimana.
c) malgrado non ami i gatti.
d) prima che lo faccia lui, è meglio!
e) abbia altri programmi, vieni al cinema con noi.
f) ci sia brutto tempo, esco ugualmente.
g) abbia notizie, avverta la Polizia.
h) Lei sappia tutto, eccoLe il documento in questione.

2. Completa le frasi con un verbo appropriato all'indicativo o al congiuntivo
用下列适当动词的直陈式或虚拟式填空，完成下列句子

promettere *preferire* *avere* *esserci* *essere (2)*

1. Signora, sebbene Lei .... straniera, parla italiano perfettamente, complimenti!
2. Nonostante .... una forte crisi economica, la vendita di barche di lusso è in aumento.
3. Anche se .... tardi, andiamo lo stesso al concerto?
4. Direi di andare in un ristorante italiano, a meno che Lei non .... qualcos'altro.
5. Andiamo pure a teatro ma solo se Giorgio .... di non addormentarsi: è veramente imbarazzante!
6. Potete aprire un conto in banca a patto che .... il certificato di residenza.

3. Come sopra 同上

arrivare *dire* *essere* *potere (2)* *andare*

1. Abbiamo parlato con quel giornalista perché tutti .... conoscere la situazione.
2. Qualunque cosa ti ...., non lasciarti influenzare e decidi da solo.
3. In Italia, dovunque tu ...., si mangia benissimo.
4. I Rossi vanno in vacanza ai Caraibi perché .... permetterselo.
5. A: Avvocato, il signor Poletti ha confermato l'appuntamento per le 11.
   B: Va bene ma prima che .... vorrei rivedere i documenti.
6. Vado spesso in quel locale perché i gestori .... miei amici.

4. Inserisci nel dialogo le seguenti parole: 用下列单词填空，完成对话

malgrado *qualsiasi* *a meno che non* *comunque* *prima che* *a patto che*

A: Ciao Fabrizio.
B: Paola! Quanto tempo che non ci vediamo! Ma che ci fai qui? Non stavi a Roma?
A: Eh, è una lunga storia ... Dai, prendiamoci un caffè.
B: Ok ma (1) .... tu mi dica tutto!
A: C'è poco da dire. Ho dei problemi sul lavoro, sai, il mio capo ha sempre da criticare, (2) .... cosa faccia.
B: Mhm, capita spesso. Bisogna sopportare. (3) .... tu .... abbia qualche alternativa in vista.
A: Beh, effettivamente ce l'ho. Sono qui a Bologna proprio per questo. Certo, lo stipendio è molto inferiore.
B: Senti, meglio un lavoro che dia soddisfazione anche se meno pagato, no? E sbrigati, (4) .... qualcuno te lo porti via!
A: Sì, forse hai ragione, non so. (5) .... io non sia una persona particolarmente venale, l'idea di guadagnare meno non mi piace per niente.
B: Certo non fa piacere.
A: Vabbè, (6) .... vadano le cose, ti farò sapere.
B: Dai, ci conto!

30 IL CONGIUNTIVO PRESENTE/PASSATO USATO IN MODO INDIPENDENTE
虚拟式现在时和过去时的独立用法

虚拟式在大多数情况下是跟一个动词或一种特定的表达方式配合使用的。
但是，虚拟式 (现在时或过去时) 也可以单独使用。

我们经常用“che”引用一个虚拟式的**问句**，表示一种假设或疑问。

ESEMPI

A: Mario non è venuto alla riunione. Sai, ieri abbiamo avuto una discussione ...
B: **Che sia offeso**? *(forse è offeso?)*

È da un po' di tempo che non vedo Martini: **che sia malato**? *(forse è malato?)*
Hai visto? I Rossi si sono comprati un macchinone! **Che abbiano vinto** al Casinò? *(forse hanno vinto?)*
Guarda, la stampante non funziona bene: **che sia** già **finito** il toner? *(forse è gia finito?)*

当虚拟式现在时作为**命令式** (*) 使用时，也就是当我们用尊称方式 (**Lei / Loro**) 或用第一人称复数 (**noi**) 跟别人说话时，虚拟式可以单独使用。
下表中是尊称命令式规则动词的变位情况 (不规则动词的变位请参看相关章节内容)：

	GUARDARE	PRENDERE	SENTIRE	FINIRE
Lei	guard**i**	prend**a**	sent**a**	fin**isca**
noi	guard**iamo**	prend**iamo**	sent**iamo**	fin**iamo**
Loro	guard**ino**	prend**ano**	sent**ano**	fin**iscano**

很明显，以下这些用法属于命令式的范畴：索要某物、说服某人、提出建议、发出邀请、催促、许可、请求、强烈地要求。

ESEMPI

A: Insomma, è più di un'ora che aspettiamo!
B: Eh signora, **abbia** pazienza! *(La prego di avere pazienza)*

Esca subito da qui! *(è un ordine, una richiesta forte)*
Com'è tardi! Dai, **finiamo** questo lavoro! *(è una sollecitazione a finire)*

A: Buongiorno dottor Costa, posso?
B: Ma certo signora, **entri** pure, **si accomodi**! *(La invito a entrare)*

Mi scusi, potrebbe spostare la macchina, **sia** gentile! *(Le chiedo di essere gentile)*
Siete pronti? **Andiamo**! *(è una sollecitazione ad andare)*

A: Che caldo! Signora, Le dispiace se apro la finestra?
B: **Apra** pure! *(Le do il permesso di aprire)*

Lei **stia zitto**! *(richiesta forte)*

第三人称复数 Loro (诸位) 如今只用在特别正式的场合，以代替第二人称复数 voi。

ESEMPI

I signori hanno prenotato? Prego, **si accomodino**! *(il cameriere, in un ristorante elegante e formale)*
Avete prenotato? Prego, accomodatevi! *(il cameriere, in un ristorante non particolarmente formale)*

(*) 用以替代命令式中缺少的人称 (第三人称单数；第一人称和第三人称的复数)。

3 在**感叹句** (积极或消极语气) 中，可以单独使用虚拟式，che 可以有，也可以没有。

ESEMPI

A: Sai, ha telefonato la banca: tutto a posto adesso!
B: **Sia** ringraziato il cielo! *(grazie al cielo! che sollievo!)*

Nicola, **che mi prenda** (*) un colpo!
Quanto tempo che non ci vediamo, sei proprio tu? *(che sorpresa!)*

Cosa?! Il capo vuole che io lavori anche il sabato
e la domenica? Ma **vada** (*) a quel paese! *(assolutamente no, per me può andare all'inferno!)*

A: Carlo vuole sapere se preferisci una camera
con vista sul mare, vista sul porto o sul giardino ...
B: Ma **faccia** un po' quel che vuole!
Con tutti i problemi che abbiamo! *(può fare quello che vuole, non mi importa!)*

(*) 这是一种习惯用语，只用于极不正式的场合。

FRASI

Sia benedetto chi ha inventato il computer! 祝福发明电脑的人！

A: Senti, ha telefonato l'idraulico: vuole essere pagato subito.
对了，水管工打来了电话，他想立刻拿到工钱。
B: **Che aspetti**! Ha finito i lavori con un mese di ritardo!
让他等着吧！他推迟了一个月才完工！

Che ci vada lui, a piedi, con questo freddo! Io chiamo un taxi.
这么冷的天，他怎么能走路去呀！我还是叫辆出租车吧。

! NOTA BENE 请注意

- 在以下场合，为了使命令式的语气更加缓和，我们经常使用副词 **pure**，表示允许某人做某事、邀请某人做某事。副词 **pure** 的位置总是位于命令式动词的后面。

ESEMPI

A: Signor Passoni, ha un momento?
B: Sì, dica **pure**! (*invito la persona a parlare*)

Signora, venga **pure**! Il dottore l'aspetta. (*invito la persona a raggiungere il medico*)

A: Posso spegnere la TV?
B: Spenga **pure**! (*do il permesso di spegnere la TV*)

A: Le dispiace se prendo un momento il Suo giornale?
B: Prenda **pure**, signora! (*do il permesso di prendere il giornale*)

A: Mario, questo arrosto è veramente squisito!
B: Signora non faccia complimenti, si serva **pure**! (*invito la signora a prendere ancora dell'arrosto*)

- 对于以上情况，还有一个方法可以同样达到缓和命令式语气的作用，即**重复动词**。

ESEMPI

A: Posso?
B: **Entri, entri**!

Avvocato! **Venga, venga**! Ha portato i documenti?

A: Le dispiace se chiudo la finestra?
B: **Chiuda, chiuda**, oggi fa veramente freddo.

A: Sono stanco, vorrei proprio dormire una mezz'oretta ...
B: **Dorma, dorma**! La sveglio io quando siamo arrivati in stazione.

ESERCIZI 练习

1. Completa le frasi formulando una domanda con *che* + *congiuntivo presente o passato*
用 che + 虚拟式现在时或过去时的形式提问，完成句子

1. È da un po' di tempo che non vedo la signora Romano: ....?
2. Hai visto? Maria e Giorgio non si parlano più! ....?
3. Il cellulare di Elena è spento: ....?
4. Silvana, il bambino sta piangendo: ....?
5. Aspetto l'autobus da quasi un'ora: ....?
6. Carlo, il cane non ha mangiato niente! ....?

2. Scrivi la forma formale corrispondente 写出下列命令式动词相应的尊称表达方式

imperativo informale	*imperativo formale (congiuntivo presente)*
1. dimmi	....
2. aspetta	....
3. accomodati	....
4. senti	....
5. ascolta	....
6. firma	....
7. entra	....
8. sali	....
9. prendi	....
10. dammi	....
11. finisci	....
12. spegni	....

3. Trasforma le seguenti frasi da informali a formali usando il congiuntivo presente
用虚拟式现在时将下列句子从非尊称形式改为尊称形式

1. Quale film? Decidi tu!
   ....
2. Aspetta, dimmi bene come sono andate le cose.
   ....
3. Dammi una mano, per favore!
   ....
4. Se hai finito, esci pure!
   ....
5. Fai pure con calma, c'è tempo.
   ....
6. Ricordati l'appuntamento!
   ....

4. Completa il dialogo usando *che* + *congiuntivo presente/passato* e l'imperativo formale (congiuntivo presente)
用 che +虚拟式现在时或过去时和命令式的尊称形式（虚拟式现在时）填空，完成对话

sedersi *essere* *andarci* *venire* *succedere*

A: Buongiorno signora Colombo.
B: Oh, buongiorno!
A: 1) ...., prendiamo un caffè prima della riunione.
B: Volentieri.
A: Senta, ha notizie di Vitale? È da qualche giorno che non lo vedo in ufficio.
B: Sì, è vero. Anch'io lo sto cercando: 2) .... in ferie?
A: Ma ce l'avrebbe detto, non crede?
B: Ha ragione. 3) .... qualcosa?
A: Ma no! Ah, ecco Lorenzini! Chiediamo a lui.
B: Lorenzini, 4) .... un momento con noi. Sa niente di Vitale?
C: Mah, a Barcellona in questi giorni c'è il corso di aggiornamento. 5) .... anche lui?
B: Ma sì, è vero! Beato lui!

5. Completa con un'esclamazione appropriata 用适当的感叹句填空

a) *E sia!* b) *Crepi!* c) *Che ci vada da solo!* d) *Sia ringraziato il cielo!*

1. Gianni vuole portarmi a tutti i costi a un incontro di boxe. ....!
2. A: Non voglio prendere il treno, dai, prendiamo l'aereo!
   B: ....! Facciamo come vuoi tu.
3. A: L'operazione è andata bene, Piero è fuori pericolo!
   B: ....!
4. A: Allora "in bocca al lupo" per l'esame di domani!
   B: ....!

31 IL CONGIUNTIVO PRESENTE/PASSATO: ALTRI USI
虚拟式现在时和过去时的其他用法

在下列情况中我们也使用虚拟式。

用在以下这种有无人称结构的表达方式中：

	sostantivo (名词)		
È +	***aggettivo*** (形容词)	+	**congiuntivo presente/passato** (虚拟式现在时／过去时)
	avverbio (副词)(*)		

ESEMPI

È *ora* che Marco **la smetta** di uscire tutte le sere. (*sostantivo*)
È *un peccato* che tu **sia dovuto** andare via così presto. (*sostantivo*)
È *difficile* che Stefano **possa** venire con noi al mare. (*aggettivo*)
È *terribile* che ancora oggi **ci siano** così tante guerre. (*aggettivo*)
È *meglio* che non vi **facciate** troppe illusioni. (*avverbio*)
È *peggio* che tu **stia** chiusa in casa, esci! (*avverbio*)

FRASI

È una fortuna che Piero abbia trovato questo lavoro. 皮耶罗能找到这份工作真是幸运。
È probabile che il Milan vinca lo scudetto anche quest'anno. 米兰队很有可能今年也赢得意甲的冠军。
È impossibile che siano già finiti i soldi! 他们不可能没钱花了！
È bene che Lei faccia regolarmente attività fisica e che smetta anche di fumare.
您最好定期进行体育锻炼，还要戒烟。

(*) 只用 **meglio, peggio, bene** 这样的副词。

! NOTA BENE 请注意

- 这些无人称的表达方式表示遗憾、后悔、可能、不可能、适宜、偶然性等意思，所以需要配合虚拟式的使用。

与一些无人称动词配合使用：

bisogna
conviene
occorre
basta
pare ***che*** + **congiuntivo presente/passato**
sembra
capita
accade
succede
dispiace

ESEMPI

Bisogna che qualcuno **vada** a svegliare Pietro: è già mezzogiorno!
Conviene che **facciate** l'abbonamento dei mezzi pubblici: costa trenta euro per un mese intero.
Antonio, non stare a cucinare, ***basta che*** tu mi **faccia** un'omelette.
A volte ***sembra che*** tutto **vada** storto, ma non bisogna scoraggiarsi.
Succede sempre più spesso che molte giovani coppie **si trasferiscano** in campagna.
Dispiace che **ci sia** tanta violenza nel mondo.

3

在相对最高级后面应该使用虚拟式：

La .... *storia* .... **più** .... *assurda* .... **che** .... *abbia sentito* ....
sostantivo aggettivo congiuntivo pres./pass.

Il .... *dentista* .... **meno** .... *caro* .... **che** .... *io conosca* ....

ESEMPI

Incredibile, Enrico ha avuto l'aumento. Dico, **il più** lavativo **che** abbia mai conosciuto!
La vacanza in Marocco è stata **la più** bella **che** abbia mai fatto.
Dispiace dirlo ma il signor Corradi è **il** condomino **meno** rispettoso **che** ci sia in tutto il palazzo!
Il paracadutismo è **lo** sport **più** bello **che** io abbia mai provato.

ESERCIZI 练习

1. Completa le frasi con un verbo appropriato 用适当的动词完成句子

1. È meglio che tu non ...., fa davvero troppo freddo.
2. È una vergogna che .... così tanto per un servizio così scadente.
3. È il caso che tu .... una mail a Giulia, dobbiamo ringraziarla per la cena.
4. È opportuno che Lei .... ulteriori analisi e poi stabiliremo la terapia.
5. È indispensabile che voi .... prima con il direttore.
6. È un caso che anche lui .... qui? Chi l'ha invitato?

2. Completa le frasi con i verbi dati 用所给动词填空，完成句子

bisogna *capita* *occorre* *basta* *dispiace* *pare*

1. .... che Lei lasci un deposito ed è tutto a posto.
2. .... che tante persone non amino gli animali.
3. Per fare l'esame .... che vi presentiate con un documento valido.
4. A volte .... che non ci ricordiamo delle nostre responsabilità.
5. .... che Lei compili questo modulo, signora.
6. .... che l'azienda quest'anno dia un bonus ai dipendenti.

3. Rispondi alle domande con un *superlativo relativo* + *congiuntivo presente/passato*
用相对最高级 + 虚拟式现在时或过去时的形式回答下列问题

1. Hai appena visto un film molto, molto noioso. Cosa dici?
....
2. "Come as you are" dei Nirvana ti piace moltissimo, da sempre. Cosa dici?
....
3. Pino è davvero simpaticissimo, unico. Che cosa dici?
....
4. Hai comprato una macchina davvero economica. Che dici?
....

4. Completa il testo con le seguenti parole o espressioni 用下列单词或短语填空，完成短文

più spiacevole che *dispiace che* *è bene che*
bisogna che *pare che* *è probabile che*

Gentile avvocato,

Le scrivo in merito al nostro ultimo colloquio.

Seguendo il Suo consiglio ho scritto una lettera molto cortese alla signora Ricciardi chiedendole di evitare di battere i tappeti alle 8 del mattino, di passare l'aspirapolvere dopo pranzo, di tenere il volume della Tv troppo alto la sera e così via. Ho ricevuto quindi una lettera molto aggressiva in cui la signora mi dice che 1) .... io mi faccia visitare da uno specialista del sistema nervoso perché 2) .... io abbia qualche problema in questo senso. Può immaginare il mio stupore: è la lettera 3) .... io abbia mai ricevuto ma ho cercato di mantenere la calma e la mia buona educazione. Ho gentilmente chiesto alla signora Ricciardi di cambiare atteggiamento e non ho ottenuto nulla, anzi 4) .... la signora abbia iniziato una specie di "guerra" personale con il sottoscritto. 5) .... ci siano persone così poco rispettose del diritto degli altri al riposo e 6) .... si faccia qualcosa: Le chiedo quindi di procedere con la denuncia della signora in questione alle autorità competenti.

Nell'attesa di una sua sollecita risposta, Le porgo i più cordiali saluti.

Angelo Bernardini

32 IL CONGIUNTIVO IMPERFETTO: VERBI REGOLARI 虚拟式未完成过去时：规则动词

我们用虚拟式未完成过去时描述**过去**的情况。

Penso che lui	dorma.	Penso che lui	**dormisse.**
现在	现在	现在	当时，那个时候

- **虚拟式未完成过去时**的构成：去掉动词不定式词尾的 **-are**, **-ere**, **-ire**, 加上虚拟式未完成过去时变位的词尾：

	PARL**ARE**	PREND**ERE**	SENT**IRE**
io	parl **assi**	prend **essi**	sent **issi**
tu	parl **assi**	prend **essi**	sent **issi**
lui/lei	parl **asse**	prend **esse**	sent **isse**
noi	parl **assimo**	prend **essimo**	sent **issimo**
voi	parl **aste**	prend **este**	sent **iste**
loro	parl **assero**	prend **essero**	sent **issero**

ESEMPI

(io - mangiare)	mangiassi	*(lui - amare)*	amasse
(voi - perdere)	perdeste	*(tu - decidere)*	decidessi
(loro - partire)	partissero	*(lei - dormire)*	dormisse
(tu - capire)	capissi	*(loro - spedire)*	spedissero

FRASI

A: Non hai l'impressione che noi una volta **leggessimo** di più? 你难道没有印象吗？我们曾经很努力地读书。
B: Hai ragione. Oggi non abbiamo più tempo! 你说的对。今天我们再也没有时间了！

Penso che Lorena **capisse** perfettamente la situazione. 我认为罗兰娜当时很清楚这个情况。

A: Oggi sembra incredibile che un tempo la gente **vivesse** senza elettricità.
如今简直难以想象，人们曾经生活在没有电的世界里。
B: Niente luce, niente computer! 没有电，也没有电脑！

Non ti sembra che Marcello **mangiasse** un po' troppi dolci da bambino?
你不觉得马尔切洛从小吃甜食吃得有点太多了吗？
Oggi penso che **sbagliassimo** a essere così severi con i nostri figli.
如今我认为我们那样严厉地对待子女是错误的。

A: Ma cosa aveva Michela ieri alla festa? 昨天在聚会上米凯拉怎么了？
B: Beh, penso che **si sentisse** un po' a disagio: c'era il suo ex marito!
噢，我想她感到有点不自在吧：她的前夫也在场！

2

一般情况下，动词 **avere** 的变位往往是不规则的，但是在虚拟式未完成过去时中，它的变位却是规则的：

	AVERE
io	av **essi**
tu	av **essi**
lui/lei	av **esse**
noi	av **essimo**
voi	av **este**
loro	av **essero**

ESEMPI

Penso che un tempo i Rossi **avessero** molte proprietà immobiliari.
Non credo che Marco **avesse** intenzione di offenderti.
È davvero un peccato che l'altra sera tu **avessi** da fare: è stata una festa bellissima!

A: Mi sembra che Lei **avesse** un'auto sportiva, anni fa, no?
B: Sì, ma poi l'ho venduta.

- 以下动词的变位也是完全规则的：

Dovere	dov**essi**
Volere	vol**essi**
Potere	pot**essi**
Sapere	sap**essi**
Andare	and**assi**

ESEMPI

A: Nicoletta è uscita?
B: Sì, credo che **volesse** fare quattro passi prima di cena.

Non è incredibile che a quel tempo noi **potessimo** fare tante cose con così pochi mezzi?

A: Secondo me, Paolo ha venduto il suo appartamento per una cifra troppo bassa.
B: Sì, dubito che lui ne **conoscesse** il valore reale.

A: Scusi, c'è l'ingegnere?
B: No mi dispiace, è uscito. Mi sembra **dovesse** andare in cantiere.

直陈式未完成过去时和**虚拟式未完成过去时**所表达的意思基本一致。

Paul ***conosceva*** bene Milano. Penso che Paul **conoscesse** bene Milano.

- 两者用法的区别在于前者是客观事实，后者是主观推断，这也是两种语式各自的特征，再如：

So che all'università Anna ***studiava*** chimica.
这是一个事实

Credo che all'università Anna **studiasse** chimica.
这是一种假设

ESEMPI

A: Mi sembra di ricordare che Caravaggio **avesse** una personalità controversa. (*... ma non sono sicuro*)
B: Infatti, ***aveva*** un carattere violento che gli procurò parecchi guai. (*sono sicuro*)

A: Stamattina ha telefonato Marcella: credo **volesse** un indirizzo ... (*... ma non sono sicuro*)
B: Ah sì, le ho già parlato: ***voleva*** l'indirizzo di Giuliana. (*è un fatto*)

当主句的主语与虚拟式从句的主语一致时，应该使用 **di ＋ 动词不定式的现在时或过去时** (**di + infinito presente o passato**) 的形式。

Speravo che Alberto arrivasse in tempo. (io … lui)
Speravo **di arrivare** in tempo. (io … io)

Sono contento che Maria avesse ragione. (io … lei)
Maria è contenta **di aver avuto** ragione. (lei … lei)

ESEMPI

A: Roberto, credevo che tu restassi a pranzo!
B: Anch'io pensavo **di restare** ma c'è un problema in ufficio, devo andare.

Mia moglie l'altra sera credeva **di sentire** strani rumori in casa e mi ha tenuto sveglio tutta la notte.

A: Allora, com'era il film in lingua originale?
B: Bello! Avevo paura **di capire** poco e invece ho capito quasi tutto.

A: È un peccato che Paolo fosse così nervoso l'altra sera.
B: Beh, anche lui ritiene **di essere stato** un po' brusco con gli ospiti e gli dispiace molto.

! NOTA BENE 请注意

- 虚拟式未完成过去时的前两个人称变位的词尾相同：在语境不明确时，为避免产生歧义，必须加上相应的人称代词。

Martina credeva che **arrivassi** alle dieci. = *chi doveva arrivare alle dieci?*

Martina credeva che **io arrivassi** alle dieci.
Martina credeva che **tu arrivassi** alle dieci.

- 为了更好地记忆虚拟式未完成过去时的变位，我们应记住该变位中有 **-ss** 这样的标志 (除了第二人称复数)，例如：

io aspetta**ss**i tu scrive**ss**i lui dormi**ss**e noi legge**ss**imo loro fini**ss**ero

- 虚拟式未完成过去时在表示"过去的将来"时，可以用条件式过去时代替。

PASSATO

Pensavo che **fosse** antipatico.
当时　当时

Mi sembra che Sandro **esagerasse**.
现在　当时

FUTURO NEL PASSATO

Pensavo che **andasse** via più tardi.
当时　以后

Pensavo che **sarebbe andato** via più tardi.
当时　以后

Speravo che Sandro **telefonasse** per scusarsi.
当时　以后

Speravo che **avrebbe telefonato** per scusarsi.
当时　以后

ESERCIZI 练习

1. Completa la tabella 填表

	COMPRARE	LEGGERE	PARTIRE	CAPIRE
io	comprassi	....	partissi	....
tu	....	leggessi	....	....
lui/lei	....	....	....	capisse
noi	....	....	partissimo	....
voi	compraste	....	....	capiste
loro	....	leggessero	....	....

2. Completa le frasi con i seguenti verbi al congiuntivo imperfetto
用下列动词的虚拟式未完成过去时填空，完成句子

volere　potere　sapere　andare　dovere　volere

1. Mi scusi, pensavo che i cani .... entrare in questo locale.
2. A: Dove sono i ragazzi?
   B: Sono usciti. Credo che .... al cinema.
3. Sai, a noi sembrava che tu non .... venire a teatro.
4. Non pensavo che .... già tutto! Chi te l'ha detto?
5. Scusate, ho capito male: credevo .... del vino rosso.
6. Signora Gilardi mi scusi, non pensavo che .... aspettare così tanto!

3. Trasforma le affermazioni in frasi non sicure 将下列确定的判断改为不确定的判断

1. So che Nicola andava spesso in vacanza in Puglia.
   ....
2. A: È già uscito il ragionier Marotta?
   B: Sì, aveva un impegno.
   ....
3. I Rossi non volevano partire.
   ....
4. Sai, mio nonno parlava esclusivamente in dialetto e conosceva solo qualche parola di italiano.
   ....

4. Completa il dialogo con i verbi dati al congiuntivo imperfetto o, quando necessario, con *di+infinito* 用所给动词的虚拟式未完成过去时完成对话，如有需要，也可以使用 di + 动词不定式这样的形式

fare *abituarsi* *avere* *costare* *chiudere* *mangiare*

Giulia: Allora Akiko, che ne pensi delle tue vacanze in Italia?
Akiko: Ah, mi sono trovata molto bene e mi dispiace tornare in Giappone.
Giulia: Senti, che cosa ti ha colpito di più dell'Italia?
Akiko: Beh, conoscevo già le città d'arte più famose ma non pensavo che anche città come Bologna, Lecce o Palermo 1) .... monumenti così belli!
Giulia: E la cucina italiana ti è piaciuta?
Akiko: Anche troppo! Voi italiani mangiate veramente bene però non mi aspettavo che 2) .... così tanto.
Giulia: Dici? Ma se siamo sempre a dieta! Noi donne, almeno.
Akiko: A proposito, le donne italiane sono molto eleganti. Ho fatto shopping e speravo 3) .... qualche buon affare e infatti ho comprato borse, scarpe e occhiali: non credevo che 4) .... così poco qui!
Giulia: Beh certo, con il cambio di valuta. Però, scusa, non hai trovato proprio niente di negativo in Italia?
Akiko: Oh sì, il traffico per esempio: pensavo 5) .... e invece ancora adesso non lo sopporto. E poi non mi aspettavo che le banche e gli uffici pubblici 6) .... per la pausa pranzo!

33 IL CONGIUNTIVO IMPERFETTO: VERBI IRREGOLARI
虚拟式未完成过去时：不规则动词

在虚拟式未完成过去时中，有少量动词变位不规则。下面是动词 **essere** 的变位情况：

	ESSERE
io	**fossi**
tu	**fossi**
lui/lei	**fosse**
noi	**fossimo**
voi	**foste**
loro	**fossero**

ESEMPI

Non ti sembra che al concerto i ragazzi **fossero** annoiati?
Penso che lui **fosse** di Londra ma non ne sono sicuro.
Ehi, pensavo che voi **foste** a scuola!
Sandro, ti avverto che Maria è molto nervosa: crede che tu **fossi** con Silvana l'altra sera.

为了记忆不规则动词的变位，我们应该记住虚拟式未完成过去时不规则动词的变位是基于直陈式未完成过去时不规则动词变位的。

	INDICATIVO IMPERFETTO	CONGIUNTIVO IMPERFETTO
Bere	io bevevo	io bev**essi**
Dire	io dicevo	io dic**essi**
Fare	io facevo	io fac**essi**
Produrre	io producevo	io produc**essi**
Porre	io ponevo	io pon**essi**
Tradurre	io traducevo	io traduc**essi**
Trarre	io traevo	io tra**essi**

- 类似的动词还有以下这些：comporre, condurre, contrarre, detrarre, proporre, supporre ...

ESEMPI

(voi - bere)	bev**este**
(lui - dire)	dic**esse**
(voi - fare)	fac**este**
(noi - produrre)	produc**essimo**
(tu - proporre)	propon**essi**
(loro - tradurre)	traduc**essero**
(lei - detrarre)	detra**esse**
(voi - supporre)	suppon**este**

FRASI

Speravo che voi **diceste** qualcosa a mio favore. 我当时希望你们能说一些对我有好处的话。

Mi sembra che già gli antichi egizi **producessero** birra. 我觉得古埃及人就已经会酿啤酒了。

Signor ministro, speravamo che Lei **ponesse** la questione ambientale al centro del dibattito.
部长先生，我们当时希望您将环境问题作为讨论的中心话题。

Pensavo che **detraessimo** queste spese dalle tasse, no?
我当时认为我们可以从税费中扣除这部分花费，不是吗？

- 但是动词 **stare** 和 **dare** 不遵循这样的规则：

	INDICATIVO IMPERFETTO	CONGIUNTIVO IMPERFETTO
Stare	io st**avo**	io st**essi**
Dare	io d**avo**	io d**essi**

ESEMPI

Mi dispiace che l'altra sera Laura non **stesse** bene.
Se non ti hanno risposto è possibile che **stessero** lavorando.
Non credevo che voi **deste** tanta importanza ai soldi.

ESERCIZI 练习

1. Completa la tabella 填表

	ESSERE	AVERE	DARE	STARE	DOVERE
io	....	dicessi	....	....	dessi
tu	fossi	....	....	stessi	....
lui/lei	....	....	facesse	....	....
noi	fossimo	....	....	stessimo	....
voi	....	diceste	....	....	deste
loro	....	....	facessero	....	....

2. Completa con il verbo tra parentesi al congiuntivo imperfetto
用括号内动词的虚拟式未完成过去时填空

1. Non credevo che voi .... sul serio! (fare)
2. Mi raccomando, papà pensa che io ieri mattina .... a scuola. (essere)
3. Però, non pensavo che si .... così bene qui! (stare)
4. Mi sembra che Beethoven .... anche se ormai sordo. (comporre)
5. Temevo proprio che loro .... di no, e invece! (dire)
6. Speravo che tu .... questo per me. (tradurre)

3. Completa le frasi con un verbo irregolare al congiuntivo imperfetto
用不规则动词的虚拟式未完成过去时填写下列句子

1. A: Silvio, so che ieri alla riunione nessuno è intervenuto in tuo favore. Mi dispiace!
   B: A chi lo dici! Speravo che almeno ....
2. A: Senti, sai che lavoro faceva il marito della signora Costa prima della pensione?
   B: Mah, credo che ....
3. A: Ma cos'aveva ieri Marcello? Non mi ha nemmeno salutata!
   B: Non lo so. Penso che ....
4. A: Hai visto? Tre ore di riunione e alla fine sono venute fuori le solite idee, nessuna novità.
   B: Sì. Speravo che almeno i nuovi arrivati ....

4. Completa il dialogo con un verbo appropriato al congiuntivo imperfetto regolare o irregolare
用适当动词的虚拟式未完成过去时（规则的或不规则的）填空，完成下面的对话

volere essere avere colpire essere venire

Anna: Roberto, non sapevo che tu 1) .... dall'Argentina, pensavo che tu 2) .... italiano, parli perfettamente e non hai neanche l'accento straniero!

Roberto: Sì, i miei bisnonni e mia nonna però erano italiani, in famiglia abbiamo sempre parlato italiano. Uno dei motivi per cui sono in Italia è che volevo vedere il paese del Veneto da dove erano partiti.

Anna: La grande emigrazione, l'ho studiata a scuola: tra il 1800 e il 1970, sono partiti 27 milioni di italiani.

Roberto: Ehi, non pensavo che 3) .... così tanti! Beh, in effetti solo a Buenos Aires ci sono 6 milioni di abitanti di origine italiana.

Anna: Certo deve essere stata dura per i tuoi bisnonni partire.

Roberto: E pensa che non sono mai più tornati in Italia anche se credo che 4) .... tanto tornarci, almeno una volta. Comunque, sono andato a Castelfranco Veneto e sinceramente non mi aspettavo che questa visita mi 5) .... così tanto. Per esempio, ho incontrato un signore che si chiama Beppe Pierobon, come il mio bisnonno! E poi ho capito perché in famiglia abbiamo i capelli biondi e gli occhi azzurri. In Veneto ho visto un sacco di persone che sembrano svedesi!

Anna: Pensavi che noi italiani 6) .... tutti gli occhi e i capelli neri?

Roberto: Stereotipi, lo so. Comunque, io sono profondamente argentino ma sono molto contento di avere un paese d'origine così bello!

34 IL CONGIUNTIVO TRAPASSATO 虚拟式愈过去时

1

虚拟式愈过去时是一个复合时态，由两部分组成：

avesse		**parlato**
助动词 avere 或 essere 的虚拟式未完成过去时变位	+	过去分词

ESEMPI

(*io - comprare*)	avessi comprato	(*noi - partire*)	fossimo partiti/e
(*tu - essere*)	fossi stato/a	(*voi - divertirsi*)	vi foste divertiti/e
(*lui/lei - parlare*)	avesse parlato	(*loro - dire*)	avessero detto

该时态用于表示一个动作之前已经发生的动作，并且这两个动作都发生在过去：

Ho pensato che **avesse cambiato** idea e così me ne sono andato.
当时　　　那之前

Credevi che Luisa **fosse** già **partita**?
当时　　　那之前

FRASI

Quando non ho trovato la macchina al solito posto ho avuto paura che me l'**avessero rubata.**
当我没在老地方找到我的车时，我担心它被偷了。
Ho presentato il direttore al nuovo collega ma ho avuto l'impressione che si **fossero** già **incontrati.**
我把主任介绍给了新同事，但是我觉得他们之前就已经见过面了。
Non sapevo che Paolo **avesse pagato** anche per noi: non l'ho neanche ringraziato!
我当时不知道保罗也给我们付过账了，我都没来得及感谢他！
E voi speravate che la situazione si **fosse risolta** così, da sola? 你们当时希望情况就是这样被解决的吗？

2

直陈式愈过去时和虚拟式愈过去时所表达的意思基本一致。

Paolo era stanco, ***aveva lavorato*** molto.　　Paolo era stanco, credo che **avesse lavorato** molto.

- 一般两者之间的区别在于前者是客观事实，后者是主观推断，这也是两种语式各自的特征，而诸如 credo, penso, mi sembra 等动词的使用使主观推断的特征更为明显。

Anna conosceva bene l'azienda, so che ci ***aveva*** già ***lavorato***.
这是一个事实

Anna conosceva bene l'azienda, mi sembra che ci **avesse** già **lavorato.**
这是一种假设

3

虚拟式愈过去时也可以单独使用，在这种情况下另一个发生在过去的动作其实已经隐含在句中了。

ESEMPI

A: Come mai non c'è la firma del dottor Marini su questo documento?
B: Mi dispiace, credo che **fosse** già **uscito** (quando la segretaria *è passata* a raccogliere le firme).

A: Sbaglio o il direttore non ha ascoltato neanche una delle mie proposte?
B: Sì, ma (quando tu *hai iniziato* il tuo intervento) penso che lui **avesse** già **preso** la sua decisione.

A: Ieri al cinema Claudio è andato via dopo cinque minuti.
B. Mah, credo che il film **fosse** già **iniziato** (quando lui *è arrivato*) e lui questo non lo sopporta!
A: Esagerato!

ESERCIZI 练习

1. Abbina le frasi 连线组成句子

1. Non sapevo che lui
2. Speravo che gli operai
3. Credevo che Lena, prima di arrivare in Italia,
4. Marcella non era sicura che noi
5. Avevamo paura che tu
6. Io pensavo che voi
7. Mi sembrava che ti
8. Ragazze, pensavo che voi

a) fossero riusciti a finire il lavoro.
b) aveste già parlato con Silvia.
c) avessimo detto la verità.
d) foste rimaste a casa tutto il giorno.
e) avesse già comprato i biglietti.
f) fossi divertito alla festa!
g) avessi perso l'aereo!
h) fosse stata a lungo in Francia.

2. Trasforma in frasi non certe usando il congiuntivo trapassato
用虚拟式愈过去时把下列确定的判断改为不确定的判断

1. Ti ho cercata ma tu eri già uscita.
   Ti ho cercata ma credo che tu ....
2. Gli abbiamo fatto un'offerta interessante ma loro avevano già accettato un'offerta migliore.
   Gli abbiamo fatto un'offerta interessante ma ....
3. Ho invitato anche Luca alla festa ma lui aveva già comprato un biglietto per la partita.
   Ho invitato anche Luca alla festa ma ....
4 Non hanno firmato il contratto, l'avvocato gli aveva consigliato di non farlo.
   Non hanno firmato il contratto, l'avvocato ....

3. Completa usando il congiuntivo trapassato 用虚拟式愈过去时完成句子

1. A: Sai, Carlo è ancora disoccupato.
   B: Mi dispiace, speravo che ....
2. A: Insomma, alla fine si scopre che Paolo aveva detto la verità.
   B: E io che ho sempre creduto che ....!
3. A: Ieri ho conosciuto la moglie di Vincenzo.
   B: La moglie? Non sapevo che ....
4. A: Sai, ai ragazzi è piaciuto molto il libro che gli hai regalato!
   B: Meno male! Avevo paura che ....
5. A: La festa di ieri era veramente terribile, noi siamo andati via subito.
   B: Ma dai! Pensavo invece che voi ....
6. A: Laura! Ho ritrovato le chiavi della macchina!
   B: Ah si? Non sapevo che ....

4. Completa il testo con i seguenti verbi al congiuntivo trapassato
用下列动词的虚拟式愈过去时完成短文

conservare *comprare* *essere* *avvenire* *cessare* *produrre*

Le "city car" – le piccole macchine da città – si sono ormai stabilmente affermate nel mercato europeo dell'automobile, e non solo europeo. Piccole, colorate, e dai consumi ridotti, le vediamo sfrecciare nelle nostre città e parcheggiare in spazi incredibilmente ridotti. Quando, anni fa, sono apparse sul mercato sembrava che 1) .... una piccola rivoluzione. Molti però pensavano che gli italiani non 2) .... particolarmente colpiti da quel miracolo urbano. Ovviamente: l'Italia aveva già prodotto la prima "city car" nel 1957: la piccola e gloriosa "500"! Nella mente di molte generazioni di italiani c'era ben stampata l'immagine di quelle automobiline, meno di tre metri di lunghezza, 400 chili di peso. «Quando mio marito l'ha acquistata nel 1960, mi ricordo ho avuto l'impressione che 3) .... un giocattolo per i nostri bambini, non una macchina!», così ha detto la signora Mariella, una delle organizzatrici del raduno di amatori delle "500" che si è svolto domenica scorsa e a cui è stato invitato anche un gruppo di studenti italiani e stranieri. «Non sapevo che l'Italia 4) .... una macchina così moderna addirittura nel secolo scorso!» ha esclamato Peter, diciottenne australiano. Il padre di Cédric invece, aveva cercato di comprarne una nuova: «Sì, ma credo che la produzione 5) .... già .... da anni. Non mi aspettavo però che tante persone 6) .... la loro "500" per tutto questo tempo e guarda, sono perfettamente tenute, sembrano quasi nuove!». E attenzione perché fra due domeniche ci sarà un altro raduno storico per festeggiare un'altra piccola gloria italiana: il mitico scooter "Vespa".

35 IL PERIODO IPOTETICO 条件主从句

条件主从句是由一个"条件 (CONDIZIONE)"和一个"结果 (或后果) (RISULTATO (o conseguenza))"组成的。

Carla è qui e io sono molto felice.
事实 结果

Se Carla fosse qui, sarei molto felice.
条件 结果

直陈式动词表示**事实**（**realtà**）。

"Se"表示我们正在做出一个**假设**（**ipotesi**），虚拟式和条件式动词表示句子的**非真实性**（**non realtà**）。

条件主从句中，"条件"和"结果"的位置不是固定的：

Se potessi, ti aiuterei.

Ti aiuterei, se potessi.

- 条件主从句分为三类。

1 表示**事实**的条件主从句：

当说话人认为做出的假设与事实基本相符，是肯定的时候，那么动词使用**直陈式**。

Se cerchi, un lavoro lo trovi.
条件 结果

(*penso che tu lo voglia cercare e le probabilità di trovarlo sono ottime*)

ESEMPI

Se mi **aiuti**, ti **presto** il motorino.
Se lo **chiami**, Gianni ti **spiega** tutto.
Se **scriverai** a Giulia, la **farai** felice.
Se **farai** sport, **starai** senz'altro meglio.

2 表示**可能**的条件主从句：

当说话人做出的假设是可能的，可以实现的时候，动词使用**虚拟式未完成过去时** + **条件式现在时**（**congiuntivo imperfetto + condizionale presente**）。

Se cercassi, un lavoro lo troveresti.
条件 结果

(*non so se vuoi cercarlo, comunque è possibile trovarlo*)

- 当"条件"之后的"结果"无法得到证实，只会随着条件的结束而结束时，我们也可以使用**条件式过去时**：

Se non superassi l'esame, avrei studiato tutti questi mesi per niente!
条件 结果

ESEMPI

La tua macchina **sarebbe** più bella, se la **lavassi**.
Se **venissi** con noi, **ti divertiresti**.
Se il regalo non le **piacesse**, **avrei speso** i miei ultimi risparmi inutilmente.
Se alla fine non **riuscissi** neanche ad incontrarla, **avrei aspettato** inutilmente.

表示**不可能**的条件主从句：

当说话人做出的假设未被实现，也永远无法实现，或者假设是完全不现实的。
动词的选择取决于"条件"和"结果"所处的时间。

- 当"条件"出现**在现在**时：动词用**虚拟式未完成过去时** + **条件式现在时或过去时**

Se tu fossi Bill Gates (*questo è irreale*),
non avresti bisogno di cercare un lavoro. (*oggi*)
avresti viaggiato in tutto il mondo. (*in passato*)

- 当"条件"出现**在过去**时：动词用**虚拟式愈过去时** + **条件式现在时或过去时**

Se avessi cercato (*ma non l'hai fatto*),
avresti un lavoro. (*oggi*)
avresti trovato un lavoro. (*in passato*)

ESEMPI

Se Marco **fosse** più alto, **sarebbe** più attraente.
Se **fosse** una persona onesta, ti **avrebbe** già **restituito** tutta la somma.
Se **fossi stato** più sincero con Marta, oggi lei **sarebbe** ancora qui con me.
Se **avessi avuto** più tempo, le **avrei spiegato** meglio la situazione.

- 在"结果"部分，我们也可以使用**命令式**：

Se tu avessi un problema, parlane con Claudio! (*potresti parlarne con Claudio*)

ESEMPI

Se trovi qualcosa che ti piace, **compralo**!
Se incontrassi Stefano, **salutamelo**!
Se mi addormentassi, per favore **svegliami**!
Se non trovasse la signora Tasca, mi **chiami**!

! NOTA BENE 请注意

- **直陈式未完成过去时**在口语中也经常使用，用来简化复杂的动词或整个句子结构。

在条件主从句中，这种口语化的用法很常见：

Se me lo **dicevi** prima, **chiamavo** anche Ada. → Se me l'**avessi detto** prima, **avrei chiamato** anche Ada.
Se lo **sapevo**, la **chiamavo** subito → Se l'**avessi saputo**, l'**avrei chiamata** subito.

这种方式固然简化了表达，但同时也减弱了语言的表现力，因此只有在非正式的场合中才可以使用。在一些书面文件中，特别是在一些工作场合和我们应该使用更加正确、规范的意大利语的场合中，应该避免使用这样的语言简化形式。

ESERCIZI 练习

1. Abbina le frasi come nell'esempio 参照例子，将左右两部分的句子连接起来

1. Se tu m'avessi dato retta — c)
2. Se potessi
3. Non ce l'avrei fatta
4. Se tu non avessi studiato in Italia
5. Sarei molto felice
6. Avreste cambiato idea

a) non ci saremmo mai conosciuti.
b) se loro non mi avessero aiutato.
c) oggi non saresti nei guai.
d) verrei volentieri con voi.
e) se vi avessi spiegato bene la situazione.
f) se Chiara ci venisse a trovare.

2. Completa il periodo ipotetico con un verbo al congiuntivo o al condizionale
用动词的虚拟式或条件式完成下列条件主从句

1. Se .... la gente vivrebbe meglio.
2. Se non ci fossero le vacanze, ...
3. Se ...., farei il giro del mondo.
4. Se non sapessimo né leggere né scrivere, ...
5. Se ...., avrei fatto qualcos'altro.
6. Se si potesse vivere fino a mille anni, ...

3. Completa la lettera con un verbo appropriato al congiuntivo o al condizionale
用适当动词的虚拟式或条件式填空，完成下面这封信

volere *dare* *fare* *essere*

Gentile dottoressa,

è la prima volta che scrivo a una rivista e per di più a una rubrica di psicologia e sinceramente non l' 1) .... se non avessi un problema in casa che sto faticando a risolvere. Dunque, mia figlia Claudia, diciassette anni, ha improvvisamente deciso di lasciare la scuola, a metà anno scolastico. Può immaginare la reazione mia e di mio marito: se ci 2) .... un colpo in testa, ci avrebbero fatto meno male! La ragazza è irremovibile e se non 3) .... maggiorenne, le impedirei di farlo. Claudia è una ragazza intelligente, vivace e piena di interessi, forse un po' pigra. Le sarei molto grata se 4) .... darci un consiglio.

Cordiali saluti,
Monica

4. Come sopra 同上

parlare *accettare* *essere* *riflettere*

Gentile signora,

mi sembra che Lei stia un po' esagerando. È piuttosto frequente avere delle 'crisi scolastiche' a quella età: il contrasto tra la scuola (spesso ancora legata a modelli troppo tradizionali) e la realtà, può causare disagio tra gli adolescenti. Se, invece di farvi prendere dal panico, 1) .... a Claudia con calma, avreste probabilmente capito le sue ragioni. Se fosse stimolata abbastanza, 2) .... circa l'orientamento degli studi (ha scelto lei che scuola fare?). Se 3) .... in voi, accetterei la decisione della ragazza: insistere, forzarla ad andare a scuola non serve a niente e comunque fra poco sarà maggiorenne e quindi indipendente. Perché non proporle invece di andare all'estero, per imparare una lingua e fare un'esperienza di lavoro? Se 4) .... questa proposta, sarebbe un'occasione per crescere e rendersi conto di quanto lo studio è importante nella società di oggi.

Cordialmente
Dott.ssa Anna Peragallo Chisenti

36 ESPRESSIONI CON IL CONGIUNTIVO IMPERFETTO/TRAPASSATO 使用虚拟式未完成过去时和愈过去时的表达方式

除了在有关虚拟式现在时和近过去时章节中我们看到的那些表达方式和词汇外，虚拟式未完成过去时和愈过去时还可以与以下表达方式和词汇配合使用：

magari, **almeno** (*), **se solo**, **se**, 用来表示**一种愿望（un desiderio）**：

与虚拟式未完成过去时连用，表示一种还可以实现的愿望
与虚拟式愈过去时连用，表示一种不能实现的愿望

ESEMPI

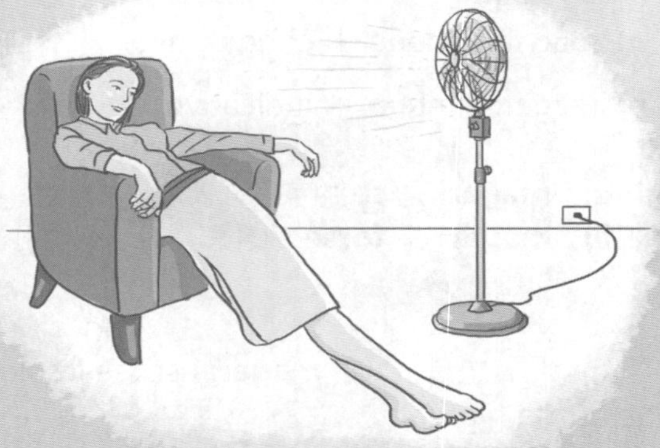

A: Che caldo!
B: **Almeno** avessimo un ventilatore.

A: Allora, vieni al cinema con noi?
B: Eh, **magari** potessi!

A: Ho sentito che hai quasi distrutto la macchina.
B: Non me lo ricordare! **Se solo** avessi fatto più attenzione!

A: Allora, com'è andata la cena?
B: Guarda, una noia. Ah, **se** ci fossi stato tu!

(*) almeno 的位置比较灵活：almeno chiamasse/chiamasse, almeno; almeno avesse chiamato/avesse almeno chiamato.

come se, **quasi che** (*), 用来表示**动作进行的方式（in che modo si svolge un'azione）**：

与虚拟式未完成过去时连用，表示动作同时发生
与虚拟式愈过去时连用，表示动作已经发生

ESEMPI

Renato si comporta **come se** fosse il padrone qui dentro!
Parlava piano, **quasi** avesse paura.
È uscito correndo e gridando, **come** avesse visto un fantasma!
Pietro è sempre così formale con i miei genitori, **quasi che** non li avesse mai incontrati prima.

(*) **se** 和 **che** 可以省略。

3 **qualora** (*), **se**, 用来表示一种条件（**una condizione**）：

ESEMPI

Avvocato, allora La pregherei di farmi avere tutta la documentazione, **qualora** Le fosse possibile.
Qualora ci fossero problemi, chiami la reception.
Marina, **se** qualcuno mi cercasse, io sono andato un attimo in archivio.

A: Allora, vuoi davvero andare all'estero a lavorare?
B: Beh **se** fosse possibile, perché no?

(*) 尤其在正式语言中我们更多使用 **qualora**。

! NOTA BENE 请注意

- 注意“**se + 虚拟式未完成过去时**”与“**se + 直陈式现在时**”这两种表达方式在语义上的细微差别：前者中说话者认为条件实现的可能性较小，而后者中说话者认为条件实现的可能性较大。
  实际上，使用虚拟式表示实现的可能性较小，而使用直陈式则表示实现的可能性较大。

试比较：

Silvana, **se chiamasse** il dottor Serra gli dica che torno fra un paio d'ore. (*forse chiamerà, forse no*)
Silvana, **se chiama** il dottor Serra gli dica che torno fra un paio d'ore. (*è probabile che chiami*)

再试比较：

Silvana quando chiama il dottor Serra gli dica che torno fra un paio d'ore. (*sono sicuro che chiamerà*)

- 注意下面两者意义的差别：

  a) magari/almeno + congiuntivo

  b) magari/almeno + indicativo

情况***a***)：**magari** 是 **se** 的意思，表示一种愿望；而 **almeno** 则表示一种愿望，但这种愿望比较渺茫。
情况***b***)：**magari** 是 **forse** 的意思，表示一种可能性；而 **almeno** 则表示一个事实，但这个事实很有局限，不能尽如人意。

Che brutta giornata,	**magari** uscisse il sole!	(*è un desiderio*)
	magari più tardi esce il sole.	(*forse più tardi esce un po' di sole*)
Che fame,	**almeno** avessimo dei biscotti!	(*è un desiderio piccolo, ma meglio di niente*)
	almeno abbiamo questi biscotti.	(*è una realtà, non è molto ma meglio di niente*)

ESERCIZI 练习

1. Abbina le frasi 连线组成句子

1. Che faccia tosta, si comporta
2. Allora, finito il trasloco?
3. Tesoro,
4. Fa veramente caldo oggi,
5. Qualora avesse bisogno,
6. Se Teresa ti chiedesse di me,

a) avessimo almeno portato da bere!
b) tu non sai dove sono, mi raccomando.
c) eh, magari fossimo così veloci!
d) il nostro staff è a Sua disposizione.
e) se solo tu fossi qui!
f) come se non fosse successo niente.

2. Cosa dici? Usa un verbo al congiuntivo imperfetto o trapassato
下列情况你会如何回答？用动词的虚拟式未完成过去时或愈过去时完成句子

1. Sei in aereo e ti stai annoiando:
   Almeno ....
2. L'esame non è andato come volevi:
   Se solo ....
3. Sei arrivata in ritardo all'appuntamento e Luisa non c'è:
   Se ....
4. Lavorerai anche nel weekend e un collega ti chiede se parti per il mare:
   Magari ....

3. Completa le frasi con un verbo appropriato al congiuntivo imperfetto o trapassato
用下列动词的虚拟式未完成过去时或愈过去时填空，完成句子

prendere *essere* *sapere* *aspettarsi* *perdere* *verificarsi*

1. Mario, accomodati! Qui c'è il soggiorno e la cucina. Fai come se .... a casa tua!
2. Sono a dieta da mesi, che tristezza: almeno .... qualche chilo!
3. Qualora .... azioni violente da parte dei tifosi, la partita verrà immediatamente sospesa.
4. Quando ha sentito la notizia non ha detto niente, quasi ....
5. Sei ore fermi in autostrada. Ah, se .... il treno!
6. Silvio è veramente arrogante, come se .... tutto lui! Figurati!

4. Indicativo o congiuntivo? Completa le frasi 直陈式还是虚拟式？填空完成句子

1. A: Mi hanno dato le ferie: solo dieci giorni.
   B: Non ti lamentare, almeno .... dieci giorni compatti. Io ho solo due week end!
2. A: Ho sentito che hai comprato una casa al mare.
   B: Io?! Magari .... vero!
3. A: Allora Carla viene con noi stasera?
   B: No ma, sai, magari .... idea all'ultimo momento. È fatta così.
4. Non capisco perché Rossana è così in ritardo. Almeno .... il cellulare acceso!
5. A: Hai sbagliato a non seguire il mio consiglio.
   B: Magari ....!
6. A: Che freddo. E il riscaldamento è rotto!
   B: Dai, almeno .... questa coperta!
   A: Vabbè, meglio di niente.

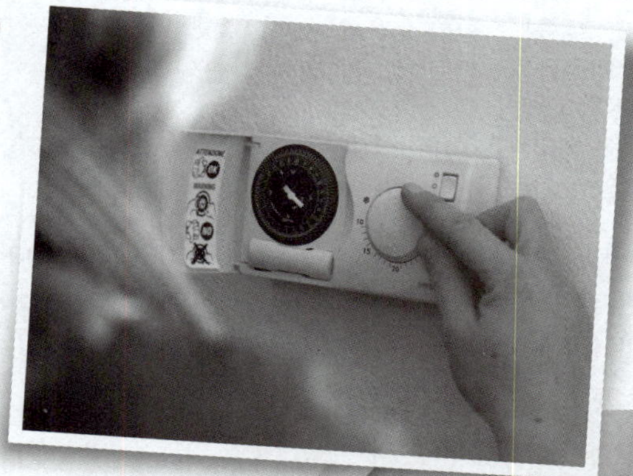

37 IL CONGIUNTIVO IMPERFETTO/TRAPASSATO USATO IN MODO INDIPENDENTE 虚拟式未完成过去时和愈过去时的独立用法

虚拟式未完成过去时和愈过去时是可以**单独使用**的，不用和一个主句连用。

1 由 **che** 引出一个**问句**，表示一种猜测或怀疑：

ESEMPI

A: Ieri, mentre mi raccontava i fatti, Renato sembrava molto nervoso.
B: ***Che* stesse** mentendo? *(forse stava mentendo?)*

A: Come mai Ferri conosce i dettagli della riunione dell'altro giorno? ***Che* ci fosse** anche lui?
B: Non so, io non l'ho visto e comunque non era invitato. *(forse c'era anche lui?)*

A: Sai, ieri sera ho visto i Renzi mentre entravano in casa dalla finestra, non è strano?
B: ***Che* avessero perso** le chiavi? *(forse avevano perso le chiavi?)*

2

- 用虚拟式**未完成过去时**表示一种不现实、不可能或不容易实现的**愿望（desiderio）**。

ESEMPI

A: Qualcuno dice che avremo tutti un posto macchina, qui in azienda.
B: **Fosse** vero!

Va bene che i bambini devono giocare ... ma insomma, **finisse** un po' questo baccano!
Ah, **facesse** meno caldo! Ma quanti gradi abbiamo?
Potessi andarmene in vacanza!

- 用虚拟式**愈过去时**表示**遗憾（rimpianto）**，即一种过去未能实现，将来也不可能实现的愿望。

ESEMPI

A: Allora, com'è andata la cena?
B: Mah, insomma, un po' troppo formale per i miei gusti. Eh, **ci fossi stato** tu!

Ah, **avessi accettato** quel lavoro all'estero! Oggi guadagnerei il doppio.

A: Carmen è molto offesa con te, sai?
B: Sì? ... Non **avessi** mai **detto** quella frase! Però, quanto è permalosa!

Che noia questo film, **fossi rimasto** a casa!

3 在**感叹句（esclamazione）**中（有时句中会出现一些省略的表达）：

ESEMPI

A: Allora, vieni a fare la traversata del Sahara a piedi?
B: **Fossi** matto! (neanche se ...)

Domani parlo con il capo, **fosse** l'ultima cosa che faccio!
Ma guarda quello, ci ha quasi investiti, gli **venisse** un accidente! (*)
Simone promosso agli esami? **Volesse** il cielo!

(*) 非正式的表达方式。

特别是和动词 **sapere, vedere, sentire** (tu, Lei, voi) 一起使用时。

ESEMPI

Sono stata in vacanza in Cina: **sapessi** che bello!

A: Signor Gerla, è andato alla riunione di condominio?
B: Sì, diciamo che è stata molto vivace: **avesse sentito** che cosa si sono detti!

Piero dice che io sono sempre bellissima: mi **vedesse** adesso, dopo una notte insonne!
Ieri abbiamo fatto la prima lezione di aerobica: **sapeste** che fatica!

ESERCIZI 练习

1. Completa con i verbi dati al congiuntivo imperfetto o trapassato
用下列动词的虚拟式未完成过去时或愈过去时填空

mettersi *sapere* *lasciare* *spendere*

1. A: Come mai non siete venuti al matrimonio di Giulia e Nicola?
   B: ....! Nessuno ci ha detto niente.
2. A: Sono sempre lì davanti al computer. .... a studiare, invece!
   B: Caro, non fare il noioso!
3. .... di meno! Ma non riesco proprio a limitarmi.
4. Chi chiama a quest'ora? Ci .... dormire in pace!

2. Completa le frasi con le seguenti espressioni 用下列表达方式完成句子

a) fosse vero! *b) fossi matto!* *c) mi venisse un colpo!* *d) gli venisse un accidente!*

1 Guarda, qualcuno mi ha rotto lo specchietto della macchina: ....
2 A: Senti, è vero che ti trasferisci al reparto contabilità?
  B: Io? .... Qui sto così bene!
3 A: Sai, ho sentito che daranno un amento di stipendio a tutti.
  B: ....
4. Francesco, ... Ma non stavi in Argentina?

3. Completa formulando una domanda con *che + congiuntivo imperfetto o trapassato*
用"che + 虚拟式未完成过去时或愈过去时"这样的结构提出问题

1. A: Ieri Giacomo è stato al telefono quasi due ore.
   B: Che ....?
2. A: Sai, ieri ho visto il signor Tanzi uscire sbattendo la porta e oggi invece tutto sorrisi.
   B: Che ....?
3. A: Stamattina presto ho chiamato Rossella al cellulare ma non ha risposto.
   B: Che ....?
4. A: Ieri Margherita è arrivata in ritardo alla riunione.
   B: Che ....?

4. Completa la email con i verbi al congiuntivo imperfetto o trapassato
用动词的虚拟式未完成过去时或愈过去时填空，完成下面这封电子邮件

essere *scherzare* *vedere* *essere* *rimanere* *venire*

Ciao Marcella, grazie della mail e degli allegati che ti avevo chiesto. Stasera finirò tardi perché – 1) .... a casa! – devo tradurre il documento che è arrivato oggi da Francoforte: 20 pagine in carattere 10. E 2) .... quanto è difficile! Comunque, il capo ha detto che, in cambio, domani posso arrivare in ufficio alle 11 quindi se vuoi passo da te e ci facciamo un caffè insieme. Ti volevo anche chiedere una cosa: Boschi, del terzo piano, ha detto che ci sarà un bonus per Natale, tu ne sai niente? 3) .... vero! L'ha detto ieri, aveva anche un'aria un po' misteriosa, che 4) .... ? Non sarebbe la prima volta, ti ricordi quando aveva stampato l'avviso che per ordine diretto da Francoforte tutte le ferie erano state sospese? Io me lo ricordo bene, mi sono quasi sentita male. Gli 5) .... un accidente a Boschi, se anche questa volta non è vero lo strozzo, 6) .... l'ultima cosa che faccio! Comunque, bonus o non bonus, io per Natale vado a Maiorca, sai, dove Gabriella ha la casa. Vabbè, meglio non pensare troppo alle vacanze. Fammi sapere per domani mattina.

Un bacio
Cristina

38 IL CONGIUNTIVO IMPERFETTO/TRAPASSATO: ALTRI USI 虚拟式未完成过去时和愈过去时的其他用法

前面讲过的“**Il congiuntivo presente/passato: altro usi 虚拟式现在时和过去时的其他用法**”在虚拟式未完成过去时和愈过去时中也同样适用，主要区别在于主句中有一个过去时态的动词。

此外还有一些其他情况：

1 当主句中有一个表示愿望、喜好、意愿的**条件式现在时**动词的时候，从句中要用虚拟式未完成过去时或愈过去时：

vorrei
preferirei
mi piacerebbe *che* + **congiuntivo imperfetto/trapassato**
avrei voglia
desidererei (*)

ESEMPI

Vorrei che Anna non **avesse accettato** questo lavoro.
Preferirei che tu non **uscissi** ma **restassi** a casa con i ragazzi.
Non ti ***piacerebbe che*** le lingue **si imparassero** mentre dormiamo?
Avrei voglia che **fosse** già estate.
Signora, ***desidererebbe che*** **ci fosse** anche un coro per la cerimonia in chiesa?

(*) 尤其用于正式场合。

● 或主句中有**条件式过去时**的时候，从句中要用虚拟式未完成过去时或愈过去时：

avrei voluto
avrei preferito
mi sarebbe piaciuto *che* + **congiuntivo imperfetto/trapassato**
avrei avuto voglia
avrei desiderato

ESEMPI

Cara Marta, ***avremmo voluto che*** tu **fossi** qui e **vedessi** quanto è bella Napoli.
Avremmo tanto ***desiderato che*** anche Lei **fosse** presente, signor Maggini.
Avrei preferito che i bambini non **avessero** così tanti giocattoli.
Mi ***sarebbe piaciuto che*** Anna **fosse venuta** a trovarci!

NOTA BENE　请注意

- 如果主句中动词 **volere**，**preferire** 和 **desiderare** 使用的是直陈式，那么从句中就要使用虚拟式的现在时，此时句子的语气相对强硬。
  如果主句中这些动词使用的是条件式，那么从句中就要使用虚拟式未完成过去时或愈过去时，此时句子的语气相对比较委婉。

Voglio che tu **venga** subito a casa.	***Vorrei*** che tu **venissi** subito a casa.
更加强硬	更加委婉

当用动词 **domandarsi**，**chiedersi** 引出一个间接疑问句（**domanda indiretta**）时，从句中要用虚拟式未完成过去时或愈过去时。

DOMANDA DIRETTA	DOMANDA INDIRETTA
Mi ha chiesto: «Conosci Giuliana?»	Mi ha chiesto se **conoscessi** Giuliana.
Mi ha chiesto: «Perché non mi hai telefonato?»	Mi ha chiesto perché non gli **avessi telefonato**.
Mi domando: «Aldo sapeva già tutto?»	Mi domando se Aldo **sapesse** già tutto.
Mi chiedevo: «Perché mi ha scritto?»	Mi chiedevo perché mi **avesse scritto**.

ESEMPI

Quando l'ho incontrato gli ho chiesto perché non **avesse risposto** alle mie lettere.
Laura mi ha chiesto se ti **avessi visto** recentemente.
Martino si chiese perché l'uomo lo **guardasse** in quel modo.
Quando l'aereo è decollato ci siamo chiesti se **avessimo dimenticato** qualcosa a casa.

- 然而虚拟式的使用也不是非常严格，如今**在口语中**经常用直陈式来代替虚拟式。

ESEMPI

Marco mi ha chiesto come **stavo** (= stessi).
Ho chiesto a Marina se **poteva** (= potesse) prestarmi la macchina.
Mi domando se **sapeva** (= sapesse) quello che stava facendo.
I bambini spesso mi chiedevano chi **accendeva** (= accendesse) le stelle la sera.

NOTA BENE　请注意

- **在书面语中**，我们更倾向于使用一种**间接表达的方式**，或者叫作"**间接引语（discorso indiretto）**"（请参看相关章节内容）。

在口语中，我们较多使用**直接引语（discorso diretto）**的方式，因为我们不仅要给谈话者转达句子和问题的含义，还要通过说话的语气、语音语调、面部表情、句子重音等在间接引语中所没有的内容来表达我们的意思。直接引语方式可以给我们提供一种交流的真实感。

当我们做**比较（paragone）**，或者对某人或某物做出评价的时候，要采取下列结构（较高级比较级）进行表达：

con un aggettivo:	Giulia è **più** *simpatica* **di quanto** pensassi.
con un verbo:	L'esame *è andato* **meglio di quanto** sperassi.

在这种情况下也不是必须要**使用虚拟式**，但是从语言风格角度来看，虚拟式可以使语言变得更加严谨。
也可以使用 **di quel che** 这样的表达方式代替 **di quanto**。

ESEMPI

A: Hai parlato con la banca?
B: Sì, è andata **meglio di quel che *avessi sperato*.**

L'albergo era molto **più** caro **di quel che *avessimo previsto*.**

A: Allora com'è andato il viaggio?
B: **Meglio di quanto *mi aspettassi*!**

A: Ti è piaciuto il film?
B: Guarda, è stato **più** interessante **di quanto *pensassi*.**

Non c'è nessun problema...
……没有什么问题。

- 较低级比较级也有类似的表达方式：

con un aggettivo: Studiare chimica è **meno** *difficile* **di quanto** mi aspettassi.

con un verbo: Il viaggio *è andato* **peggio di quanto** pensassi.

也可以使用 **di quel che** 或 **di come** 这样的表达方式代替 **di quanto**。

ESEMPI

Alla fine il professor Parri si è dimostrato **meno** severo **di quanto *volesse*** farci credere.

A: Allora, tu e Laura vi siete chiariti?
B: Non me ne parlare! È andata molto **peggio di quel che *pensassi*.**

ESERCIZI 练习

1. Completa le frasi con un verbo appropriato al congiuntivo imperfetto o trapassato
用适当动词的虚拟式未完成过去时或愈过去时填空，完成句子

raccontare essere smettere scrivere parlare esserci preparare

1. A: Che freddo. Vorrei proprio che qualcuno mi .... una cioccolata calda.
   B: Ho capito, e vorresti che .... con o senza panna?
2. Insomma, preferiresti che lui non .... niente di quello che è successo?
3. Avrei voluto che voi non .... mai .... quella email a Marco.
4. Vorrei proprio che Gianni .... di parcheggiare la macchina in quel modo!
5. Desidererei tanto che .... un tavolo libero in giardino.
6. Avremmo preferito che tu ci .... con più sincerità.

2. Riscrivi le frasi usando il condizionale per essere più gentili
使用条件式改写句子，使句子语气变得更加委婉

1. Voglio che tu scriva subito la email. ....
2. Preferisco che tu non dica niente. ....
3. Voglio che lui esca. ....
4. Desidero che ogni cosa venga chiarita. ....
5. Preferisco che loro non siano presenti. ....
6. Voglio che voi ascoltiate attentamente. ....

3. Trasforma in domande indirette usando il congiuntivo imperfetto e trapassato
使用虚拟式未完成过去时和愈过去时将下列句子改成间接疑问句

1. L'ho incontrato e mi ha chiesto: «Ehi, hai saputo che ho superato l'esame?»
....
2. Spesso mi domando: «Ma come facevano senza l''elettricità?»
....
3. Mi sono chiesto: «Perché, perché Marina non mi ha più chiamato?»
....
4. Il professore mi ha chiesto: «Allora, hai finito la tua tesi?»
....

4. Completa il testo con i verbi al congiuntivo imperfetto o trapassato
用所给动词的虚拟式未完成过去时或愈过去时填空，完成短文

pensare *immaginare* *essere* *raccontare* *avere* *volere*

La signora Berti si chiedeva spesso chi (1) .... l'inquilino del primo piano. Nessuno sapeva il suo nome o il paese d'origine, nessuno gli aveva mai parlato. «Vorrei tanto che qualcuno (2) .... il coraggio di parlargli. Non io però!». Effettivamente il nuovo inquilino non aveva un aspetto rassicurante, anzi. Finalmente il signor Corsini del terzo piano ebbe un'idea brillante: «È stato molto più semplice di quanto (3) ....: stamattina ho bussato, lui ha aperto e io gli ho chiesto se (4) .... partecipare alla prossima riunione di condominio. Facile, no? Naturalmente non mi ha quasi risposto ma io ho dato una bella occhiata a lui e all'appartamento». La signora Berti avrebbe voluto che (5) .... tutti i particolari ma il signor Corsini disse: «Domani, domani». Sparì la sera stessa, lasciando l'appartamento illuminato, la Tv accesa e la cena sul tavolo: sparito. Dopo qualche giorno sparì anche la signora del piano terra e quella dell'ultimo piano. La faccenda era diventata più complicata di quel che la signora (6) .... mai .... C'era una sola cosa da fare: chiamare la polizia, che infatti arrivò subito. I poliziotti però non trovando a casa la signora, spensero le luci e la radio, chiusero bene la porta – signora strana in effetti – e se ne andarono.

39 L'INFINITO, IL PARTICIPIO E IL GERUNDIO
不定式、分词和副动词

不定式、分词和副动词具有以下特点：

- 不像其他动词形式那样按照人称进行变位
- 只有两种时态
- 具有多种用法

不定式

不定式有**现在时**和**过去时**两种时态。

- 不定式现在时的规则动词以 **-are**, **-ere**, **-ire** 结尾。

ESEMPI

Vorrei **mangiare** qualcosa prima di **partire**.

A: Andiamo a **correre** al parco?
B: Buona idea!

- 不定式现在时的不规则动词以 **-arre**，**-orre**，**-urre** 结尾。

然而以这种方式结尾的动词很少。

ESEMPI

I nostri uffici possono **disporre** di 4 sale riunioni.
Signori, vi prego di non **protrarre** la discussione oltre le 18:30.

A: La vostra fabbrica, quanti pezzi è in grado di **produrre**?
B: Circa 10.000 al mese.

- **不定式的过去时**由助动词 essere 或 avere 的不定式现在时加上动词的过去分词构成。

(*mangiare*)	avere mangiato
(*leggere*)	avere letto
(*partire*)	essere partito
(*produrre*)	avere prodotto
(*disporre*)	avere disposto
(*protrarre*)	avere protratto

有时由于发音需要，要省略 avere 词尾的元音 **e**：

ESEMPI

Dopo **aver** mangiato. (而不能写成：dopo avere mangiato)
Prima di **aver** finito. (而不能写成：prima di avere finito)

- 使用 **essere** 作为助动词的不定式过去时，过去分词的词尾需要跟主语进行性（阴性、阳性）和数（单数、复数）的配合。

ESEMPI

A: Come mai ***i ragazzi*** non hanno ancora telefonato?
B: Già, è strano, a quest'ora dovrebbero *essere arrivati*.

Dopo *essersi vestita* in fretta, ***Paola*** è andata subito da Marco.

A: Hai notizie ***delle ragazze***?
B: Hanno detto di *essere rimaste* bloccate nel traffico, arriveranno per cena.

2 分词

分词分为**现在分词**和**过去分词**两种时态：

- **现在分词**以 **-ante**，**-ente**，**-ente** 结尾。

ESEMPI

port(are) + ante	=	PORTANTE (= che porta)
perd(ere) + ente	=	PERDENTE (= che perde)
copr(ire) + ente	=	COPRENTE (= che copre)

一些不规则的现在分词：

(fare)	FACENTE
(dire)	DICENTE
(essere)	ENTE
(avere)	ABBIENTE
(dormire)	DORMIENTE
(produrre)	PRODUCENTE

现在分词一般不被当作动词使用，而是变成名词或形容词。

ESEMPI

(studiare)	STUDENTE	(*nome*)
(sorridere)	SORRIDENTE	(*aggettivo*)
(amare)	AMANTE	(*nome* e *aggettivo*)
(patire)	PAZIENTE	(*nome* e *aggettivo*)

- 规则动词的**过去分词**以 **-ato**，**-uto**，**-ito** 结尾。

ESEMPI

port(are)	+	ato	=	PORTATO
av(ere)	+	uto	=	AVUTO
dorm(ire)	+	ito	=	DORMITO

有许多动词的过去分词是不规则的，需要单独记忆。

- 根据一般的配合规则：
  - 作为名词使用的现在分词，需要与冠词进行配合；
  - 作为形容词使用的现在分词，需要与名词进行配合；
  - 使用 essere 做助动词的过去分词需要与主语进行性、数配合。

ESEMPI

Gli studenti sono stati bravissimi.	(*concordanza con l'articolo*)
L'uomo paziente vince sempre.	(*concordanza con il nome*)
Le banche sono **chiuse** per sciopero.	(*concordanza del participio passato con* essere)

FRASI

I pazienti del dottor Ferrari sono ricevuti in ambulatorio nei giorni dispari dalle 15 alle 19.
费拉利大夫的病人在诊所的应诊时间为单日的 15 点到 19 点。

Luigi è un amante dell'opera lirica. 路易吉十分热爱歌剧。

Ogni avente diritto può chiedere il rimborso del biglietto allo sportello 8.
任何合法索赔者都可以到 8 号窗口去退票。

A: Allora, quanto ci vuole ancora? 我说，还需要多久啊？
B: Fatto! Possiamo andare. 好了！我们可以出发了。

3 副动词

副动词有一个简单时态——**现在时**，和一个复合时态——**过去时**。

- 副动词现在时的构成是在动词的词根上加上 **-ando**，**-endo**，**-endo**。

ESEMPI

parl(are)	+	ando	=	PARLANDO
ess(ere)	+	endo	=	ESSENDO
part(ire)	+	endo	=	PARTENDO

副动词只有少数不规则动词，这里给出一些例子：

fare	+	endo	=	FACENDO
dire	+	endo	=	DICENDO
bere	+	endo	=	BEVENDO
produrre	+	endo	=	PRODUCENDO

- **副动词过去时**由助动词 essere 或 avere 的副动词现在时加上动词的过去分词构成。

(*parlare*) avendo parlato
(*partire*) essendo partito
(*essere*) essendo stato
(*produrre*) avendo prodotto
(*bere*) avendo bevuto

使用 essere 做助动词的副动词过去时，过去分词需要跟主语进行性、数配合。

FRASI

A: Allora, che si fa stasera? 那么，今晚做什么？
B: Beh, volendo, possiamo provare il nuovo ristorante giapponese in centro.
嗯，我想我们可以去市中心那家新开的日本餐馆吃饭。

Essendo molto timido, Paolo non trovava il coraggio di telefonare a Simona.
那时保罗非常腼腆，没有勇气打电话给西蒙娜。

A: Vorrei fare una vacanza rilassante. Che posto mi consigli?
我想过一个轻松的假期。你有什么好地方推荐给我啊？
B: Beh, avendo già fatto qualche esperienza, ti consiglio un villaggio turistico.
嗯，我向你推荐一个旅游村吧，我之前去过几次。

Essendosi ricordati troppo tardi, Paolo e Marina non hanno fatto in tempo a prendere i biglietti.
由于想起的时间太晚，保罗和玛丽娜错过了时间，没有买到票。

ESERCIZI 练习

1. Completa la tabella con le forme corrette dei verbi dati 用所给动词的正确形式填表

	Infinito passato	*Participio presente*	*Participio passato*	*Gerundio presente*	*Gerundio passato*
perdere					
avere					
produrre					
condurre					
parlare					
fare					
correre					
potere					
morire					
passare					

2. Scegli la forma giusta fra quelle date per completare le frasi
选择正确的形式填空，完成句子

1. A: Allora, tutto ....? (fare/fatto)
   B: Sì, dopo .... dalla banca, sono andato subito (uscire/essere uscito) n agenzia e ho preso i biglietti.
2. A: Allora, vieni con noi a ....? (ballare/ballando)
   B: Vi ringrazio, ma .... una giornata pesante, (avendo/avendo avuto) preferisco restare a casa.
3. È uscito di casa dopo .... (mangiare/mangiato)
4. A: ....? (finendo/finito)
   B: Quasi. Faccio un'ultima telefonata e poi possiamo andare.
5. A: Hai ritirato la giacca dalla lavanderia?
   B: No, me ne sono dimenticato. Va be', lo faccio .... dal lavoro. (tornando/tornato)
6. A: Avete molto lavoro?
   B: Sì, c'è una richiesta .... per questo tipo di prodotto. (cresciuta/crescente)

3. Completa con i verbi dati all'infinito, al participio o al gerundio presente o passato
用所给动词的不定式、分词、副动词（现在时或过去时）填空

aspettare *amare* *studiare* *uscire* *prendere (2 volte)* *cercare*

1. A: Che fai?
   B: C'è una zanzara che mi dà fastidio ... Ah, ..., finalmente!
2. A: Allora, che alternative abbiamo?
   B: .... fino al prossimo lunedì oppure .... di metterci in contatto con la sede di Hong Kong.
3. Ricordati che gli esami si passano solo .... con impegno: non illuderti che basti la fortuna.
4. Dopo .... mi sono ricordato che avevo dimenticato a casa il cellulare.
5. A: Che posto isolato! Ma davvero volete passarci tutta l'estate?
   B: Sai, noi siamo .... della tranquillità, la campagna è l'ideale per rilassarsi.
6. A: Il treno che volevamo prendere è partito. Torniamo a casa e prendiamo la macchina?
   B: Beh, ... già i biglietti, ci conviene aspettare il prossimo.

4. Trova e correggi gli errori (4) nell'uso dell'infinito, del participio e del gerundio
试找出下列句中不定式、分词和副动词使用的 4 处错误

1. Avendo viaggiato in tutto il mondo, posso consigliarti un bel posto per le vacanze.
   ....
2. Vivere in una grande città ha vantaggi e svantaggi.
   ....
3. Prima di aver mangiato dovete lavarvi le mani.
   ....
4. Viaggiare, si imparano tante cose.
   ....
5. Ho incontrato tua sorella essendo uscita dal negozio.
   ....
6. Terminando la riunione, passa nel mio ufficio: devo parlarti.
   ....
7. Il pagamento verrà effettuato il giorno 15 del corrente mese.
   ....
8. Con l'apertura dei nuovi mercati, conoscere le lingue straniere sarà sempre più importante.
   ....

40 L'INFINITO SOSTANTIVATO 不定式名词

在不定式的前面加上阳性冠词（定冠词或不定冠词）就可以作为名词使用：即**不定式名词**。

- 通常用不定式的现在时来做名词。

ESEMPI

Il finire (*equivalente a*: la parte finale)
Il mangiare (*equivalente a*: il cibo)
L'interessarsi (*equivalente a*: l'interesse)

- 不定式前面即便没有冠词，也可以当作名词使用。

ESEMPI

Viaggiare è istruttivo. (*equivalente a*: i viaggi sono istruttivi)
Lavorare stanca. (*equivalente a*: il lavoro stanca)
Vietato fumare. (*equivalente a*: il fumo è vietato)

- 当不定式当作名词使用时，前面除了可以加上冠词，也可以加上前置词。

ESEMPI

Sul finire dell'inverno abbiamo fatto un viaggio insieme. (*verso la fine*)
Mi sono sbagliata **nel contare** i pezzi. (*nel conteggio*)
Con il passare dei giorni, la bambina migliorava. (*giorno dopo giorno*)

FRASI

A: Non ti senti bene? 你不舒服吗？
B: No, è che tutto questo studiare mi stanca. 是的，是因为学所有这些东西让我感觉很疲惫。

A: Sai che cosa proprio non sopporto? Il lamentarsi continuo che c'è in quest'ufficio!
你知道我最不能忍受的事是什么吗？就是在这间办公室里不停地抱怨！
B: Hai ragione, se uno non è contento del suo lavoro, cambiare è l'unica soluzione.
你说的对，如果谁对他的工作不满意，唯一的办法就是换换工作。

A: Perfetto, stavolta non hai fatto nemmeno un errore! 太好了，这次你一个错误都没犯！
B: Sai, praticare tutti i giorni mi ha aiutato molto. 你知道，每天的实践练习给了我很大的帮助。

A: Ma cosa è successo? Perché Serena si è spaventata così? 发生什么了？为什么赛莱娜被吓成这样？
B: Eravamo al parco e, all'avvicinarsi di un grosso cane, ha cominciato ad urlare e si è messa a piangere.
我们当时在公园里，有只大狗跑过来，赛莱娜开始大叫，然后就哭了起来。

A: Ho notato un certo avvicendarsi di segretarie nel tuo ufficio. 我注意到你办公室里的女秘书换了一个又一个。
B: Sì, poverine! Nessuna riesce a resistere con il mio capo per più di sei mesi!
是啊，可怜的姑娘们！没一个能和我的领导相处超过半年的时间！

! **NOTA BENE 请注意**

有一些不定式可以直接变为**名词**，因此也有单复数的变化。

ESEMPI

il piacere / i piaceri
il dovere / i doveri
il parere / i pareri
l'avere / gli averi

ESERCIZI 练习

1. Trova i nomi corrispondenti ai seguenti infiniti sostantivati
写出与下列不定式名词相对应的名词

1. Il sopravvivere ....
2. Il soffrire ....
3. Il risvegliarsi ....
4. Il praticare ....
5. L'insorgere ....
6. Il superare ....
7. L'affollarsi ....
8. L'assicurare ....
9. Lo stupirsi ....
10. Il partire ....

2. Trasforma le frasi opportunamente sostituendo ai nomi gli infiniti sostantivati
用不定式名词替换句中的名词，正确改写句子

1. La crescita continua della nostra azienda dipende soprattutto dalle persone.
2. Gli sbagli in questo caso sono giustificabili.
3. Verso la fine dell'estate abbiamo fatto un viaggio insieme.
4. Non capisco la sua meraviglia per il successo che abbiamo ottenuto.
5. Le sue critiche sono sempre state costruttive perché vuole che diamo il massimo.
6. L'aumento costante dei prezzi preoccupa i consumatori.
7. L'esame della situazione è essenziale per capire cosa dobbiamo cambiare.
8. La vita in famiglia qualche volta è troppo difficile.

3. Completa le frasi con i seguenti infiniti e l'articolo se necessario
用下列不定式名词完成句子，如有需要，加入适当的冠词

affaticarsi *protrarsi* *piacere* *studiare*
ingrassare *combinare* *parere* *stare*

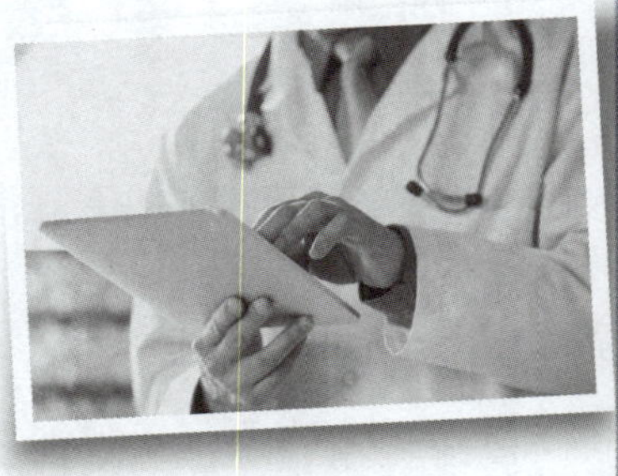

1. A: Piacere, Dott. Rossi.
   B: .... è tutto mio, signora.
2. A: Le condizioni di Suo marito sono dovute ad .... del cuore.
   B: È molto grave?
   A: La situazione va tenuta sotto controllo e gli esami fatti regolarmente.
3. A: Devo mettermi a dieta, sono ingrassata di almeno cinque chili.
   B: Sai, ho letto che .... non dipende tanto da quanto mangi ma da quello che mangi.
   A: E che significa?
   B: Significa .... gli alimenti giusti fra di loro, per esempio niente grassi insieme con gli zuccheri e così via.
   A: Ah, è troppo complicato per me! Preferisco una dieta stretta per una settimana, così dopo posso mettermi di nuovo in bikini!
4. A: Hai avuto una bella idea a venire al parco. Avevo proprio bisogno di cambiare aria!
   B: Eh, sì, ... è importante, ma .... sempre in casa non è sano.
5. (nastro registrato) Grazie per aver chiamato. A causa di un intenso traffico telefonico, tutti i nostri operatori sono impegnati. Ci scusiamo per .... dell'attesa e la preghiamo di rimanere in linea per non perdere la priorità acquisita.
6. A: Conosci un buon avvocato?
   B: Hai bisogno di .... legale?
   A: Sì, vorrei sapere se mi conviene o no fare causa all'assicurazione.

4. Completa con una frase contenente un infinito sostantivato
用一个由不定式名词构成的句子填空

1. .... è molto interessante.
2. .... non dipende da me.
3. .... fa bene alla salute.
4. .... può essere pericoloso.
5. .... dà molta soddisfazione.
6. .... non è così importante.
7. .... piace a tutti.
8. .... non ha molto senso.

41 USO DELL'INFINITO E DEL GERUNDIO DOPO VERBI DI PERCEZIONE
感官动词与不定式和副动词的配合使用

感官动词 (比如 vedere, sentire) 可以和**不定式**或**副动词**配合使用。

下面给出一些常见的感官动词：

vedere
guardare
osservare
notare
sentire
udire
ascoltare
percepire
fiutare

1 与**不定式**配合使用：

感官动词的**主语**与不定式的主语**不一致**。

ESEMPI

Ho visto la ragazza venire a casa di corsa.	(io ho visto; la ragazza viene = *soggetti diversi*)
Abbiamo ascoltato Mario suonare Beethoven.	(noi abbiamo ascoltato; Mario suona = *soggetti diversi*)
Il cane ha percepito il rumore provenire dalla casa.	(il cane ha percepito; il rumore proviene = *soggetti diversi*)

2 与**副动词**配合使用：

感官动词的**主语**与副动词的主语**一致**。

ESEMPI

Ho visto la ragazza venendo a casa di corsa.	(io ho visto; io vengo = *soggetti uguali*)
Abbiamo ascoltato Mario suonando Beethoven.	(noi abbiamo ascoltato; noi suoniamo = *soggetti uguali*)
Il cane ha percepito il rumore provenendo dalla casa.	(il cane ha percepito; il cane proviene = *soggetti uguali*)

FRASI

A: Hai già ascoltato il CD che ti ho prestato? 你听了我借给你的CD了吗？
B: Sì, l'ho ascoltato in macchina tornando a casa. 是的，我回家路上在车里听过了。

A: Ho notato un tipo strano uscire dal tuo portone. 我看见一个奇怪的家伙从你家的大门出去了。
B: Ah, deve essere il figlio del portinaio: è un po' eccentrico, ma è un bravo ragazzo.
啊，一定是看门人的儿子：他是有点儿古怪，但是个不错的小伙子。

A: Hai sentito anche tu quel botto? 你也听到那个撞击声了吗？
B: L'ho sentito venire dal piano di sopra. Speriamo che non sia successo niente di grave.
我听见那个声音是从楼上传出来的，希望没有发生什么严重的事。

NOTA BENE 请注意

- 当主语不一致时，感官动词的后面使用不定式。

ESEMPI

Ascolto la ragazza **suonare**. (io ascolto, lei suona)
Guardo i bambini **giocare**. (io guardo, loro giocano)

ESERCIZI 练习

1. Sostituisci le parti evidenziate con un infinito o un gerundio
用不定式或副动词代替句中特别标示的部分

1. Ho visto la ragazza che entrava nel bar ma non l'ho riconosciuta. ....
2. Ho sentito che dicevano che dal prossimo mese aumenteranno la benzina. ....
3. Non hai notato niente di strano mentre stavi con lui? ....
4. Abbiamo percepito l'odore di gas proprio mentre aprivamo la porta di casa. ....
5. L'ho ascoltata che suonava al saggio della scuola, e non era male. ....
6. Penso che mi abbia osservato mentre mettevo i soldi nella borsa. ....

2. Abbina opportunamente le frasi delle due colonne 将左右两部分的句子正确连接起来

1. L'hai già ascoltato
2. Non mi ha visto
3. Non l'hai notato
4. L'ha sentito
5. Ti guarda sempre
6. Ti sentiamo
7. Ha fiutato qualcosa di strano
8. Ti ha notato

a) sorridendo.
b) entrando?
c) prendere i soldi dalla sua borsa.
d) uscire di casa.
e) cantare tutto il giorno.
f) abbaiare?
g) andando verso la casa.
h) suonare la chitarra?

3. Completa correttamente le frasi con un infinito o un gerundio
用不定式或副动词填空，正确完成句子

1. A: A che ora sei rientrata a casa ieri sera?
   B: A mezzanotte, come ti avevo promesso.
   A: Non dire bugie! Ti ho sentito .... la porta, e ho guardato l'orologio: erano le due!
2. A: Devo fare vedere la macchina dal meccanico.
   B: Perché?
   A: Ho sentito uno strano rumore ....

3. A: Scusi, è già passato l'autobus per l'ospedale?
   B: Penso di no, da quando sono qui non ho visto .... niente.
4. A: Come va la nuova ragazza?
   B: Mah, l'ho osservata un po' .... e mi sembra in gamba.
5. A: Ma che fa il cane?
   B: Deve aver fiutato qualcosa ...., e adesso va a caccia.
6. A: Non hai notato niente di nuovo ....?
   B: No, perché?
   A: Ma come?! Hanno imbiancato tutto l'ufficio!

4. Rispondi con una frase contenente un verbo di percezione e l'infinito o il gerundio
用感官动词后加不定式或副动词的形式回答问题

1. A: Dov'è il bambino?
   B: ....
   ....
2. A: Sapevi che Paolo si è licenziato?
   B: ....
   ....
3. A: È tornata Maria?
   B: ....
   ....
4. A: È vero che domani c'è sciopero dei mezzi?
   B: ....
   ....
5. A: Che odore, lo senti anche tu?
   B: ....
   ....
6. A: Sei sicuro di sapere come si fa?
   B: ....
   ....

Un'astronave?!
宇宙飞船?!

42 USO DI *STARE* CON IL GERUNDIO E L'INFINITO
STARE与副动词和不定式的配合使用

我们用动词 stare 与副动词和不定式配合使用，有两种结构：

STARE	+	GERUNDIO
STARE PER	+	INFINITO

在这两种结构中，我们只对动词 stare 进行变位，**副动词**和**不定式**是不变的。

stare + 副动词

表示在说话同时正在进行的一个动作。

ESEMPI

A: Ciao, ti disturbo?
B: No, no, **sto finendo** di scrivere un'email. (*finisco proprio in questo momento*)

A: Perché ci hai messo tanto ad aprire?
B: Scusa, **stavo facendo** la doccia. (*facevo la doccia proprio in quel momento*)

A: Dove **state andando**?
B: Andiamo a prendere Marco alla stazione. (*dove andate in questo momento*)

A. Dov'è Mario?
B. Non so, **starà facendo** i compiti in camera sua. (*probabilmente in questo momento fa i compiti*)

stare per + 不定式

表示一个**立刻要发生**的动作或一个**几乎要完成**的动作。

ESEMPI

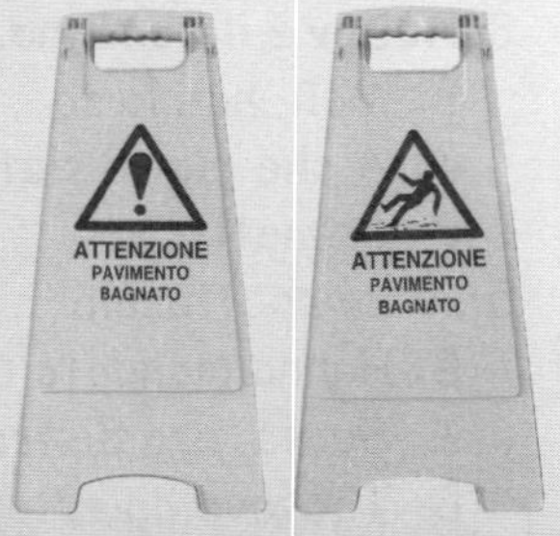

A: Attenzione, il pavimento è bagnato!
B: Mamma mia! **Stavo per scivolare**! (*quasi quasi scivolavo*)

A: Ciao, ti disturbo?
B: Veramente **sto per uscire**. (*esco fra pochissimo tempo*)

A: Pronto, Marta, sono Katia.
B: Ciao, **stavo per chiamarti** io! (*volevo chiamarti fra pochissimo tempo*)

A: Perché non chiami tua sorella?
B: È inutile, ormai **starà per arrivare**. (*probabilmente adesso arriva*)

! NOTA BENE 请注意

- 上述两种结构中的动词 stare 除了按照直陈式进行变位外，还可以按照**条件式**和**虚拟式**进行变位：

ESEMPI

A: Dov'è Maria?
B: Credo che **stia per arrivare**. (*congiuntivo presente*)

In televisione hanno detto che i prezzi **starebbero scendendo**. (*condizionale presente*)
Non avrei mai pensato che Lucio **stesse per lasciare** la moglie. (*congiuntivo imperfetto*)

ESERCIZI 练习

1. Riscrivi le frasi usando la costruzione *stare* + il gerundio o l'infinito. Attenzione al tempo del verbo 用"stare + 副动词或不定式"的结构改写下列句子，注意动词的时态

1. Ieri ho quasi perso il treno. ....
2. Anna ha detto che fra poco arriva. ....
3. Non sapevo che Clara e Silvio avevano deciso di sposarsi presto. ....
4. A: Che fai?
   B: Leggo un libro. ....
5. A: È ancora aperto?
   B: No, signora, chiudiamo proprio adesso. ....
6. A: Che ne dici di andare a prendere un caffè?
   B: Guarda, volevo proprio chiedertelo. ....
7. Maria, esco adesso dall'ufficio, sono a casa fra mezz'ora. ....
8. A: Ma perché siamo ancora fermi?
   B: Non preoccuparti, probabilmente il treno parte fra poco. ....

2. Completa i dialoghi con il verbo *stare* + il gerundio o l'infinito del verbo tra parentesi. Attenzione al tempo del verbo
用"stare + 副动词或不定式"的结构配合括号中所给出的动词完成对话，注意动词的时态

1. A: Scusa, posso parlarti un momento?
   B: Veramente ...., comunque vieni. (uscire)
2. A: Ma cosa ....?
   B: Abbiamo deciso di rinnovare la stanza, imbiancheremo e cambieremo le tende. (fare)
3. A: Dov'è il bambino?
   B: Mah, non lo so, ... da qualche parte. (giocare)
4. A: A che punto siete? Sapete che dobbiamo sbrigarci con questo lavoro!
   B: Calmati, ... (finire)
5. A: Lo spettacolo ...., dove sono gli altri? (cominciare)
   B: Hanno mandato un messaggio che sono in ritardo, entriamo pure senza aspettarli.
6. A: Scusa, ero distratto, che cosa ....? (dire)
   B: Ti avevo chiesto se conoscevi qualcuno che parlasse il giapponese.
7. A: Finalmente! ....! (andarsene)
   B: Scusami, avevo il cellulare scarico e non ho potuto chiamarti.
8. A: Come sta tua nonna?
   B: Adesso meglio, ma ci ha fatto prendere uno spavento! Credevamo che ...., invece era solo indigestione! (morire)

3. Completa a piacere con *stare* + il gerundio o l'infinito di un verbo
用"stare + 动词的副动词或不定式"的结构自由填空，完成句子

1. Adesso non ho tempo, mi dispiace, ...
2. Ti saluto, il treno ....
3. Che cosa ....?
4. Non l'ho voluto disturbare perché ....
5. Ma non avevate detto che ....?
6. Mi sembra che ....
7. ...., ma poi hanno deciso di rinunciare.
8. Diceva che ...., ma non era vero.

4. **Completa la pubblicità con *stare* + il gerundio o l'infinito di un verbo opportuno**
用"stare + 副动词或不定式"的结构配合一个适当的不定式动词填空，完成下面这则广告

REGALI, REGALI, REGALI!

I vostri desideri (1) .... ! L'estate (2) .... e mancano solo poche settimane per completare la raccolta *Grandi Regali*. Potrete ricevere accessori per la casa e premi prestigiosi raccogliendo 1 bollino per ogni 10 euro di spesa e senza pagare alcun contributo! Venite a vedere le sorprese che vi (3) .... per rinnovare la vostra casa senza spese aggiuntive! Ma attenzione, le offerte (4) .... : avete tempo solo fino al 31 luglio. Che cosa (5) .... ? Affrettatevi! Con i *Grandi Regali* (6) .... i vostri sogni più belli.

43 FRASI TEMPORALI CON L'INFINITO
用不定式表示的时间从句

在表示时间的句型中，不定式需要与以下前置词配合使用：

prima (di)
dopo

prima (di) + 不定式

表示发生在一个动作之前或之后的动作。

ESEMPI

Prima di tornare a casa passerò da Mario. (*prima passo da Mario e poi torno a casa*)
Prima di uscire, ho fatto una telefonata urgente. (*prima ho fatto la telefonata e poi sono uscito*)
Non uscire **prima di aver finito** i compiti! (*prima finisci i compiti e poi puoi uscire*)

可以看出，"prima di + 不定式"这样的结构适用于所有时态。

FRASI

A: Cos'hai fatto **prima di venire** a lavorare qui? 在你来这儿工作之前是做什么的？
B: Sono stato tre anni nell'ufficio marketing di una multinazionale. 我在一家跨国公司的营销部工作了三年。

A: Allora, ti va bene se fissiamo la riunione per il 15? 那么我们把会议定在15号，你看可以吗？
B: Sì, però non confermare niente **prima di aver parlato** con Giorgio.
可以，但是在你和乔尔乔谈话之前不要做任何决定。

Non dimenticate mai di spegnere la luce **prima di uscire**. 你们出门前千万别忘了关灯。

dopo + 不定式过去时

表示发生在一个动作之前的动作。

ESEMPI

Dopo essere tornato a casa, telefonerò a Mario. (*prima torno e poi telefono*)
Dopo aver detto la sua, mi ha finalmente ascoltato. (*prima ha detto e poi ha ascoltato*)
Dopo essere uscito, è andato subito alla stazione. (*prima è uscito e poi è andato alla stazione*)

这种结构也适用于所有时态。

FRASI

A: Dove sono le ragazze? 女孩子们在哪儿?
B: Sono uscite subito dopo aver mangiato. 她们吃完饭就立刻出去了。
A: Che fine ha fatto quel tuo vecchio compagno di scuola?
你的那位老校友最后怎么样了?
B: Dopo essersi trasferito negli Stati Uniti, ha fatto una bella carriera.
移居美国之后，他干出了一番事业。
A: Che cosa hai fatto dopo aver lasciato la festa? 你离开聚会后又做了什么?
B: Sono andato subito a casa, morivo di sonno. 当时我困得要死，立刻回家了。

NOTA BENE 请注意

- 只有在前后两句话的**主语一致**的情况下才可以使用“**prima di** 或 **dopo** + 不定式”这样的结构。

ESEMPI

Sara ha parlato con Giorgio dopo avermi telefonato. (Sara ha parlato; Sara mi ha telefonato = *soggetti uguali*)
Ho visto Anna prima di entrare nel negozio. (io ho visto; io sono entrata = *soggetti uguali*)

- 如果两句话的**主语不一致**，我们就要使用“**prima che** 或 **dopo che** + **直陈式或虚拟式**”这样的结构。

ESEMPI

Sara ha parlato con Giorgio dopo che le avevo telefonato. (Sara ha parlato; io ho telefonato = *soggetti diversi*)
Ho visto Anna prima che entrasse nel negozio. (io ho visto; Anna è entrata = *soggetti diversi*)

ESERCIZI 练习

1. Riscrivi le frasi usando *prima di/dopo + infinito*
用“prima di 或 dopo + 不定式”的结构重新改写句子

1. Ho finito di mangiare e sono uscito. ....
2. Mi ha salutato ed è andata a prendere l'autobus. ....
3. Ha fatto una telefonata ed è andata a pranzo. ....
4. Ci siamo cambiati e siamo andati in palestra. ....
5. Ha letto la lettera e ha deciso di telefonarti. ....
6. Ti sei messa d'accordo con lui e poi sei venuta a parlarmi. ....
7. Hanno aspettato più di un'ora e se ne sono andati. ....
8. Ha controllato, quindi ti ha mandato il fax. ....

2. Racconta la storia in ordine cronologico usando *prima di/dopo + infinito*
按照时间顺序，用“prima di 或 dopo + 不定式”的结构讲故事

14 settembre mercoledì

h 9.00	Mi fermo all'edicola a comprare il giornale
h 9.10	Entro in ufficio
h 10.45	Mi chiama il capo
h 11.00	Partecipo alla riunione
h 13.00	Vado a pranzo
h 14.30	Incontro con il capo
h 17.30	Prenotazione volo per Londra
h 19.00	Esco dall'ufficio
h 23.00	TV, letto

Ieri ....
....
....
....
....
....
....
....
....
....

3. Trova gli errori (3) nell'uso di *prima* e *dopo* con il verbo
找出 prima 和 dopo 与动词连用的3处错误

1. A: Sei riuscito a parlare con Anna? ....
   B: Sì, l'ho vista prima di uscire con le sue amiche. ....
2. A: Ricordati che devi passare in agenzia a ritirare i biglietti prima di tornare a casa. ....
   B: Va bene, non preoccuparti. ....
3. A: Quando vi siete conosciuti tu e Silvia? ....
   B: Nel 2000, dopo che ha sposato un mio amico. ....
4. A: Però, parli bene il tedesco! ....
   B: Ma va! Prima che andassi in Germania a lavorare non sapevo una parola. Adesso, ... dopo che ho abitato lì due anni, riesco a farmi capire, ma faccio ancora un sacco di errori.

4. Leggi il dialogo e riscrivi le istruzioni usando *prima* e *dopo* con il verbo giusto
阅读对话，用 prima 和 dopo 与正确动词连用的方式改写下列"使用说明"

A: Che bella maglietta! È nuova?
B: Questa qui? Ma va, è vecchissima, le ho solo cambiato colore.
A: Come sarebbe?
B: L'ho tinta. È facilissimo, puoi farlo in lavatrice.
A: Come si fa?
B: Devi comprare un prodotto apposta, ma lo trovi dappertutto, anche al supermercato. Scegli il colore che vuoi, e poi lo metti in lavatrice con il capo che vuoi tingere e un chilo di sale.
A: Tutto qui?
B: Sì, però devi stare attenta: ti conviene pesare prima il capo, perché il colore finale dipende dal peso: più è pesante, più chiaro è il colore.
A Sembra facile.
B Sì. Ah, mi dimenticavo una cosa importante: devi sempre controllare prima se quello che vuoi tingere contiene fibre sintetiche, perché il colorante tinge solo il 20% di fibra sintetica.
A Ma quando ho messo tutto in lavatrice, che devo fare?
B Fai un lavaggio senza detersivo a 60 gradi. Poi, quando è finito, ne fai un altro, sempre a 60 gradi, con un po' di detersivo. Alla fine fai asciugare all'ombra.
A: Va bene, penso che lo proverò.
B: Vedrai, è divertente!

....
....
....

44 FRASI SUBORDINATE CON IL GERUNDIO
副动词与各种从句的配合使用

副动词现在时或过去时可以代替下列从句：
- 条件从句
- 原因从句
- 时间从句
- 让步从句

1 条件从句（Condizionali）

副动词现在时可以代替以下结构：se + 直陈式或虚拟式

ESEMPI

Avendo tempo, potremmo visitare anche il museo. *(se abbiamo/se avessimo)*
Volendo, saresti potuto venire con noi. *(se volevi/se avessi voluto)*
Onestamente **parlando**, non mi sembra una buona idea. *(se devo parlare)*

2 原因从句（Causali）

副动词现在时或过去时可以代替以下结构：perché (poiché) + 直陈式

ESEMPI

Visitando la Galleria degli Uffizi, ho imparato molto. *(poiché ho visitato)*
Essendo tornati tardi a casa, siamo andati subito a dormire. *(poiché eravamo tornati)*
Il professore **correggendo** i compiti, ha trovato molti errori (*). *(poiché correggeva)*

3 时间从句（Temporali）

副动词现在时可以代替以下结构：mentre + 直陈式

ESEMPI

Giocando, il bambino è caduto. *(mentre giocava)*
Guidando, parlava al telefonino. *(mentre guidava)*
Il professore **correggendo** i compiti, ha trovato molti errori (*). *(mentre correggeva)*

(*) 这一例句既有原因从句的意思，也有时间从句的意思。

4 让步从句（Concessive）

pur (pure) + gerundio presente o passato (副动词现在时或过去时)
anche + gerundio presente (副动词现在时)
可以代替以下结构：
anche se + 直陈式; benché (nonostante) + 虚拟式

ESEMPI

Anche volendo, non ti posso proprio aiutare. *(anche se voglio)*
Pur avendo visto tutto, non aveva voluto parlare. *(benché avesse visto)*
Pur conoscendola da molti anni, non sapevamo molto di lei. *(nonostante la conoscessimo)*

FRASI

A: Allora domani non vieni alla riunione? 那你明天不来开会吗？
B: Pur volendo, non avrei potuto: devo andare a Roma. 尽管我很想来，但是我来不了，我要去罗马。

A: Il lavoro dovrebbe essere pronto per la prossima settimana. 下周的工作应该准备好。
B: Guardi, pur mettendocela tutta, non potremmo fare prima di due settimane.
您看，尽管我们竭尽全力，也无法在两周之内完成。

A: Non insistere, non vengo, non ho voglia di vedere nessuno.
你别坚持了，我不来，我不想见任何人。
B: Ascolta, anche ammettendo che stai male, non risolvi niente chiudendoti in casa.
听着，就算你不舒服，把自己关在家中也解决不了任何问题。

ESERCIZI 练习

1. Identifica il valore delle frasi con il gerundio: metti una crocetta nella colonna giusta
下面句中使用的副动词分别表达什么含义？将其用法正确分类

	Condizionale	*Causale*	*Temporale*	*Concessiva*
1. Pur volendo, non ha potuto fare niente per me.	☐	☐	☐	☐
2. Avendo mangiato troppo, si è sentito male ed è stato ricoverato.	☐	☐	☐	☐
3. Avendo aspettato due ore inutilmente, siamo tornati a casa.	☐	☐	☐	☐
4. Tornando a casa, mi sono fermato a prendere il pane.	☐	☐	☐	☐
5. Smettendo di fumare ti passerebbe questa brutta tosse.	☐	☐	☐	☐
6. Anche partendo subito, non potremmo mai arrivare in tempo.	☐	☐	☐	☐
7. Essendosi rotta la bicicletta, ho dovuto prendere l'autobus.	☐	☐	☐	☐
8. Parlando con te, mi sono ricordato che dovevo telefonare a Gino.	☐	☐	☐	☐

2. Riscrivi le frasi usando il gerundio al posto del verbo usato e viceversa
用副动词代替一般动词或用一般动词代替副动词改写句子

1. Anche se glielo chiedessi in ginocchio, mi direbbe di no.
....
2. Facendo un po' di sport ti sentiresti meglio.
....
3. A: Come si spegne?
B: Girando quella manopola a sinistra.
....
4. Dopo aver messo tutto in ordine, ho spento la luce e sono uscita.
....
5. Non ti ho telefonato perché sapevo che non eri libera questo sabato.
....
6. Benché fosse molto in gamba, non riusciva a trovare lavoro.
....
7. Essendosi accorto che aveva sbagliato il giorno dell'appuntamento, se n'è andato.
....
8. Mentre arrivavamo a casa, abbiamo visto una macchina sconosciuta parcheggiata sul vialetto.
....

Ti prego ...
我请求你……

3. Rispondi a piacere con una frase contenente un gerundio 用含有副动词的句子自由回答问题

1. A: Perché te ne sei andato via così?
   B: ....
2. A: Cosa avete fatto poi sabato sera?
   B: ....
3. A: Quando l'avete saputo?
   B: ....
4. A: Come l'avete trovato?
   B: ....
5. A: Perché non l'hai aiutato?
   B: ....
6. A: Perché non l'hanno assunto?
   B: ....
7. A: Quando l'hai visto?
   B: ....
8. A: Come mai non vi parlate?
   B: ....

4. Sostituisci il gerundio nel testo dove è possibile
在短文中适当的地方用副动词替换一般表达方式

UN WEEK-END FRA I GHIACCI

Avreste mai pensato di venire a Genova per scoprire le meraviglie dell'Antartide? Eppure è vero: anche se nel Porto Antico della città siete circondati da colori e atmosfere mediterranei, appena entrate nel Museo Nazionale dell'Antartide trovate ghiacciai, catene di montagne innevate, fiordi e iceberg dalle forme bizzarre, tutto con splendide foto e filmati che vi trasportano in un'altra dimensione. Ma non finisce qui: volete provare un vero "brivido freddo"? Se scegliete di fare il viaggio virtuale sotto la superficie ghiacciata del mare, vedrete le immagini più sorprendenti del "continente bianco", mentre ascoltate in sottofondo i richiami delle balene e i rumori di assestamento e frattura del ghiaccio. Un week-end ideale per chi, con l'arrivo del grande caldo estivo, sente crescere la voglia di fresco e non vuole limitarsi al classico tuffo in piscina.

45 FRASI SUBORDINATE CON IL PARTICIPIO
分词与各种从句的配合使用

过去分词可以代替下列从句：

- 原因从句
- 时间从句

1 原因从句 (Causali)

过去分词加上名词可以**代替**以下结构：
poiché/perché + 直陈式
siccome/dato che + 直陈式

ESEMPI

Data la situazione, non ti posso proprio aiutare.	*(siccome questa è la situazione)*
Capiti i fatti, ha deciso di parlare.	*(poiché aveva capito i fatti)*
Rimasto solo, aveva deciso di vendere la casa.	*(dato che era rimasto solo)*

时间从句（Temporali）

过去分词加上名词可以代替以下结构：
quando + 直陈式
dopo che + 直陈式

ESEMPI

Dette queste parole, se n'è andato di corsa. (*dopo che ha detto queste parole*)
Arrivati i clienti, li hanno fatti accomodare in sala riunioni. (*dopo che sono arrivati i clienti*)
Vista la situazione, è rimasta a casa. (*quando ha visto la situazione*)

● 可以看出，在时间从句和原因从句中，分词要与名词进行性、数配合。

FRASI

A: Come sta Laura? 劳拉怎么样了？
B: Beh, considerata la sua situazione, sta abbastanza bene.
嗯，要是考虑到她的处境，这样应该算是相当好了。
A: Mi dispiace che tu non possa venire in vacanza con noi.
我很遗憾你不能和我们一起去度假了。
B: Beh, visto il costo del viaggio, non avrei mai potuto permettermelo.
嗯，鉴于旅行的花费，我真的是没法承担。
A: Ah, questi ragazzini! Non stanno mai fermi! 唉，这些小孩子们，一刻也不能安静！
B: Beh, data la loro età, mi sembrano abbastanza ben educati.
嗯，要是考虑到他们的年龄，我觉得他们还是挺有教养的。

NOTA BENE 请注意

○ 时间从句和与原因从句中的分词可以与副动词相互替换。

ESEMPI

Fatti i conti, penso di non poter venire. → **Avendo fatto i conti**, penso di non poter venire.
Finita la festa, siamo tornati a casa in taxi. → **Essendo finita la festa**, siamo tornati a casa in taxi.

ESERCIZI 练习

1. Identifica il valore delle frasi con il participio: metti una crocetta nella colonna giusta
下面句中使用的分词表达的是什么含义？将其用法正确分类

	Causale	Temporale
1. Fatti i conti, l'aereo per 4 persone ci costa come il treno.	☐	☐
2. Vista la mancanza di soldi, non ha potuto dare l'anticipo per la casa.	☐	☐
3. Finito il lavoro, è uscito dall'ufficio.	☐	☐
4. Data l'età di mio nonno, i medici hanno preferito non operarlo.	☐	☐
5. Cominciato a giocare, si è appassionato.	☐	☐
6. Tornata dall'Inghilterra, Anna ha subito cominciato a cercare lavoro.	☐	☐
7. Perso l'indirizzo, non ho potuto spedirti subito la lettera.	☐	☐
8. Il prezzo non è eccessivo, considerato quanto è grande la casa.	☐	☐

2. Riscrivi le frasi usando il participio al posto del verbo usato e viceversa
用分词代替一般动词或用一般动词代替分词改写句子

1. Dopo che la riunione era terminata, ci siamo ritrovati tutti al bar.
....

2. Fatto una volta, andare in aereo non ti fa più tanta paura.
....
3. Tutti seduti, abbiamo dato inizio alla discussione.
....
4. Una volta che abbiamo considerato tutti i costi, abbiamo deciso di non investire in quel progetto.
....
5. Distrutta la macchina in un incidente, ho dovuto farmi dare un passaggio al lavoro per tre mesi.
....
6. Dal momento che avevamo perso la coincidenza, abbiamo aspettato più di tre ore a Bologna.
....
7. Tritato l'aglio e il prezzemolo, aggiungete gli altri ingredienti.
....
8. Quando avete tolto la vernice vecchia, potete dare la prima mano.
....

3. Rispondi a piacere con una frase contenente un participio 用含有分词的句子自由回答问题

1. A: Com'è finita la serata?
   B: ....
2. A: Perché alla fine non hai cambiato la macchina?
   B: ....
3. A: Non vedo Sonia da tanto tempo, come se la passa?
   B: ....
4. A: Che notizie hai di Sergio, che fa adesso?
   B: ....
5. A: Quando sarete pronti?
   B: ....
6. A: Che cosa avete deciso di fare?
   B: ....
7. A: Perché non ti lasciano andare in vacanza da solo?
   B: ....
8. A: È così vecchio, quel tavolo, perché non lo butti?
   B: ....

4. Sostituisci il participio nel testo dove è possibile
在下面短文中适当的地方用分词替换一般表达方式

A: Hai trovato il film per stasera?

B: Sto dando un'occhiata alle recensioni. Che ne pensi di questo: un ritratto generazionale di musica, sbandamenti ed equilibrio. La storia di una musicista canadese di origine asiatica che, dopo aver vissuto esperienze estreme e trasgressive con il suo compagno compositore rock, si ritrova da sola: il suo compagno muore tragicamente e lei, dopo essere stata arrestata, perde le tracce del suo bambino. Una volta che è stata rimessa in libertà, decide di andare in Francia e lì, dopo aver accettato l'aiuto di una vecchia amica, impresario musicale di Parigi, cerca di mutare la sua vita e di ritrovare il figlio. Quando si arriva alla fine del film, risulta chiaro il messaggio del regista: «Le persone cambiano e non si sa mai quanto è la vita a mutarle o quanto sono loro ad avere diverse esigenze».

A: Mi sembra un po' pesante, non c'è qualcosa di più divertente?

B: Sì, le solite commedie, ma dopo che ne hai vista una, le hai viste tutte.

A: Hai ragione, e va bene, vada per questo. Alla peggio, quando è finito il film, mi porti a bere qualcosa, d'accordo?

46 ESPRESSIONI IDIOMATICHE CON INFINITO, PARTICIPIO E GERUNDIO
不定式、分词、副动词与惯用表达方式的配合使用

不确定形式（不定式、副动词、分词）可以用在很多惯用的表达方式中。
例如：

Espressioni con l'infinito **不定式与惯用表达方式**	**Espressioni con il gerundio** **副动词与惯用表达方式**	**Espressioni con il participio** **分词与惯用表达方式**
a dire la verità a sentire lui (*te, loro ecc.*) a pensarci bene a prescindere da + *nome* a partire da per dirla tutta a furia di + *verbo*	onestamente parlando tenendo conto di ridendo e scherzando *nome* + permettendo	tutto sommato visto e considerato che detto fra noi detto, fatto

ESEMPI

Per dirla tutta (**a dire la verità/onestamente parlando**), quella ragazza non mi piace. (*se devo parlare sinceramente ...*)
A prescindere da tutto, non voglio spendere tanto per una vacanza. (*senza considerare le altre cose ...*)
Visto e considerato che arrivi sempre in ritardo (*dopo aver visto e notato che ...*)
e **tenendo conto** del fatto che non fai mai straordinari, (*se prendiamo in considerazione ...*)
non posso darti un aumento quest'anno.
Ridendo e scherzando, si è fatta mezzanotte: devo andare. (*senza accorgersi che il tempo passa ...*)
A furia di *provarci*, finalmente ha passato l'esame. (*dopo aver provato tante volte ...*)
Tempo **permettendo**, faremo il ricevimento in giardino. (*se il tempo lo permetterà, se sarà possibile ...*)

FRASI

A: Allora, ci vediamo domani verso le 17? 我们明天下午 5 点见面怎么样？
B: **A pensarci bene**, domani non credo di farcela: ti dispiace se rimandiamo a mercoledì?
我经过再三考虑，我认为明天不行。你介意我们推迟到星期三吗？
A: Figurati! **Tutto sommato**, è meglio anche per me. 瞧你说的！总的看来，对我也更合适。

A partire dal 15 del mese, sarà possibile pagare anche via Internet. 从这个月的 15 号开始将可以网上支付。

A: **A sentire lui**, è tutto facile. 听他这么说，一切都变得简单了。
B: Certo, lui parla così perché ha un sacco di soldi, ma per noi è molto diverso.
当然了，他这么说，因为他是个大款，但对我们来说就不一样了。

A: **Detto fra noi**, non ti sembra che ci sia qualcosa tra Marina e il suo collega?
我们私下说啊，你不觉得玛丽娜和他那个男同事之间有什么事吗？
B: Ma va! Sono solo amici! 什么呀，他们只是朋友而已！

A: Hai già finito tutto? 你都做完了？
B: Certo! **Detto, fatto**. 当然，说到做到。

A: Sai, finalmente mio marito si è convinto: compriamo la casa.
你知道吗？我终于说服了我丈夫，我们要买房子了。
B: Congratulazioni! Come hai fatto? 恭喜！你是怎么做到的？
A: **A furia di insistere**, l'ho persuaso a venire con me e quando l'ha vista se n'è innamorato anche lui.
我再三坚持，说服他陪我一起去看房子，当他一看到房子，也就喜欢上了。

ESERCIZI 练习

1. Abbina le frasi 连接句子

1. Tutto sommato,
2. Ridendo e scherzando,
3. A pensarci bene,
4. Onestamente parlando,
5. Per dirla tutta,
6. Detto fra noi,
7. A prescindere da questo,
8. Tenendo conto di questo,

a) abbiamo fatto le tre di notte.
b) non sono convinta che sia la persona giusta.
c) non è andata così male.
d) ha fatto una brutta figura.
e) rimane un prezzo troppo alto.
f) possiamo farle uno sconto ulteriore.
g) potremmo anche partire lunedì.
h) hai esagerato.

2. Sostituisci dov'è possibile un'espressione idiomatica con l'infinito, il participio o il gerundio 用不定式、分词、副动词替换句中出现的惯用表达方式

1. Se il lavoro lo permetterà, arriverò puntuale per la cena.
2. Siccome sappiamo che non mi aiuti mai, oggi paghi tu il ristorante.
3. Se devo dire la verità, non sto male qui.
4. Se dobbiamo ascoltare i medici, dovremmo rinunciare a molti piaceri della vita.
5. Se devo parlare in confidenza, tua cugina non mi è mai piaciuta.
6. Continuando sempre a litigare fra di voi, perderete questa opportunità.
7. Dal 20 settembre in poi sarà possibile prenotare con queste tariffe speciali.
8. Senza considerare altre cose, non c'è abbastanza tempo per finire tutto entro la settimana.

3. Completa le frasi con un'espressione idiomatica con l'infinito, il participio o il gerundio 用不定式、分词、副动词构成的惯用表达方式填空，完成句子

1. ...., siamo tutti incapaci.
2. ...., quest'albergo non mi sembra un granché.
3. ...., tua sorella non si è comportata bene con lui.
4. ...., sarebbe più facile se non ci fossero tante persone.
5. ...., non ci hanno ancora pagato la fattura.
6. ...., non hai speso molto.
7. ...., gli orari delle lezioni cambieranno.
8. Vuoi che me ne vada subito? ....

4. Completa i brevi dialoghi con la battuta mancante 填写下列短对话中空缺的内容

1. A: ....
   B: Eh, a furia di provarci ci è riuscito!
2. A: ....
   B: A prescindere dai soldi, mi sembra che non valga la pena.
3. A: ....
   B: A sentire loro, è tutto facile.
4. A: ....
   B: Onestamente parlando, mi sembra uno sbaglio.
5. A: ....
   B: Sì, figli permettendo.
6. A: ....
   B: Tutto sommato, è meglio così.
7. A: ....
   B: A pensarci bene, no.
8. A: ....
   B: Tenendo conto della sua età, va bene.

47 *ESSERE* USATO NELLA FORMA PASSIVA ESSERE在被动语态中的使用

及物动词 (**verbi transitivi**) (后面可以带**宾语** (**oggetto**) 的动词) 可以有**被动语态** (**forma passiva**)。
与主动语态 (forma attiva) 不同，**被动语态**中动词的主语**不是发出这个动作的人** (或物)。

l'agenzia	**vendere**	la casa
完成动作者	及物动词	宾语

FORMA ATTIVA

L'agenzia	**ha venduto**	la casa.
完成动作的主语	动词	宾语

FORMA PASSIVA

La casa	**è stata venduta**	dall'agenzia.
主语	动词	施动补语

被动语态的结构如下：

主语 + 动词 essere + 动词的过去分词 + da (人或物)

ESEMPI

	转化为被动语态
Luisa *compra* **le mele**.	**Le mele** *sono comprate* ***da Luisa***.
Chi *ha portato* fuori **i cani**?	***Da chi*** *sono stati portati* fuori **i cani**?
Il facchino *porterà* **i bagagli** in camera.	**I bagagli** *saranno portati* in camera ***dal facchino***.
(***Loro***) Dove *hanno visto* **la ragazza**?	Dove *è stata vista* **la ragazza** (***da loro***)?

- 动词 essere 是构成被动语态的助动词，因此动词的过去分词要与主语进行性、数配合。动词 essere **可以有各种语式和时态的变位**，但是被动语态中最常用的是过去时态，而不是现在时态。

FRASI

A: Che bel maglione! 好漂亮的毛衣啊！
B: Ti piace? Mi è stato regalato dalla madre del mio fidanzato. 你喜欢吗？是我未婚夫的母亲送给我的。

A: Allora, è vero che dovete cambiare casa? 难道你们真要搬家吗？
B: Purtroppo sì. L'appartamento sarà venduto ed entro giugno dovremo trovare un'altra sistemazione.
很遗憾，是的。现在的房子将被卖掉，6 月底前要找到新的住处。

A: Hai visto Sara? Ho bisogno di una traduzione. 你看见萨拉了吗？我需要翻译个东西。
B: Deve essere stata chiamata dal direttore, è fuori ufficio da un po'. 她应该被经理叫去了，刚刚离开办公室。

A: Allora, da che cosa è stato provocato l'incendio? 火灾是由什么引起的？
B: Non si sa ancora di sicuro, ma sembra che sia stata lasciata una sigaretta accesa.
现在还不能确定，但好像是一支燃着的香烟被丢在了现场。

(annuncio al supermercato 超市广播)
Un responsabile del reparto casalinghi è desiderato al banco informazioni.
请日用品部的一位负责人到咨询台来。

ESERCIZI 练习

1. Indica con una crocetta i verbi che possono avere la forma passiva
指出下列动词是否有被动语态

	Forma passiva SÌ	Forma passiva NO
1. entrare	☐	☐
2. trovare	☐	☐
3. sapere	☐	☐
4. partire	☐	☐
5. sperare	☐	☐
6. vedere	☐	☐
7. rimanere	☐	☐
8. stare	☐	☐
9. avere	☐	☐
10. essere	☐	☐
11. telefonare	☐	☐
12. dare	☐	☐
13. dire	☐	☐
14. andare	☐	☐
15. venire	☐	☐

2. Trasforma le frasi dalla forma attiva alla forma passiva
将下列主动语态的句子改为被动语态

1. Chi ha rotto il vaso? ....
2. Tutti conoscono quello stilista. ....
3. Chi ti ha dato quella notizia? ....
4. Quante persone hanno già pagato il conto? ....
5. Credo che l'abbiano già preso. ....
6. Dove hanno trovato queste lettere? ....
7. A chi avranno venduto quella casa? ....
8. Paolo, qualcuno ti desidera alla cassa. ....

3. Completa i dialoghi con il verbo fra parentesi alla forma passiva
用括号内动词的被动语态完成对话

1. A: Qui c'era uno scatolone vuoto. Dov'è finito?
   B: Probabilmente .... ieri da quelli delle pulizie. (buttare)
2. A: Questa è una ricetta tipica vostra?
   B: Sì, ... con un pesce di lago che .... dalle nostre parti. (fare/pescare)
3. A: Il nostro museo .... ogni mese da circa 500 turisti.
   B: Complimenti! Mi sembra un buon risultato.
   A: Sì, però vorremmo .... di più all'estero. (visitare/conoscere)
4. A: Dove avete trovato i soldi per il progetto?
   B: .... dalla *Banca Popolare*. (finanziare)
5. A: Hai visto quanta gente? Hanno fatto le cose in grande!
   B: Eh, già. Francamente, non pensavo che .... tutti i parenti. (invitare)
6. A: Ma il tuo vero nome è Angela?!
   B: Sì, ... Angela per via di mia nonna, ma .... Anita da tutti fin da quando ero piccola. (battezzare/chiamare)

4. **Sostituisci nel testo la forma passiva alla forma attiva, dove è possibile**
在下面文章中适当的地方把主动语态改为被动语态

Gentile cliente,
la nostra compagnia di assicurazioni è lieta di presentarLe un prodotto assolutamente innovativo: *Oggisalute*. In questa polizza rivoluzionaria abbiamo incluso un servizio di assistenza medica di base che Lei potrà integrare con un'ampia offerta di prestazioni aggiuntive. Inoltre, abbiamo pensato la polizza *Oggisalute* in modo tale che ogni cliente possa adattarla alle proprie esigenze. Oltre al pacchetto base di assistenza, infatti, chi si affida alla nostra polizza sceglie autonomamente il tipo di copertura assicurativa secondo le proprie necessità. Per questo motivo, la polizza è anche molto economica: Lei potrà trovare la combinazione più adatta di servizi e coperture e potrà acquistare ad un prezzo conveniente solo le garanzie di cui ha realmente bisogno.

48 *ANDARE* E *VENIRE* USATI NELLA FORMA PASSIVA
ANDARE和VENIRE在被动语态中的使用

被动语态也可以有其他助动词，如 **andare** 和 **venire**。

andare

- 用在被动语态中，表示“**deve essere**”的意思。

ESEMPI

Questa lettera **va** *spedita* per raccomandata.	(*significa*: deve essere spedita)
Le domande per l'ammissione al concorso **andranno** *consegnate* entro e non oltre il 15 marzo.	(*significa*: dovranno essere consegnate)
È troppo tardi, signora: *la richiesta* di rimborso **andava** *fatta* ieri.	(*significa*: doveva essere fatta)

- 助动词 andare **只用于简单时态中**。

Il pacco **è stato consegnato** alle 12:30. (我们**不能说**：il pacco è andato consegnato)

- 由于 andare 在被动语态中表示“必须”的意思，因此是官方和法律文件、公共标识和使用说明中的典型用语。

venire

- 在被动语态中，venire 可以**代替 essere** 在简单时态中做助动词，意思与 essere 一样。

ESEMPI

La macchina **viene lavata** una volta alla settimana.	(*è lavata*)
I biglietti **verranno consegnati** direttamente a casa.	(*saranno consegnati*)
La produzione **veniva fatta** nello stabilimento di Mantova.	(*era fatta*)

- 在现在时的句子中，以 venire 做助动词的被动语态比以 essere 做助动词的更为常用，尤其是在书面交流或“官方”语言中。

FRASI

A: Ho la bambina con l'influenza, che cosa posso darle? 我孩子患流感了，我该给她服什么药？
B: Quanti anni ha? 她多大了？
A: 12. 12 岁。
B: Allora provi *questo*, ma si ricordi che non **va** assolutamente *usato* per bambini sotto i 12 anni.
那您试试这个，但记得千万不要给未满 12 岁的小孩使用。

A: Vedo che state ristrutturando tutta la casa. 我看见你们正在重修房子。
B: Sì, guarda: *queste pareti* **vengono** *buttate* giù, questo diventerà un locale unico, e poi anche *i bagni* **verranno** *rifatti* completamente. 是啊，你看：这些墙面要全部敲掉，这儿将变成一个独立的房间，然后洗手间也要全部重修。

A: Ti aiuto a cucinare? 我帮你做饭？
B: Grazie, ma ricordati che *il fuoco* **va** *tenuto* sempre basso, altrimenti si brucia.
谢谢，记得把火开小点儿，否则会烧到自己。

A: Cosa devo fare per rinnovare il passaporto? 我怎样才能更新我的护照？
B: Allora, **vanno** *fatti questi versamenti* in posta che poi **vanno** *allegati* alla domanda insieme con due fototessera e una fotocopia della carta d'identità.
先要去邮局汇款，然后提交申请，申请后面要附带两张证件照和一张身份证的复印件。
A: Quanto tempo devo aspettare per avere il nuovo *passaporto*? 新的护照我要等多久才能拿到？
B: Mah. Generalmente **viene** *rilasciato* dopo 2, 3 settimane. 嗯，通常要两三周的时间才能下发。

ESERCIZI 练习

1. Riscrivi le frasi usando opportunamente *andare* o *venire* per la forma passiva
正确使用 andare 或 venire 构成的被动语态改写句子

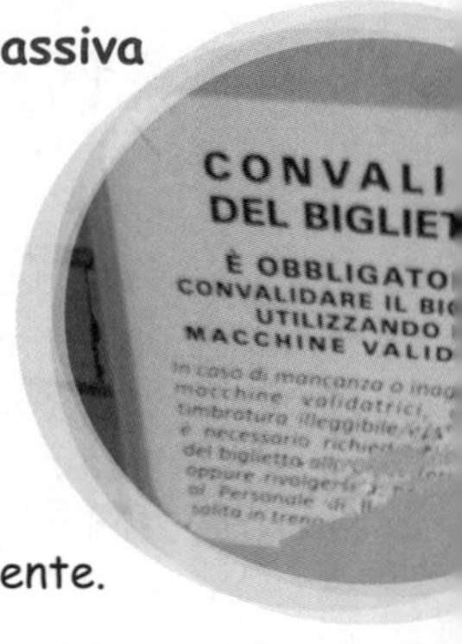

1. Signora, il biglietto doveva essere timbrato prima di salire sul treno!
2. Oggi l'ufficio sarà chiuso con un'ora d'anticipo per assemblea sindacale.
3. Quando mia nonna era giovane, il pane e la pasta erano ancora fatti in casa.
4. Tutti i nostri prodotti sono garantiti due anni.
5. Questa situazione deve essere risolta al più presto.
6. Tutte le domande devono essere inviate alla nostra sede centrale.
7. Fate attenzione: questi fili non devono essere mai toccati, altrimenti salta la corrente.
8. I prodotti sono controllati in tutte le fasi della lavorazione.

2. Completa i brevi dialoghi opportunamente con *andare* o *venire* per la forma passiva e il verbo fra parentesi 正确使用 andare 或 venire 与括号内的动词构成的被动语态，完成下面的小对话

1. A: Allora, hai fatto tutto?
   B: Ho prenotato il volo, però mi hanno detto che il biglietto .... entro dopodomani, altrimenti perdiamo la prenotazione. (pagare)
2. A: Quanto tempo abbiamo per la prova?
   B: I compiti .... dopo massimo tre ore a partire da adesso. (consegnare)
3. A: Qual è la differenza fra olio d'oliva e olio extravergine d'oliva?
   B: L'olio extravergine .... dalla prima spremitura delle olive. (ricavare)
4. A: Questo esercizio è molto efficace per gli addominali.
   B: Quante volte dobbiamo farlo?
   A: .... almeno 6 volte e non dimenticate gli esercizi di respirazione. (ripetere)
5. A: Ma come, l'ascensore è di nuovo guasto?
   B: Già. .... quasi ogni mese, e non funziona mai. (riparare)
6. A: Allora, ecco le raccomandate. .... immediatamente.
   B: Benissimo, vado subito in posta. (spedire)
7. A: Che bel giardino! Chissà quanto lavoro per mantenerlo così!
   B: Eh, sì. .... ogni giorno da tre giardinieri. (curare)

3. Trova gli errori (4) nell'uso di *andare* e *venire* per la forma passiva
找出在使用 andare 或 venire 构成的被动语态中出现的 4 处错误

1. Questa è una ricetta tipica della nostra regione: la pasta va ancora fatta in casa con la farina di grano saraceno.
2. È un legno molto delicato, viene pulito solo con un panno umido e non vengono usati mai detersivi, altrimenti si rovina.
3. Per mantenere i denti sani, va fatta la pulizia quotidiana e almeno una visita all'anno dal dentista.
4. Lascia pure qui quei libri, tanto verranno portati in cantina domani insieme con le altre cose.
5. Domenico non mi è molto simpatico, però va detto che è un gran lavoratore.
6. Le pareti di questa casa sono così sottili che ogni parola che diciamo va ascoltata tranquillamente.

4. Sostituisci nel testo, dov'è possibile, la forma attiva con la forma passiva con *andare* o *venire* 在短文中适当的地方用 andare 或 venire 构成的被动语态替换主动语态

Si avvicina l'estate: è tempo di vacanze e soprattutto di mare. Non fatevi cogliere impreparati! Se volete ottenere uno splendido corpo da spiaggia, dovete seguire i nostri consigli. Infatti, con pochi semplici esercizi, che potete fare anche a casa, ottenete degli addominali perfetti! Sdraiatevi con la schiena ben poggiata a terra: dovete piegare le ginocchia e cingerle con le mani. A questo punto espirate avvicinando le ginocchia allo sterno e molleggiando lievemente le gambe. Quindi allungate le gambe e distendete tutto il corpo. Inspirate gonfiando leggermente l'addome. Espirate e ruotate il bacino leggermente in avanti, dopodiché tornate alla posizione iniziale. Questi esercizi saranno efficaci se li ripeterete almeno 6 volte. Buone vacanze!

49 IL *SI* PASSIVANTE 具有被动意义的SI

我们可以使用小品词 **si** 构成一种被动语态，这就是所谓**具有被动意义的 si**。

其结构如下：

si + 动词的第三人称变位 + 宾语

ESEMPI

In Italia **si beve** molto *il vino* a tavola.	(*il vino è bevuto*)
Alla fine del corso, **si farà** *il test di verifica*.	(*il test di verifica verrà fatto*)
In questo negozio **si vendevano** solo *capi firmati*.	(*capi firmati erano venduti*)

从例句中我们可以看出，动词第三人称的变位是单数还是复数取决于后面的宾语：

Per la raccolta differenziata, *i rifiuti*
non **si buttano** nello stesso contenitore. (我们**不能**说：ii rifiuti non si butta)

- 小品词 **si** 后面的动词可以有各种语式和时态的变位。
- si 引导的被动语态可以代替所有形式的被动语态（以 essere, andare 或 venire 为助动词的被动语态），意思不变。

ESEMPI

	转化为具有被动意义的si
Questo lavoro **va fatto** immediatamente.	**Si deve fare** *questo lavoro* immediatamente.
I passeggeri **verranno trasferiti** su un autobus di linea.	**Si trasferiranno** *i passeggeri* su un autobus di linea.
La cosa **è stata scoperta** per caso.	**Si è scoperta** *la cosa* per caso. (*)
Queste cose non **andrebbero** mai **dette**.	Non **si dovrebbero** mai **dire** *queste cose*.

(*) 在复合时态中，si 引导的被动语态要以 essere 为助动词。

FRASI

A: E se andassimo a mangiare in quel ristorante? 我们去那家餐馆吃饭怎么样？
B: **Si spenderebbero** *un sacco di soldi*: non ne vale la pena.
那会花很多的钱，不值得。
A: Ma dai, per una volta! Offro io. 拜托，就去一次！我请客。

A: Vorrei un biglietto del tram. 我要买一张电车票。
B: Signora, guardi che *i biglietti* non **si fanno** più qui, deve andare all'edicola.
女士，您看这儿已经不卖票了，您应该去报刊亭去买。
A: Ah, ho capito, grazie. 哦，我知道了，谢谢。

A: Guarda, sembra una fabbrica abbandonata ... 你看，这好像是一座废弃工厂……
B: Sì, qui 10 anni fa **si producevano** *dei pezzi di ricambio* per automobili. 是的，10年前这儿生产汽车的零配件。

! NOTA BENE 请注意

- 注意不要混淆具有被动意义的 si 和无人称的 si。只有**具有被动意义的 si** 才能有**宾语**。

ESEMPI

无人称的 si + 动词不定式/副词	具有被动意义的 si + 单数或复数的宾语
In Italia **si usa** *bere* vino a tavola.	In Italia **si bevono** *molti vini*.
Si lavora *bene* qui da voi.	Qui da noi **si lavora** *la lana*.
In questo ristorante **si usa** *offrire* l'amaro dopo il pranzo.	In molte pizzerie **si usa** *il forno* a legna.

ESERCIZI 练习

1. Trasforma le frasi con il SI passivante
用具有被动意义的 si 改写句子

1. A Natale tutti comprano tanti regali per la famiglia e gli amici.
....
2. In questo negozio applichiamo uno sconto del 30% a tutti i capi in saldo.
....
3. In quest'ufficio andrebbero fatti molti cambiamenti.
....
4. Hanno offerto parecchie centinaia di euro, ma lei non ha voluto vendere la casa.
....
5. Avevano ristrutturato la vecchia cascina per affittarla.
....
6. Ha promesso che avrebbero fatto una grande festa per le loro nozze d'argento.
....

2. Completa a piacere con una frase contenente il SI passivante 用具有被动意义的 si 自由填空

1. In questo negozio ....
2. Quando eravamo piccoli ....
3. Se avete tempo ....
4. In futuro ....
5. In estate ....
6. Nei grandi alberghi ....

3. Completa i dialoghi con i verbi tra parentesi e il SI passivante al tempo giusto
用括号内的动词与具有被动意义的 si 完成对话

1. A: È molto caro da voi il pesce?
   B: Mah, dipende da quello che compri, alcuni .... al mercato anche a 30 euro al chilo. (vendere)
2. A: Senti questa. Il giornale dice che .... i resti di un'antica tomba etrusca proprio nel paese di mia madre, almeno, così sembra. (trovare)
   B: Fai vedere ... Incredibile, se è vero vi ritroverete pieni di turisti!
   A: Eh, magari, sarebbe una bella cosa per il paese.
3. A: Vuoi provare la "miascia"?
   B: Che cosa è?
   A: È un dolce tipico del nord, per farlo .... del pane secco, della farina gialla e anche della frutta. (usare)
   B: Va bene, vediamo com'è.
4. A: Entra, vieni.
   B: Che strano posto!
   A: Sì, era una fabbrica, qui .... i bulloni. (lavorare)
   B: Ma pensa! Bello, però.
5. A: Si ricordi che queste raccomandate .... spedire entro e non oltre il 31 luglio. (dovere)
   B: Va bene, dottore, non si preoccupi.
6. A: Marco e Luca, ... in giro? (vedere)
   B: No, perché li cercavi?
   A: Niente d'importante.

4. Sostituisci dove è possibile il SI passivante nel testo
在文中适当的地方用具有被动意义的 si 改写相关内容

CONSIGLI PER I SALDI

Come ogni anno, all'inizio del lungo periodo dei saldi estivi, i consumatori cercano grandi affari, partendo a la caccia del capo di abbigliamento scontato. Ma è bene fidarsi di sconti che promettono riduzioni in a cuni casi fino al 70 o 80 percento? Ricordiamo alcune regole fondamentali, consigliate dalle unioni dei consumatori, per non avere brutte sorprese: i prezzi prima dell'inizio dei saldi vanno monitorati: in questo modo possiamo poi verificare l'attendibilità del prezzo a saldo; diffidiamo di sconti superiori al 50%, perché oltre questa soglia lo sconto sarebbe superiore al margine stesso; infine, prestiamo attenzione ai capi che potrebbero essere fondi di magazzino degli anni precedenti. Ricordiamo ancora che sono previste pene severe per i commercianti più "furbi".

50 IL DISCORSO INDIRETTO: TEORIA 间接引语：理论部分

当我们转述别人说的话时，有两种可能性：

1. 确切引用他人说的原话，即直接引语；
2. 间接转述他人说的话，即**间接引语**。

ESEMPI

Maria mi ha detto: «Ho visto Paolo al cinema.» (*riporto le parole* esatte *di Maria* = discorso diretto)

Maria mi ha detto che aveva visto Paolo al cinema. (**non** sono le parole **esatte** *di Maria* = discorso indiretto)

- 在直接引语向间接引语的转化过程中，我们要改变：
  - 人称
  - 代词
  - 指示、物主形容词或代词
  - 表示时间、地点的副词或短语
  - 动词的时态与语式

1 人称（Persone）

在间接引语中，我们只使用动词的第三人称的单数或复数，因此：

Discorso Diretto 直接引语	Discorso Indiretto 间接引语
io, tu	**lui, lei**
noi, voi	**loro**

ESEMPI

Laura dice a Marta: «**Io** e Paolo (**noi**) andiamo a vedere una mostra.»

Laura dice che **lei** e Paolo (**loro**) vanno a vedere una mostra.

2 代词（Pronomi）

在间接引语中，我们只使用第三人称的单数或复数的代词，因此：

Discorso Diretto 直接引语	Discorso Indiretto 间接引语
mi, ti	**lo, la, gli, le**
ci, vi	**li, le, gli**

ESEMPI

Laura chiede a Paolo: «**Mi** porti un bicchiere d'acqua?»

Laura chiede a Paolo se **le** porta un bicchiere d'acqua.

Franco e Mauro chiedono: «**Ci** accompagnano all'aeroporto?»

Franco e Mauro chiedono se **li** accompagnano all'aeroporto.

La Signora Rossi chiede agli altri: «**Vi** dispiace chiudere la finestra?»

La Signora Rossi chiede se **gli** dispiace chiudere la finestra.

指示、物主形容词或代词（Aggettivi/pronomi dimostrativi e possessivi）

- 在间接引语中，所有的物主形容词或代词都使用第三人称的单数或复数，因此：

Discorso Diretto 直接引语	Discorso Indiretto 间接引语
mio, tuo	**suo**
nostro, vostro	**il loro**, ecc.

- 指示形容词或代词需要进行变化：

Discorso Diretto 直接引语	Discorso Indiretto 间接引语
questo	**quello**

ESEMPI

Franco dice a Mauro: «**Questa** è la **nostra** macchina.» — Franco dice a Mauro che **quella** è la **loro** macchina.

Laura dice a Sabrina: «Mi piace il **tuo** maglione.» — Laura dice a Sabrina che le piace il **suo** maglione.

表达时间、地点的副词或短语（Avverbi ed espressioni di tempo/luogo）

在间接引语中，所有表示时间的副词或短语都要进行改变，例如：

Discorso Diretto 直接引语	Discorso Indiretto 间接引语
oggi	**quel giorno**
ieri	**il giorno prima**
domani	**il giorno dopo**
stasera, stamattina	**quella sera, quella mattina**
un anno fa	**l'anno prima**
adesso, ora	**allora, in quel momento**
qui	**lì, là, in quel luogo**

ESEMPI

Laura ha detto: «**Adesso** non posso uscire.» — Laura ha detto che **in quel momento** non poteva uscire.

La mamma ha detto: «**Oggi** faccio il pollo.» — La mamma ha detto che **quel giorno** avrebbe fatto il pollo.

Paolo ha risposto: «Sono venuto **qui stamattina**.» — Paolo ha risposto che era andato **lì quella mattina**.

Lo zio ha raccontato: «Vent'anni **fa** sono partito per il Brasile.» — Lo zio ha raccontato che vent'anni **prima** era partito per il Brasile.

5 动词的时态与语式（Tempi e modi del verbo）

动词的时态与语式经常用于引导间接引语的动词如下：

dire
rispondere
chiedere
affermare
esclamare
urlare
(e altri ...)

注意区别以下**两种情况**：

1. 主句是现在时
2. 主句是过去时

- **情况1**：主句是**现在时或将来时**

总体来说，在这种情况下，直接引语与间接引语动词的时态和语式应**保持一致**。

Discorso Diretto 直接引语	Discorso Indiretto 间接引语
presente indic. e cong.	presente indic. e cong.
passato prossimo	passato prossimo
futuro semplice	futuro semplice

ESEMPI

Marina *dice*: «**Mi sembra** che **vada** bene.»
(*presente indic. e cong.*)
L'agenzia *risponderà* sicuramente: «Tutto **è** a posto!»
(*presente indicativo*)
I ragazzi *esclamano*: «**Abbiamo finito** i compiti!»
(*passato prossimo*)
La segretaria *conferma*: «**Vi manderò** subito il fax.»
(*futuro semplice*)

Marina *dice* che **le sembra** che **vada** bene.
(*presente indic. e cong.*)
L'agenzia *risponderà* sicuramente che tutto **è** a posto.
(*presente indicativo*)
I ragazzi *esclamano* che **hanno finito** i compiti.
(*passato prossimo*)
La segretaria *conferma* che **gli manderà** subito il fax.
(*futuro semplice*)

- 只有**命令式**需要进行**改变**：

Discorso Diretto 直接引语	Discorso Indiretto 间接引语
imperativo	**di + infinito**

ESEMPI

La mamma *dice* a Marco: «**Vai** subito in camera tua!»
(*imperativo*)
Carla *urla* al cane: «**Sta'** fermo!»
(*imperativo*)

La mamma *dice* a Marco **di andare** subito in camera sua.
(*di + infinito*)
Carla *urla* al cane **di stare** fermo.
(*di + infinito*)

● **情况2**：主句是**过去时**

动词的时态和语式都需要进行**改变**：

Discorso Diretto 直接引语	Discorso Indiretto 间接引语
(indic. o cong.) presente	**imperfetto**
passato	**trapassato**
futuro	**condizionale passato**
condizionale presente	**condizionale passato**
imperativo	**di + infinito**

ESEMPI

Pino *ha esclamato*: «Non **ho** mai **detto** questo!»
(*passato*)

Pino *ha esclamato* che non **aveva** mai **detto** quella cosa.
(*trapassato*)

Anna *ha giurato*: «Non lo **dirò** a nessuno.»
(*futuro*)

Anna *ha giurato* che non lo **avrebbe detto** a nessuno.
(*condizionale passato*)

Ha detto: «**Penso** che ormai **sia** troppo tardi.»
(*presente indic. e cong.*)

Ha detto che **pensava** che **fosse** troppo tardi.
(*imperfetto indic. e cong.*)

Gianni *ha risposto*: «**Credo** che **siano partiti**.»
(*presente*) (*passato cong.*)

Gianni *ha risposto* che **credeva** che **fossero partiti**.
(*imperfetto*) (*trapassato cong.*)

Sandra *ha urlato*: «**Uscite** tutti!»
(*imperativo*)

Sandra *ha urlato* **di uscire** tutti.
(*di + infinito*)

• 但未完成过去时和各种复合时态（愈过去时、条件式过去时……）**保持不变**。

ESEMPI

Angelo *ha aggiunto*: «Non lo **avrei** mai **capito**.»
(*condizionale passato*)

Angelo *ha aggiunto* che non lo **avrebbe** mai **capito**.
(*condizionale passato*)

! NOTA BENE 请注意

○ 直接引语中有大量短语、口头语或感叹语是**不会出现在间接引语**中的，例如：

Davvero?; ***Ma come?!***; ***Dai!***; ***Ah, sì?***; ***Ma va!***; ***Boh?***; ***Niente ...***; ***Appunto!*** ecc.

相反，在直接引语中，经常会省略动词，而在对应的间接引语中必须根据语言环境将这个动词还原：

Ha detto: «Fuori di qui!»
Ha risposto: «Neanche morto!»

Ha detto **di andare** fuori di lì.
Ha risposto che non lo **avrebbe fatto** neanche morto.

○ 很多在直接引语中的现在时动词具有将来时的含义：在向间接引语转换的过程中，应该将这个动词改为**条件式过去时**。

Ha detto «Ci **vediamo** domani.»
(*idea di futuro*)

Ha detto che **si sarebbero visti** il giorno dopo.
(*condizionale passato*)

ESERCIZI 练习

1. Scegli la versione corretta al discorso indiretto dei seguenti dialoghi
为下面的对话选择正确的间接引语形式

1. A: Hai visto le mie chiavi?
   B: Guarda, sono qui.

a) Ha chiesto se ha visto le sue chiavi. Ha risposto che sono lì.
b) Ha chiesto se aveva visto le sue chiavi. Ha risposto che erano qui.
c) Ha chiesto se aveva visto le sue chiavi. Ha risposto che erano lì.

2. A: Quando te l'ha detto?
   B: Solo ieri.

a) Ha chiesto quando l'aveva detto. Ha risposto che era stato solo ieri.
b) Ha chiesto quanto gliel'aveva detto. Ha risposto che era stato solo il giorno prima.
c) Ha chiesto quando l'aveva detto. Ha risposto che era stato solo il giorno prima.

3. A: E questo che cos'è?
   B: Ah, niente, una cosa che mi ha portato mio padre da un viaggio l'anno scorso.

a) Ha domandato che cosa fosse. Ha risposto che era una cosa che gli/le aveva portato suo padre da un viaggio l'anno prima.
b) Ha domandato che cosa fosse. Ha risposto che era una cosa che gli/le aveva portato suo padre da un viaggio un anno fa.
c) Ha domandato che cosa era. Ha risposto che era una cosa che gli/le aveva portato suo padre da un viaggio l'anno prima.

4. A: Ha qualcosa da dichiarare?
   B: No, niente.
   A: Bene, passi pure.

a) Ha chiesto se aveva qualcosa da dichiarare e l'altro/l'altra ha risposto che non avesse niente. Ha detto di passare.
b) Ha chiesto se avesse qualcosa da dichiarare e l'altro/l'altra ha risposto che non aveva niente. Ha detto che passava.
c) Ha chiesto se avesse qualcosa da dichiarare e l'altro/l'altra ha risposto che non aveva niente. Ha detto di passare.

5. A: Sbrigati, mi serve il bagno.
   B: Aspetta un attimo, ho quasi finito.

a) L' ha pregato/a di sbrigarsi perché gli/le serve il bagno. Ha risposto di aspettare un attimo perché aveva quasi finito.
b) L' ha pregato/a di sbrigarlo/a perché gli/le serviva il bagno. Ha risposto di aspettare un attimo perché aveva quasi finito.
c) L' ha pregato/a di sbrigarsi perché gli/le serviva il bagno. Ha risposto di aspettare un attimo perché aveva quasi finito.

6. A: Allora, venite anche voi domenica?
   B: Speriamo! Se la bambina sta bene veniamo senz'altro.

a) Hanno chiesto se sarebbero venuti anche loro quella domenica. Hanno risposto che lo speravano e che, se la bambina stava bene venivano senz'altro.
b) Hanno chiesto se verrebbero anche loro quella domenica. Hanno risposto che lo speravano e che, se la bambina stava bene venivano senz'altro.
c) Hanno chiesto se sarebbero venuti anche loro quella domenica. Hanno risposto che lo speravano e che, se la bambina stesse bene sarebbero venuti senz'altro.

2. Trasforma i dialoghi al discorso indiretto (usa il verbo principale al passato: *Ha detto, Ha risposto ecc.*)
将下列对话改为间接引语形式（主句中的动词使用过去时，例如：Ha detto, Ha risposto 等等）

1. A: Hai sentito? Sembra che non si possano più lasciare le biciclette nel cortile.
   B: Secondo me hanno fatto bene, ce n'erano troppe, non si riusciva quasi a passare!

   ....

   ....

2. A: Benvenuti, accomodatevi.
   B e C: Grazie.
   A: Posso offrirvi qualcosa da bere, un caffè?
   B e C: Grazie, molto gentile.

   ....

   ....

3. A: Potrebbe tornare più tardi per cortesia? Sto per entrare in riunione.
   B: Mi dispiace, ma è molto urgente, devo parlarLe subito.

   ....

   ....

4. A: Credi che si siano dimenticati dell'appuntamento? Sono in ritardo di un'ora!
   B: No, guarda, eccoli, stanno parcheggiando la macchina.

   ....

   ....

5. A: Ma insomma, smettila di fare rumore, sto parlando al telefono!
   B: Scusami.

   ....

   ....

6. A: Questo posto non mi piace, andiamocene.
   B: Ma che dici?! Siamo appena arrivati! Restiamo almeno mezz'ora, altrimenti Paolo si offende.

   ....

   ....

3. Leggi il racconto e scrivilo sottoforma di dialogo usando il discorso diretto
阅读下面的短文，用直接引语方式改写其中的对话内容

Avevo ascoltato, non visto, tutta la loro conversazione. Lei aveva detto che non poteva continuare così, che si sentiva in colpa e che avrebbe raccontato tutta la verità; lui l'aveva supplicata di non metterlo nei guai, e aveva assicurato che tutto si sarebbe risolto se soltanto fossero restati uniti e non avessero perso la calma. Lei aveva singhiozzato che non gli credeva più, che aveva continuato a mentire per troppo tempo, e ormai quello era il momento di parlare. Lui le aveva detto allora che si stava comportando come una vigliacca, che non le era mai importato di lui e che pensava solo ai suoi interessi mentre lui aveva fatto tutto quello per loro due. Lei aveva risposto che poteva pensare quello che voleva, ma che sarebbe andata lo stesso da Piero e gli avrebbe detto tutto. Lui allora le aveva gridato di andarsene via e di lasciarlo in pace.

4. Trasforma il testo al discorso indiretto 将下列短文改为间接引语的形式

DEPRESSIONE: FARMACI E PLACEBO

«Ci sono risultati che ci lasciano stupefatti: pazienti che migliorano anche quando prendono solo una pillola falsa, di zucchero, invece della medicina. Ma, purtroppo per noi che ci troviamo a gestire i malati di depressione, non siamo in grado di prevedere chi risponderà al placebo, chi al farmaco, chi a niente. Per ora tutti i tentativi di identificare il profilo del paziente in grado di rispondere in modo positivo al placebo sono falliti: speriamo che, dallo studio del cervello e dei geni, potremo avere un identikit più preciso delle persone che possono guarire solo con un'iniezione di fiducia. Sarebbe molto utile, sia per noi medici che per le case farmaceutiche, poter prevedere in anticipo quale paziente potrà ricevere benefici dai farmaci e quale invece dovrà usare altre terapie.»

51 IL DISCORSO INDIRETTO PER RIFERIRE MESSAGGI E INFORMAZIONI
用于转达消息和信息的间接引语

间接引语的一个实用功能是**转达消息或信息** (例如电话留言)，或者是转述报刊声明、公告等信息。
在这些实际情况下，通常**不一定要使用第三人称**，而且**时态也不会发生变化**。

ESEMPI

Conversazioni telefoniche **电话通话**

A: Pronto, sono Maria, c'è Carlo?
B: Mi dispiace, è uscito.
A: Gli puoi dire che *ci vediamo* alle 7 invece che alle 8?
B: Certo.
(*presente, 1a persona plurale*)

Messaggio **电话记录**

Per Carlo: Ha telefonato Maria e ha detto che **dovete vedervi** alle 7 invece che alle 8.
(*presente, 2a persona plurale*)

A: Agenzia di Viaggi.
B: Buongiorno, è possibile prenotare un volo andata e ritorno per Roma per il 9 aprile con rientro il 15?
A: Un adulto?
B: Sì.
A: Vediamo ... Per il 9 *abbiamo* solo posti in lista d'attesa, a meno che *lei* non *voglia* la classe Business, per il 15 *c'è* solo un posto, quindi *dovrebbe* confermare subito il biglietto.
(*presente, 1a persona pl. e 3a persona sing.*)

Informazione riferita **转述的信息**

Allora, mamma, in agenzia hanno detto che per il 9 **hanno** solo posti in lista d'attesa a meno che **tu** non **voglia** la classe Business e che per il 15 c'è solo un posto quindi **dovresti** confermare subito il biglietto.
(*presente, 3a persona pl. e 2a persona sing.*)

Dichiarazioni stampa **报刊声明**

"I sindacati non *revocheranno* lo sciopero generale che *è stato proclamato* per il 26 marzo."
(*futuro - passato prossimo*)

Discorso riferito dal giornalista **记者转述**

I sindacati hanno affermato che non **revocheranno** lo sciopero che **è stato proclamato**.
(*futuro - passato prossimo*)

! NOTA BENE 请注意

- 从上述例子我们可以清楚地看出：说话的时间与被转述，时间间隔并不是很长，如果时间间隔较长，那么它们之间的时态转换就需要遵循间接引语形式的一般规则。

ESERCIZI 练习

1. Trasforma la seguente conversazione in un messaggio 将下列对话转述成一则留言信息

A: Buongiorno, telefono per il bilocale arredato in affitto, vorrei qualche informazione.
B: Lei ha visto l'annuncio sul giornale?
A: Sì, infatti.
B: Mi dispiace, quell'appartamento l'abbiamo già affittato; se le interessa, ce n'è un altro, sempre bilocale, 700 euro mensili escluse spese, però è semiarredato.
A: Per semiarredato cosa si intende?
B: C'è qualche cosa, tipo tavoli, letti, mi sembra anche un armadio.
A: C'è la cucina?
B: No, la cucina no.
A: È possibile vederlo?
B: Certamente.
A: Senta, devo parlarne con un'altra persona, eventualmente posso richiamarla per fissare un appuntamento?
B: Sì, però tenga conto che abbiamo molte richieste per questi bilocali, quindi sarebbe meglio non fare passare troppo tempo.
A: Certo, capisco, la chiamo entro la settimana. Grazie, arrivederci.

Per Marina
Ho parlato con l'agenzia: ....
....
....
....

2. Riferisci le dichiarazioni presenti nel testo secondo le regole del discorso indiretto 根据间接引语的有关规则改写短文中出现的声明和陈述

Ha destato polemiche la decisione del Comune di ... di chiudere i chioschi cittadini che vendono le fette di anguria, in questo periodo estivo presi d'assalto da chi non è andato in vacanza. La motivazione è che questi chioschi non sarebbero in regola con alcune delle norme sanitarie previste dall'Azienda Sanitaria Locale. Ai commercianti d'ora in poi sarà permesso soltanto vendere l'anguria intera. Abbiamo raccolto alcune delle loro dichiarazioni: «Dopo vent'anni di lavoro, siamo costretti a chiudere», dice il titolare del chiosco di Via ..., «perché nessuno viene da noi per comprare un'anguria intera: vanno al supermercato, oppure dai camion». «Ogni sera venivano da noi dalle 300 alle 400 persone», dichiarano i titolari del chiosco in Piazza ..., «in gran parte famiglie con bambini, oppure anziani, che cercavano un momento di sollievo all'afa estiva spendendo poco: adesso non verrà più nessuno, abbiamo già chiuso il nostro chiosco».
«È una decisione da pazzi», attacca il capogruppo dell'opposizione comunale, «danneggia i cittadini più deboli che non possono lasciare la città per andare in vacanza e intere famiglie si ritrovano senza lavoro. Invito il sindaco ad intervenire».

3. Trasforma i seguenti messaggi nelle conversazioni originarie 将下列信息转述成原来的会话形式

1. È venuto l'idraulico: dice che per il momento il tubo può andare ma dovrà ritornare per sostituire un altro pezzo; comunque, non potrà venire prima di una settimana, dieci giorni, perché hanno delle persone in ferie.
2. Ha chiamato tua sorella e dice che ha trovato la taglia ma non il colore che volevi e vuole sapere se deve prenderti lo stesso i pantaloni oppure no.
3. La tua collega dice di richiamarla urgentemente perché sembra che abbiano perso il doppione delle chiavi dell'ufficio e vuole sapere se per caso l'hai preso tu.

4. Hanno chiamato dallo studio dentistico e chiedono se puoi spostare l'appuntamento da mercoledì a venerdì, sempre alla stessa ora, perché il dottore ha un problema, e se glielo puoi fare sapere al più presto.
5. Laura dice che la festa non si fa più a casa sua, ma a casa di un'altra persona che non conosci: devi chiamarla per l'indirizzo, l'orario, ecc. Dice anche se le puoi prestare quella branda che hai in cantina.

4. Leggi l'intervista e fai un riassunto usando il discorso indiretto
阅读下面的采访，用间接引语的形式做一个概述

IL PARERE DELL'ESPERTO: QUAL È LA GIUSTA DOSE DI SONNO?

Domanda: Quante sono le ore di sonno necessarie?

Risposta: Una volta si credeva che dormire poco facesse male. Adesso invece sappiamo che esistono diversi *ipnotipi*, cioè il riposo di ogni persona ha caratteristiche distinte e precise: ci possono essere i *gufi*, coloro che vanno a letto tardi e si alzano tardi e le *allodole*, che si svegliano all'alba e si addormentano presto. L'importante è che tutti capiamo qual è il nostro ipnotipo e rispettiamo il nostro equilibrio. In generale possiamo dire che la durata media del sonno notturno è di circa sette ore.

Domanda: Molti pensano che il dormire troppo sia sintomo di una patologia. È vero?

Risposta: In realtà persone diverse hanno diverse esigenze di sonno. È stato scoperto che circa il 5% della popolazione ha bisogno di dormire 10 ore per notte, e si tratta di persone sanissime. È vero, invece, che chi dorme molto spesso potrebbe nascondere una patologia, per esempio la depressione.

Domanda: Da che cosa dipende l'esigenza soggettiva di dormire molto o poco?

Risposta: È tutto scritto e programmato nel nostro DNA, in quanto dipende da un gene chiamato *clock*, cioè orologio. Proprio per questo la cosa più importante è adattarsi all'eredità genetica e non cercare di andare controcorrente.

Domanda: Quando ci dobbiamo preoccupare per il nostro sonno?

Risposta: È bene preoccuparsi solo quando accusiamo disturbi non occasionali, per esempio se per un periodo significativo ci capita di dormire poco o di svegliarci spesso durante la notte. In questi casi è fondamentale rivolgerci al medico, anche perché la carenza di sonno si ripercuote sulle nostre attività diurne: se dormiamo poco o male non siamo in grado di rendere al meglio, siamo malinconici o depressi.

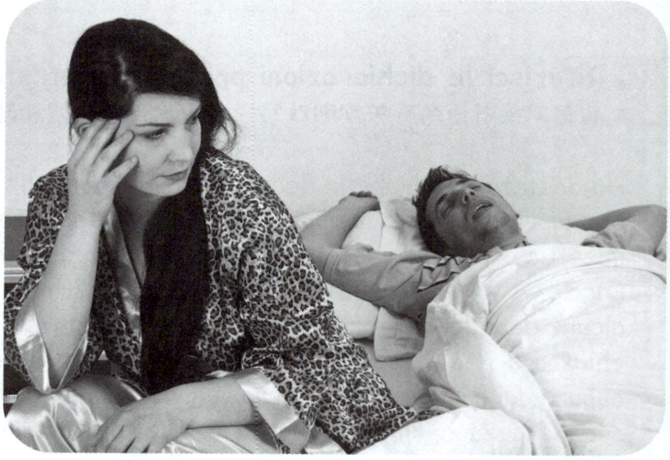

52 L'USO DEI TEMPI E DEI MODI 各种时态和语式的配合使用

在我们说话的时候，我们可以将一系列的单句组合成复句（可以参看第 53 章和第 54 章“**La subordinazione 主从复合句**”的相关内容）。

这些句子中最重要的那个被称为“主句（**frase principale o reggente**）”，而其余的句子被称为“从句（**frase dipendenti o subordinate**）”，因此在主句和从句之间存在一种主次的关系。

这种关系可以以时间（**tempo**）为参照点，以回答“在什么时候？（**quando?**）”这个基本问题。

直陈式现在时主句中的动词：

----------------- 时间关系 -----------------

So che Luca | parte domani

主句 | 从句

复句

在复句 (periodo) 中的两个句子之间：

- 存在一种"**后来（POSTERIORITÀ）**"的时间关系，也就是"现在–之后"的关系

So che Luca parte domani. → **quando** lo sai? (*ora*)
quando parte Luca? (*domani*)

直陈式现在时主句中的动词决定了从句中的动词可以是现在时，也可以是将来时。
如果改变时间关系，根据逻辑关系，从句中动词的时态也要进行相应的改变。

- 存在一种"**同时（CONTEMPORANEITÀ）**"的时间关系，也就是"现在–现在"的关系

So che Luca parte/sta partendo. → **quando** lo sai? (*ora*)
quando parte Luca? (*ora*)

- 存在一种"**先前（ANTERIORITÀ）**"的时间关系，也就是"现在–之前"的关系

So che Luca è partito. → **quando** lo sai? (*ora*)
quando è partito Luca? (*prima*)

! NOTA BENE 请注意

- 从句中动词的时态也可以根据句子的意思而变化：

So che Luca *partiva* spesso per l'Africa. (*era una sua abitudine del passato = indicativo imperfetto*)
So che Luca *partirebbe* volentieri con noi. (*c'è questa possibilità o desiderio = condizionale presente*)
So che Luca *sarebbe partito* volentieri con noi. (*non l'ha fatto, è un desiderio non realizzato = condizionale passato*)

- 在主句中，动词不仅可以是直陈式现在时 (如上述我们看到的例子)，也可以是将来时和命令式：

Ti **dirò** tutto quello che mi ha detto Giovanni.
Allora, **raccontami** che cosa hai fatto ieri sera!

总结 1：

(dopo 之后)

... Anna uscirà

... Anna esce più tardi

... Anna uscirebbe

(ora 现在) **SO CHE ...**

(ora 现在)

... Anna esce

... Anna sta uscendo

... Anna uscirebbe

(prima 之前)

... Anna è uscita

... Anna usciva

... Anna uscì

... Anna sarebbe uscita

2

如我们所见，主句的动词决定从句的动词，遵循某种时间上的逻辑关系 (*)。这些动词都要用直陈式。
但是如果我们在主句中使用了一个表示意见、怀疑、不确定、意愿、希望等 (即所有表示非现实的) 动词时，从句中的动词不仅要改变时态，而且还要改变语式，即变成虚拟式。

So che Fabio *vuole* comprare una moto.
这是一个事实，一件确切的事

Penso che Fabio *voglia* comprare una moto.
这是一个推测，并非一件确切的事

在这种情况下，时间逻辑关系与"总结1"中相同。
因此在时态上需要进行配合：直陈式现在时与虚拟式现在时配合；直陈式未完成过去时与虚拟式未完成过去时配合；直陈式近过去时与虚拟式过去时配合。

- 存在一种"**后来**"的时间关系，也就是"现在–之后"的关系
  Pare che il nuovo direttore *arrivi* domani.

- 存在一种"**同时**"的时间关系，也就是"现在–现在"的关系
  Mi **sembra** che la festa *sia* divertente, no?

- 存在一种"**先前**"的时间关系，也就是"现在–之前"的关系
  Credo che Jacqueline *abbia* già *studiato* italiano nel suo paese.

(*) 或者遵循某种意义上的逻辑关系，例如在直陈式未完成过去时和条件式的情况下。

! NOTA BENE 请注意

- 同样在这些情况下，主句中动词不仅可以是直陈式现在时（如上述我们看到的例子），也可以是将来时和命令式：

Lo so, un giorno **penserò** che tu *abbia avuto* ragione.
Immagina che la terrazza *sia* tutta dipinta di verde e **dimmi** che ne *pensi*.
Augurati che tutto *finisca* bene, altrimenti dovrai pagare i danni.

- 当在从句中出现需要使用虚拟式的表述方式（参看相关章节内容）时，那么主句的结构应该是：动词 essere + 名词/形容词/副词结构 (costruzione con il verbo esserre + nome/aggettivo/avverbio)；无人称动词 (verbi impersonali)；间接疑问 (domande indirette)。

È un peccato che tu non *possa* venire con noi.
Sono veramente **contento** che Luisa *abbia trovato* un lavoro.
Bisogna che *vi sbrighiate*, il treno parte fra mezz'ora.

- 主句中的动词无论使用直陈式还是虚拟式，从句中使用的条件式现在时、过去时和将来时均不变化。

So che Marco *verrebbe* volentieri.
Ti dico che ieri sera *ti saresti divertito*.
Sono sicuro che *sarà* un bel film.

Penso che Marco *verrebbe* volentieri.
Credo che ieri sera *ti saresti divertito*.
Spero che *sarà* un bel film.

总结 2：

(ora 现在) **PENSO CHE ...**

(dopo 之后)
... Anna uscirebbe
.... Anna esca più tardi
... Anna uscirà

(ora 现在)
... Anna uscirebbe
... Anna esca
... Anna stia uscendo

(prima 之前)
... Anna sia uscita
... Anna uscisse
... Anna sarebbe uscita

3 在上面的例子中我们发现，主句使用的都是动词的直陈式现在时（或将来时和命令式）。那么当主句中**动词**使用的**是过去时态**时又该怎么办呢？
在这样的情况下，从句中动词的时态也需要变成表示过去的时态。

- 存在一种“**后来**”的时间关系，也就是“当时–之后”的关系
  Al momento di partire, Claudio ci **ha detto** che *avrebbe sentito* molto la nostra mancanza.
- 存在一种“**同时**”的时间关系，也就是“当时–当时”的关系
  Sapevo che Mario *aveva* problemi economici e non *poteva* affrontare spese.
- 存在一种“**先前**”的时间关系，也就是“当时–之前”的关系
  Ha detto a tutti che *aveva vissuto* a lungo a New York.

! NOTA BENE 请注意

- 主句中动词不仅可以使用直陈式近过去时和未完成过去时，也可以使用近愈过去时和远过去时：

Ero nervoso perché **avevo saputo** che l'esame scritto sarebbe durato tre ore.
Solo allora il principe **seppe** che la figlia amava quel giovanotto pallido ed elegante.

- 在表示“后来”的时间关系时，可以使用条件式过去时，也就是“过去的将来”(*)。在非正式的口语表达中，用直陈式未完成过去时代替条件式过去时虽然不正确，但也是可以接受的：

Enzo ha detto che **sarebbe arrivato** alle otto. (*che arrivava alle otto*)
Mi avevi promesso che **mi avresti telefonato**! (*che mi telefonavi!*)

(*) 见初级语法分册第174 页第67章：**Il condizionale passato per esprimere il *futuro nel passato* 表示“过去的将来”的条件式过去时**。

总结 3：

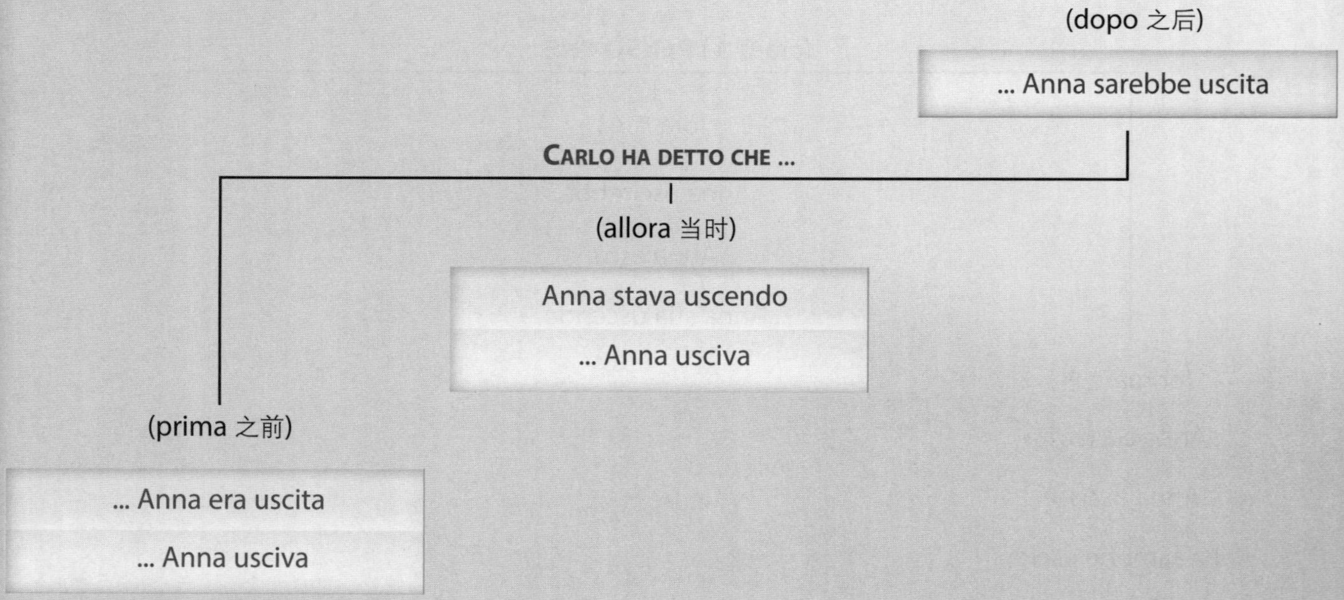

和“**总结 2**”中的情况一样，如果主句中有一个过去时的动词 (或某种结构) 需要有虚拟式与之配合时，那么从句中的则需要使用虚拟式。

Sapevo che Marina *abitava* all'estero.
这是当时的一个事实， 是一件确定的事情

Pensavo che Marina *abitasse* all'estero.
这是当时的一个推测，并非确定的事情

- 存在一种“**后来**”的时间关系，也就是“当时–之后”的关系
  Ho pensato che questo film ti *sarebbe piaciuto*.
- 存在一种“**同时**”的时间关系，也就是“当时–当时”的关系
  Non capivo che cosa mi *stesse dicendo*.
- 存在一种“**先前**”的时间关系，也就是“当时–之前”的关系
  Avevo paura che qualcuno le *avesse* già *regalato* questo libro.

! NOTA BENE 请注意

- 与前一种情况一样，主句中动词不仅可以使用直陈式近过去时和未完成过去时，也可以使用近愈过去时和远过去时。

Nina **aveva** sempre **creduto** che tutto si sarebbe risolto in fretta.
Per un istante **credetti** che lui fosse arrabbiato ma poi scoppiò a ridere.

总结 4:

CARLO PENSAVA CHE ...

(dopo 之后)
... Anna *sarebbe uscita*

(allora 当时)
... Anna *stesse uscendo*
... Anna *uscisse*

(prima 之前)
... Anna *fosse uscita*
... Anna *uscisse*

很常见的一种情况是，主句中的动词用**条件式现在时或过去时**，以表示一种愿望、喜好和诉求。
在这样的情况下，从句中的动词要使用虚拟式未完成过去时或愈过去时。

a) 主句中动词是**条件式现在时**。

- 存在一种“**后来**”的时间关系，也就是“现在–之后”的关系
  Preferirei che tu *partissi* domani.

- 存在一种“**同时**”的时间关系，也就是“现在-现在”的关系

  Mi piacerebbe che *smettesse* subito di piovere.

- 存在一种“**先前**”的时间关系，也就是“现在-之前”的关系

  Vorrei che tu non *avessi parlato* in quel modo a Renata.

b) 主句中动词是**条件式过去时**。

- 存在一种“**后来**”的时间关系，也就是“当时-之后”的关系

  Avrebbe voluto che io lo *chiamassi* subito dopo la prova d'esame.

- 存在一种“**同时**”的时间关系，也就是“当时-现在”的关系

  Ieri sera alla festa, **avrei voluto** che mi *presentassi* subito ai tuoi amici e non dopo un'ora!

- 存在一种“**先前**”的时间关系，也就是“当时-之前”的关系

  Il giorno dell'esame ero nervosa e **avrei voluto** che mio figlio *avesse studiato* un po' di più.

! NOTA BENE 请注意

- 在**情况 a)** 中，主句中的动词也可以使用条件式过去时，这属于条件式表示一种未能实现的愿望的情况 (*)。

Avrei tanto **voluto** che anche Anna fosse qui con noi.

但事实没有在这里，这是一个未能实现的愿望，即条件式过去时

(*) 见初级语法分册第 171 页第 66 章：**Il condizionale passato per esprimere i rimpianti 表示遗憾或惋惜的条件式过去时**。

- 表示愿望、喜好、诉求的动词后面经常使用虚拟式。但是注意不要混淆下列两种句式结构：

Voglio che sia tutto pronto per le otto.
Preferisco che tu parta oggi.
语气更强烈，几乎是一个命令

Vorrei che fosse tutto pronto per le otto.
Preferirei che tu partissi oggi.
语气较为缓和，是一个请求

总结 **5**：

a) e **b)**

(dopo 之后)

... Anna *arrivasse* domani

VORREI CHE ... /AVREI VOLUTO CHE ...

(allora 当时)

... Anna *fosse* qui

(prima 之前)

... Anna non *avesse perso* l'aereo

ESERCIZI 练习

1. Abbina le frasi delle due colonne 将左右两部分的句子连接起来

1. Sai che
2. È meglio che
3. Immagina che
4. Ti assicuro che
5. Non ti sembra che
6. Penso che

a) tu segua i consigli del dottore.
b) ieri Andrea sia stato un po' maleducato?
c) Laura sia veramente in gamba.
d) ieri alla festa Luigi ha litigato con Aldo?
e) nel mondo non ci siano più guerre.
f) Aldo è la persona giusta per questo lavoro.

2. Come sopra 同上

1. Giulia mi ha assicurato che
2. Non pensavo che
3. Speravamo proprio che
4. Ti hanno detto che
5. Scusami, non credevo che
6. Sapevo che Martino

a) Gino si sarebbe arrabbiato così tanto!
b) si era comprato una nuova macchina.
c) stessi ancora dormendo!
d) Luisella non avesse mai ricevuto un regalo come il nostro!
e) i Rossi, anni fa, gestivano un albergo?
f) le bambine avevano già mangiato.

3. Completa il dialogo con i verbi mancanti 填写所缺的动词完成对话

A: Allora, Sandra, cosa ne pensi della casa?
B: Bella sì, però ...
A: Però?
B: Beh, pensavo che 1) .... più vicina al paese!
A: Sono 20 minuti a piedi.
B: Appunto! E poi, scusa, speravo che la terrazza 2) .... il sole tutto il giorno. Comunque penso che il panorama 3) .... davvero fantastico.
A: Meno male! Dai, sono sicuro che 4) .... una vacanza bellissima.
B: Sì, certo, anche se ...
A: Se?
B: Il mare. Non ti sembra che 5) .... un po' scuro? Sporco, insomma.
A: Impossibile. So che l'anno scorso la spiaggia 6) .... una segnalazione della *Lega Ambiente* per il mare pulito.
B: L'anno scorso ...
A: Senti, Lorena mi aveva detto che 7) .... incontentabile. Beh, penso che 8) .... proprio ragione!

4. Completa i dialoghi con i verbi dati all'indicativo imperfetto, al congiuntivo (presente, imperfetto, trapassato) o al condizionale passato 用所给动词的直陈式未完成过去时、虚拟式（现在时、未完成过去时、愈过去时）或条件式过去时完成下列对话

1. A: Sai che Janet non ha dato l'esame di italiano?
   B: Che peccato! Sono sicura che .... (superare) senza problemi.
   A: Sì, ma pensava che .... (essere) troppo difficile per lei.
2. A: Ho saputo che il tuo ragazzo .... (essere) a Tokyo da 3 mesi.
   B: Sì, è molto contento. Non pensava però che la città .... (essere) così grande!
   A: E con la lingua?
   B: Beh, prima di partire credeva che le cose .... (andare) in maniera più semplice. In realtà mi ha detto che i primi giorni era in totale confusione.
   A: Ma non vorresti che .... (tornare)?
   B: Veramente preferirei che mi .... (chiedere) di raggiungerlo!

3. A: Non pensi che il nuovo capo .... (essere) un po' arrogante? Prima mi ha detto: «Voglio che Lei .... (rispondere) subito a questa mail».
   B: Tieni conto che lui è straniero. Qualcuno dovrebbe spiegargli che è meglio dire: «Vorrei che Lei .... (rispondere) subito a questa mail, se possibile».
4. A: Sai, ieri ho incontrato Renata.
   B: Non pensavo che .... (tornare) a Roma!
   A: Io credevo che .... (essere) ancora all'estero.
   B: Chissà perché è tornata così presto...
   A: Beh, mi ha parlato di un certo Mark e mi ha detto che tu .... (capire).
   B: Ah sì, certo, Mark. Lo sapevo che non .... (essere) un tipo affidabile!

5. Completa la mail con i verbi dati 用所给动词完成下面这封邮件

avere (2) *essere (2)* *rimanere* *potere* *esserci (2)*

Alla direzione dell'albergo *Croce di Malta* - Imperia

Ho visitato il vostro sito web e il vostro albergo mi è piaciuto molto sia per la vicinanza alla spiaggia sia per la vista sul porto turistico. Mi chiedevo dunque se 1) .... una camera matrimoniale disponibile per le prime due settimane di giugno. Tuttavia avrei una serie di richieste che spero 2) .... essere soddisfatte. Stiamo infatti cercando una matrimoniale comunicante con un'altra camera a due letti per i nostri bambini. Preferirei che le camere 3) .... all'ultimo piano, per evitare i rumori della strada. Mio marito inoltre si domandava se le camere 4) .... l'aria condizionata regolabile: questa è una caratteristica importante per noi. Gradirei molto inoltre che le camere in questione 5) .... situate in un piano non fumatori perché so per esperienza che l'odore di fumo 6) .... a lungo nell'ambiente. Mi piacerebbe anche che nella camera 7) .... una presa per Internet o in alternativa mi chiedevo se l' albergo 8) .... a disposizione dei clienti una postazione Internet e a quale costo.

Restando in attesa di un vostro gentile riscontro, vi ringrazio anticipatamente.
Cordiali saluti
Paola Giusti

6. Riscrivi le frasi al presente o al passato. Fai attenzione ai tempi che cambiano 将现在时和过去时互换，改写句子，注意时态的改变

1. Credo che Giuliana si sia divertita molto alla festa di ieri.
   ....
2. Spero che tu possa dare una mano a Luisa.
   ....
3. Penso sia facile trovare un taxi.
   ....
4. So che Petra è una ragazza davvero speciale.
   ....
5. Marco dice che Nicola sta uscendo.
   ....
6. Bisognava che faceste i compiti con più attenzione: erano pieni di errori.
   ....
7. Avrei preferito che tu avessi detto quello che pensavi veramente.
   ....
8. Pensavo che avrebbe portato una bottiglia di vino per la cena.
   ....

Che festa!
多棒的联欢会啊!

7. Riscrivi il testo al passato. Fai attenzione ai tempi che cambiano
将下面的短文改成过去时，注意时态的改变

Allora, c'è una ragazza, Cenerentola, che ha due sorelle brutte, antipatiche e anche molto pigre: infatti la povera ragazza fa tutto in casa anche se pensa che non sia giusto. Cenerentola però non è stupida e la sera studia lingue perché spera che la sua vita cambi. Anzi, è sicura che cambierà, prima o poi. Un giorno arriva in città un principe che sta cercando moglie e per questo motivo organizza un grande ballo. Le due sorelle comprano subito due meravigliosi vestiti da sera ma Cenerentola sa che non potrà andare al ballo perché non ha un vestito adatto e non ha neppure i soldi per comprarlo. Siccome è una ragazza senza soldi ma creativa, Cenerentola prende tutte le gocce di cristallo dei lampadari di casa e con quelle crea un bellissimo vestito, tutto scintillante: vuole che sia il vestito più originale del ballo! Quando Cenerentola entra nel salone del castello, sembra che tutte le stelle siano scese dal cielo. Tutti gli ospiti si domandano chi sia quella ragazza e soprattutto quale stilista abbia disegnato quel meraviglioso vestito. Il principe non si innamora a prima vista di Cenerentola ma invece pensa subito che sarebbe un'ottima idea mettersi in affari con una ragazza così intelligente e, mentre ballano, le propone di produrre insieme una linea di vestiti da sera. E così Cenerentola diventa una stilista di moda e grazie anche al fatto che conosce tre lingue straniere, esporta il suo marchio, *Cinderella fashion*, in tutto il mondo.

....
....
....
....
....
....
....
....

8. Che cosa rispondi? Completa liberamente le frasi 如何作答？自由写出句中空缺的部分

1. A: È un'ora che ti aspetto!
   B: Scusami, non pensavo che ....
2. A: Sai dov'è Stefano?
   B: Mi sembra che ....
3. A: Secondo te, come posso migliorare il mio livello di inglese?
   B: Innanzitutto è importante che tu ....
4. A: Hai sentito? Paulina ha passato l'esame scritto.
   B: Beh, ero sicuro che ....
5. A: Per stasera abbiamo prenotato al ristorante giapponese.
   B: Veramente avrei preferito che ....
6. A: Hai conosciuto il ragazzo di Erika?
   B: Sì e non pensavo che ....
7. A: Perché ieri Lucia non è venuta a vedere il film con noi?
   B: Credo che ....
8. A: Perché sei triste? Ti manca la tua famiglia?
   B: Sì, vorrei che ....
9. A: Che cos'hai? Sei arrabbiato?
   B: Beh, mi avevi promesso che ....
10. A: Hai visto il Meteo in Tv?
    B: Sì e pare che domani ....

53 LA SUBORDINAZIONE: CONGIUNZIONI TEMPORALI E CAUSALI
表示时间和原因的连词构成的主从复合句

1 ● 当我们说话（或写作）的时候，我们可以使用一个**单句（singola frase）**结构，这样的句子通常很简短：

Preparo la cena
└── 单句 ──┘

也可以使用一个**复句（periodo）**，也就是由两个或多个句子组合起来的句子。

Preparo la cena └── 单句 ──┘ ascolto musica jazz └── 单句 ──┘
└──────── 复句 ────────┘

● 句中的每个简单句之间可以用逗号隔开：

Preparo la cena**,** ascolto musica jazz.

或者可以用连词将它们连接起来：

Preparo la cena **e** ascolto musica jazz.

这是一种最简单、不分主次地将两个单句连接起来的方法：两个句子的重要性也是一致的。

因此复句从某种意义上说是"中性"的：我们无法知道哪个动作被视为更加重要，也无法准确地知道两个动作是否是同时发生的。

● 而"主从复合句"则不一样，这样的复合句中存在着从属的关系，也就是说，复合句中"**主句（frase principale）**"的重要性大于其他的"**从句（frasi secondarie）**"。

Preparo la cena └── 主句 ──┘ **mentre** ascolto musica jazz └── 从句 ──┘
└──────── 复句 ────────┘

这样的复合句可以提供更多的信息：我们可以看出"preparare la cena（准备晚餐）"是一个更重要的动作，而连词 mentre 则表明两个动作是同时发生的。

"**主句**"是**独立的**，它可以单独存在，而"**从句**"必须依附于"主句"而存在，就像"mentre ascolto musica jazz..."这个从句如果单独存在，就不能表示完整的意思。

● 通过主从复合句（动词时态的搭配）我们就可以更清晰、准确地表达一些复杂的概念。

Non appena avrò parlato con Aldo, └── 从句 ──┘ ti scriverò └── 主句 ──┘ **perché** tu sappia la verità └── 从句 ──┘
└──────── 复句 ────────┘

从这个复句中我们可以得到一系列的信息：**首先**"我要跟阿多尔说话（*devo parlare con Aldo*）"，**紧接着**"我要给你写信（*ti scrivo*）"，而**我的目的**则是"让你知道真相（*tu sappia la varità*）"。

ESEMPI

Siccome tra due giorni ho l'esame, non posso uscire finché non avrò finito questo libro.	(non posso uscire: *prima devo finire il libro, la causa è l'esame*)
Ti presto i miei appunti, purché tu non ci scriva sopra con la penna.	(forse ti presto gli appunti: *la condizione indispensabile è che non ci scrivi sopra*)

! NOTA BENE 请注意

- 使用主从复合句并不容易，因为我们必须选择动词的正确语式和时态，例如：连词 purché 后面要使用虚拟式。而且我们要熟练掌握动词的时态的用法。
  由于这个原因，我们在口语中经常避免这种用法，而使用一些更为简单的表达方式，例如改用简单句单独讲述：

试比较之前的例子：

Tra due giorni ho l'esame, non posso uscire, devo finire questo libro.
Ti presto i miei appunti, non ci devi scrivere sopra con la penna però!

或者避免进行动词变位，而使用一些不变位语式（分词、副动词、不定式）。这样的句式结构我们称其为**"不明确形式（forma implicita）"**，也就是"没有变位的不明确表达形式"，但是只有当主句的主语与从句的主语一致时我们才可以这样使用。

Poiché avevo ragione, ho continuato a discutere. — **Avendo** ragione, ho continuato a discutere.
Affinché tu possa fare i compiti, ti presto il dizionario. — Per **fare** i compiti ti presto il dizionario.

但是，为了信息的丰富和准确性，在较正规的口语和书面语中还是要使用主从复合句。

- 依据使用表达方式和连词意思的不同，**主从复合句可以分为各种类型。**

2 表示时间的连词 (Congiunzioni di tempo)：*–quando?*

这些连词将主句中的动作置于一定的时间范围之中。
使用动词：直陈式 (除了prima che + 虚拟式以外)。

- **QUANDO**
Quando riposo non voglio essere disturbato.

- **MENTRE:** 表示同时发生的动作。
Mi piace mangiare qualcosa **mentre** guardo la Tv.

- **APPENA/NON APPENA:** 这是一组同义词，与 immediatemente dopo 意思一样。
Appena arrivo in aeroporto, ti telefono.

- **DOPO CHE**
Ti dirò tutto **dopo che** Claudio sarà uscito.

- **PRIMA CHE** + 虚拟式
Ho spento il forno **prima che** l'arrosto *bruciasse*.

- **FINCHÉ/FINCHÉ NON:** 意思是 per tuttoil tempo che 或 fino a che，它们用于不同的情况。
Finché 用于表示同时进行的动作；**finché non** 用于表示一个动作在另一个动作完成后发生：

Marco, puoi restare qui **finché** vuoi. — Marco, puoi restare qui **finché non** arriva il taxi.

- **DA QUANDO:** 表示主句中动作开始的时刻。
Da quando sono in Italia, sono ingrassato cinque chili.

3 表示原因的连词 (Congiunzioni di causa)：*–perché? –qual è la causa?*

表示决定主句中动作发生的原因。
使用动词：直陈式、条件式 (虚拟式只在一种情况下使用)。

- **PERCHÉ**
Anna non può venire **perché** ha da fare.
Avvocato, la signora è qui **perché** vorrebbe parlarLe.

- **SICCOME**

Siccome voglio cambiare la moto, lavoro anche la sera.

- **DATO CHE/VISTO CHE**

Dato che l'estate si prevede torrida, propongo di installare un impianto di aria condizionata in tutto l'ufficio.

- **DAL MOMENTO CHE:** 在这种情况中，动作与时间没有关系，而与原因有关。

Dal momento che siamo in quattro prendiamo un taxi, così risparmiamo!

- **POICHÉ** (*)

Poiché non abbiamo raggiunto il numero minimo di presenze, la riunione è annullata.

- **NON PERCHÉ** + ***congiuntivo***（虚拟式）: 表示一种可能的原因（或说话人认为可能的原因），但不是真正的原因；真正的原因用 **MA PERCHÉ / È CHECHE** + 直陈式表示。

Guarda, non vengo alla tua festa **non perchè** non *voglia*, **ma perché** devo studiare.
La torta per me no, grazie. **Non perché** non mi *piaccia*, anzi! **È che** sono a dieta.

(*) 正式用语和书面语用法。

NOTA BENE 请注意

- 连词 siccome 总是位于复合句的句首，而连词 perché 总是位于复合句第二部分中。

Siccome piove, resto a casa. Resto a casa **perché** piove.

- 在口语中，为了表示一个命令或指令的原因时，也可以用连词 che 来代替 perché。

Svegliati, **che** è tardi!
Smettila di fare chiasso, **che** devo studiare!

ESERCIZI 练习

1. Leggi le frasi e indica che cosa esprime la congiunzione evidenziata
阅读下面的句子，指出句中特别标示的连词所表达的意义

a) quando? b) per quanto tempo? c) qual è la causa?

1. La polizia ha impedito l'accesso in piazza **poiché** la manifestazione non era autorizzata. ....
2. Non ti preoccupare, ti telefono non **appena** avrò il risultato dell'esame. ....
3. A: È un dizionario elettronico? Che bello! Me lo presti?
   B: Sì, certo. Tienilo **finché** vuoi. ....
4. A: Allora che facciamo? È tardi.
   B: Beh, **visto che** Marco non arriva, io direi di andare. ....
5. A: Susan, che fai dopo la lezione?
   B: Guarda, **siccome** domani è il compleanno di Ludmila, vado in centro a cercare un regalino. Vieni con me? ....
6. Resto in vacanza **finché** non inizia l'università. ....

2. Abbina le frasi delle due colonne 将左右两部分的句子连接起来

1. È inutile dare a lui questo lavoro, dato che
2. Direi di restare in spiaggia finché
3. Ti telefono non appena
4. È inutile chiamarla, visto che
5. Resto qui con voi finché non
6. Voglio vedere Claudio prima che

a) c'è il sole.
b) inizia la partita.
c) parte.
d) saprò qualcosa.
e) parta.
f) non vuole parlarti.

3. Completa con una congiunzione o espressione appropriata 用下列适当的连词或连词短语填空

prima che   non perché   siccome   che   dopo che   perché

1. La stampante si è rotta subito .... era scaduta la garanzia.
2. .... sono stonato, è meglio che canti qualcun'altro.
3. Stefano è uscito .... il concerto finisse.
4. Sbrigati, ... siamo in ritardo!
5. Preferisco non prestare la macchina a Maurizio .... guida malissimo.
6. Ha smesso di studiare .... si fosse stancato, ma perché è dovuto andare a lavorare.

4. Scegli una congiunzione o espressione appropriata 选择适当的连词或连词短语填空

a) finché non   b) poiché, visto che, dato che   c) siccome   d) non perché

A: Professore, allora è vero che i ragazzi imparano in maniera differente dalle ragazze?

B: Sì, è così. Negli ultimi anni gli studiosi che si occupano di ricerche sul cervello ci confermano quello che già si sapeva: 1) .... i maschi hanno più materia grigia e producono più testosterone, risultano essere più portati al calcolo e all'aggressività; le femmine hanno più materia bianca, producono più serotonina e sono quindi più creative, riflessive e portate al linguaggio.

A: Ma allora, 2) .... il cervello funziona in maniera così differente nei due sessi, non sarebbe il caso di abolire nelle scuole le classi miste?

B: In effetti alcuni paesi come gli Stati Uniti o la Gran Bretagna hanno già sperimentato le classi separate per maschi e femmine.

A: E Lei è d'accordo?

B: Il principio della divisione tra maschi e femmine non mi piace, 3) .... io non riconosca la validità delle ricerche compiute ma perché credo che sia molto importante che i ragazzi e le ragazze possano confrontarsi e arricchirsi reciprocamente 4) .... la realtà che sta fuori dalla scuola è una realtà fatta di uomini e donne. Basare nuovi metodi d'insegnamento sulle differenze cerebrali non mi sembra un approccio corretto 5) .... è vero che queste differenze esistono ma nessuno è veramente sicuro di quello che significa concretamente.

A: Quindi sarebbe meglio continuare con il modello delle classi miste 6) .... avremo maggiori approfondimenti?

B: Direi di sì. Anche perché queste ricerche riguardano un apprendimento di base e ignorano i livelli superiori, quelli che permettono di elaborare e ampliare le conoscenze.

54 LA SUBORDINAZIONE: ALTRE CONGIUNZIONI
其他连词构成的主从复合句

除了之前我们讲过的连词外，还有很多其他几类连词。

1 表示目的的连词（Congiunzioni finali）：*–qual è l'obiettivo?*

表示目的，即主句动作发生的目的。

使用动词：虚拟式。

- **PERCHÉ**

Ti presto i miei CD **perché** tu *possa* migliorare la pronuncia dell'italiano.

- **IN MODO CHE**

Ho dato a tutti una fotocopia delle soluzioni **in modo che** si *vada* avanti più velocemente con la correzione.

- **AFFINCHÉ** (*): 意思是 al fine che。

La contessa Belgioioso mostrò la lettera **affinché** tutti la *leggessero* e *capissero*.

- **CHE:** 可以在以下动词或表达方式后面使用该连词：**FARE ATTENZIONE, BADARE, CONTROLLARE, STARE ATTENTO, GUARDARE** (意思同 **CONTROLLARE** [察看、检查])。

ESEMPI

Mi raccomando, **controlla che** tutti *abbiano firmato*.
Signora, per favore **badi che** i ragazzi *facciano* i compiti.

(*) 仅在正式用语和书面语中使用。

! NOTA BENE 请注意

- 当主从句中的主语前后一致或不确定的时候，我们可以使用不明确表达方式“**per** + 不定式”。

Per stare in forma *bisogna* soprattutto fare sport, non credi?

- 如果我们要使句子语气更加强烈，可以使用“**pur di** + 不定式”。
复句中各句的主语应该保持一致。

2 表示让步的连词（Congiunzioni concessivei）：*–anche se ...*

表示一个与主句动作发展相反的动作，但是说出来时依然能实现。

使用动词：虚拟式 (如果表示假设和提出意见时，可以使用条件式)

- **NONOSTANTE/MALGRADO**

Nonostante il bilancio *sia* in pareggio, l'azienda è in crisi.
Ingegnere, il progetto va avanti **malgrado** Lei *sia* di parere contrario.

- **SEBBENE/BENCHÉ**

Il pubblico riempiva lo stadio, **sebbene** *piovesse* e *facesse* molto freddo.

- **PER QUANTO**

Per quanto tutti lo *avessero sconsigliato*, Luca ha comprato quella moto.

NOTA BENE 请注意

- 在非正式的口语中，我们通常倾向于避免使用**虚拟式**，而是更喜欢使用“**anchese** + **直陈式或条件式**”这样的方式。

Anche se ha detto la verità, ha creduto.
Anche se erano a piedi, sono arrivati prima di noi.

Nonostante *avesse detto* la verità, nessuno gli ha creduto.
Sebbene *fossero* a piedi, sono arrivati prima di noi.

表示条件的连词（Congiunzioni condizionali）

- **a) *–a che condizione?***

表示主句动作发生的必要条件。
使用动词：虚拟式。

- **A PATTO CHE/A CONDIZIONE CHE**

Ti lascio guidare, **a patto che** tu *vada* piano.
Firmo il contratto **a condizione che** voi tutti *siate* d'accordo.

- **PURCHÉ**

Rossana ha detto che viene con noi, **purché** *si vada* in un ristorante vegetariano.

- **b) *–se …*** （假设、如果……）

根据主句中表达的意思，表示一种假设和可能性。

使用动词：虚拟式。

- **NEL CASO CHE** (*)

Nel caso che l'albergo *sia* al completo, vi troverò io un'altra sistemazione.

- **QUALORA** (**)

Qualora la camera non *fosse* di Suo gradimento, La preghiamo di farcelo sapere.

(*) 可以省略 che。

(**) 正式用语和书面语的用法。

NOTA BENE 请注意

- 在口语中，我们更倾向于使用“ **se** + 直陈式”的形式。
  试比较之前的例子：

Ti lascio guidare **se** vai piano.
Se la camera non è di Suo gradimento, La preghiamo di farcelo sapere.

- 在用 **se** 引导的条件主从句中，只使用直陈式会使语言变得贫乏，也就是说在表示事实、确定（直陈式）和非事实、不确定（虚拟式）之间的区别。

ESEMPI

Allora, se **ho** problemi con la macchina ti chiamo. (*chi parla considera abbastanza reale l'ipotesi di un guasto*)
Allora, se **avessi** problemi con la macchina ti chiamo. (*chi parla considera meno reale l'ipotesi di un guasto*)
Se **avessi** problemi con la macchina ti chiamerei. (*chi parla sta solamente facendo un'ipotesi*)

- 同样道理，caso che 和 qualora 使用虚拟式现在时表示一种可能实现的事实，而用虚拟式未完成过去时则表示一种不太可能实现的事实。

Nel caso che Patrizia **decida/decidesse** di partire, puoi prendere tu la sua stanza.

(*) 见第 112 页第 35 章：**Il periodo ipotetico 条件主从句**。

4 表示方式的连词（Congiunzioni di modo）：*–come?*

表示主句动作是以什么方式进行的。
使用动词：直陈式、条件式或虚拟式

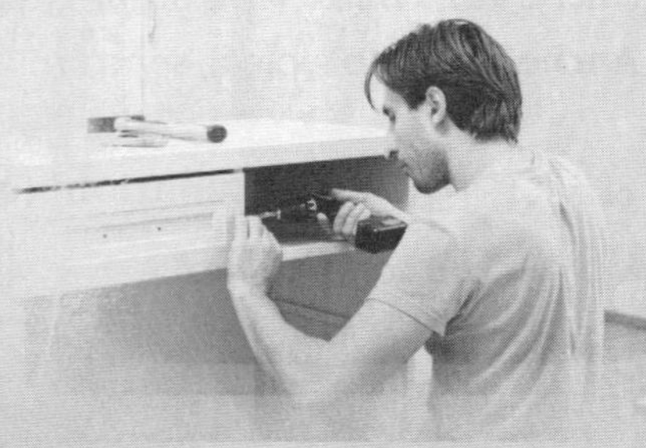

- **COME** + 直陈式：表示一种事实、确定。

Ho fatto tutto **come** mi avevi detto.
Abbiamo montato i mobili esattamente **come** c'è scritto nelle istruzioni.

- **COME** + 条件式：表示假设、意见或愿望。

Hai spiegato la regola **come** avrebbe fatto l'insegnante.

使用虚拟式，表示非事实、假设和不可能的比较：

- **COME SE** (*)

Si comporta **come** *fosse* il padrone qui dentro!

- **QUASI CHE** (*)

Antonio era pallidissimo, **quasi** *stesse* per svenire.

- **COMUNQUE**: 意思是 in qualsiasi modo

Comunque *vada*, io ho la coscienza a posto.

(*) 也可以省略 se 和 che。

5 表示因果的连词（Congiunzioni consecutive）：*–qual è la conseguenza?*

表示主句动作引起的结果或后果。

- 当结果可以实现时，使用直陈式：

- ***COSÌ, TANTO, TALMENTE, TALE ...*** (在主句中) + **CHE**

Carlo, la tua macchina è ***così*** comoda e silenziosa **che** mi sono addormentato.
Luca è ***talmente*** pigro **che** prende il motorino per andare a comprare il giornale.
La confusione era ***tale* che** ci siamo subito persi di vista.

- **COSICCHÉ** (*)

Alla conferenza stampa di stasera i posti saranno numerati **cosicché** nessuno resterà in piedi.

- 当结果是无法实现的，或者只是有可能实现时，使用虚拟式：

- ***TROPPO, ABBASTANZA, POCO, TROPPO POCO*** + **PERCHÉ**

Ha sbagliato ***troppe*** volte **perché** mi *possa* ancora fidare di lui.
Anna ha già ***abbastanza*** lavoro **perché** *si occupi* anche del nostro.
Quell'attore è ***troppo poco*** conosciuto **perché** il regista gli *dia* il ruolo di protagonista.

(*) 不常用。

6 表示限制或排除的连词（Congiunzioni che limitano o escludono）

- 表示与主句动词相关的一种限制。

- **PER QUANTO/PER QUEL CHE** + 直陈式

Per quanto posso fare, cercherò di aiutarti a pagare l'affitto. (*limitatamente alle mie possibilità economiche*)
Per quel che ne so io, i biglietti per il concerto sono già finiti. (*limitatamente alle mie informazioni*)

● 表示与主句动作相关的**一种排除，一种缺失**。

- **MENO CHE/TRANNE CHE/ECCETTO CHE/SALVO CHE**
- **SENZA**

+ 不定式

ESEMPI

A: Sono molto vivaci i tuoi bambini.
B: Oh sì, fanno di tutto, **meno che** studiare!

In casa Mauro fa tutto **tranne che** passare l'aspirapolvere.
Cristina per dimagrire proverebbe qualsiasi cosa **salvo che** fare una dieta.
Non mi piace chi scrive una lettera a un giornale **senza** mettere la firma.

- **A MENO CHE (NON)/TRANNE CHE/ECCETTO CHE/SALVO CHE**
- **SENZA CHE**

+ 虚拟式

ESEMPI

Possiamo andare a mangiare fuori, **a meno che non** *preferiate* restare a casa.
Mi sembra che siamo tutti d'accordo e possiamo spedire la relazione, **eccetto che** qualcuno *abbia* ancora modifiche da proporre.
Gianni domani ti aiuterà senz'altro, **salvo che** *abbia* altro da fare.
Spesso prendevo la macchina di mio padre **senza che** lui *se ne accorgesse*!
Siamo rimasti bloccati tre ore in aeroporto **senza che** nessuno ci *abbia dato* una spiegazione.

- **TRANNE/ECCETTO/SALVO**
- **ALL'INFUORI DI**
- **FUORCHÉ (*)**
- **SENZA**

+ 名词/代词

ESEMPI

Guarda, sopporto tutto **tranne** l'arroganza.
Tutti hanno firmato il documento, **eccetto** te.
Salvo gli spinaci e i broccoli, i nostri bambini mangiano qualsiasi verdura.
Nessuno ha avuto il coraggio di protestare, **all'infuori** di Renato.
Signori deputati, accetto qualsiasi reazione alla mia proposta **fuorché** gli insulti gratuiti.
È difficile studiare una lingua **senza** un insegnante.

(*) 不常用。

! NOTA BENE 请注意

○ 以下表达方式也可以表示限制，通常位于复合句的句首：

che { **io** / **tu** / **Lei** } **sappia**
che voi sappiate

A: Sai dove lavora Aldo?
B: Mah, **che io sappia**, lavora sempre alla Tecnoplast.

Che io sappia, non ci sono altri treni per Firenze.
Signora, **che Lei sappia**, c'è un ufficio postale qui vicino?
Senti, **che tu sappia**, è facile avere un visto turistico per la Cina?

通常这样的表达方式会和一些表示不确定的语气词或 mah, beh 这样的表达一同使用。

- 通常表示限制含义的连词或表达方式位于主句的句首，而表示排除含义的位于主句的句中。

Per quel che mi risulta, il dottor Magni ha accettato quel lavoro in Giappone.
Conosco tutta l'Italia **tranne che** il Friuli.

ESERCIZI 练习

1. Leggi le frasi e indica che cosa esprime la congiunzione evidenziata (congiunzioni finali, concessive, condizionali)
阅读下面的句子，指出特别标示的连词所表达的含义（表示目的、让步、条件的连词）

a) qual è l'obiettivo? b) a che condizione? c) anche se ... d) se ...

1. Ragazzi, prendiamo un cane *a patto che* lo portiate fuori voi. Va bene? ....
2. Karl rimase immobile nell'ombra, *affinché* l'uomo non si accorgesse della sua presenza. ....
3. *Qualora* abbiate domande o dubbi, la signora Berti sarà a vostra disposizione. ....
4. *Nonostante* glielo abbia ripetuto mille volte, Marina lascia sempre la macchina con le luci accese. ....
5. Gli ho prestato il motorino *perché* arrivasse in tempo all'esame. ....
6. L'incontro tra i due Presidenti è stato cordiale, *sebbene* non siano mancati momenti di tensione. ....

2. Come sopra (congiunzioni modali, consecutive, di limite ed esclusione)
同上（表示方式、因果、限制和排除的连词）

a) qual è la conseguenza? b) come? c) esclusione/mancanza d) limitazione

1. Guardi signora, a un matrimonio può vestirsi di qualsiasi colore *fuorché* di bianco e di nero. Che ne dice di questo abito azzurro? ....
2. *Che* tu sappia, qui è possibile pagare con la carta di credito? ....
3. Carmen, il dolce che ci hai portato era così buono *che* l'abbiamo finito in un attimo! ....
4. Davide è veramente antipatico: in classe risponde *come se* sapesse tutto lui. ....
5. Eravamo tutti d'accordo, *tranne* Giulia. ....
6. Oggi Carla ha troppo lavoro da fare *perché* possa venire con noi in palestra. ....

3. Completa le frasi con un verbo al congiuntivo 用动词的虚拟式形式填空，完成句子

vedere potere fare attenzione essere dire avere bisogno

1. Ti racconto tutta la storia a patto che tu non lo .... a nessuno.
2. Valeria si comporta come se .... la più bella del mondo.
3. Ti presto il mio giaccone, purché tu .... a non macchiarlo.
4. Qualora .... di maggiori informazioni, non esitate a contattarci.
5. Il cane si è mangiato tutto l'arrosto senza che lo ....
6. Vi lascio tutta la documentazione affinché .... leggerla e rifletterci.

4. Trasforma le frasi tramite una o più congiunzioni 用一个或多个连词转换句子

1. Voglio imparare bene l'italiano, frequenterò un corso intensivo.
....
2. Sono arrivato a casa, ho fatto subito una doccia calda, faceva molto freddo.
....
3. Ho preso due aspirine, la febbre non è scesa.
....
4. Io ti do una mano con i compiti, tu lavi la macchina.
....
5. Pioveva davvero troppo, la partita è stata rinviata.
....
6. Giulia non vuole che usciamo, dobbiamo uscire, lei non ci deve vedere.
....

5. Completa le frasi 完成句子

1. Alla fine Laura ha accettato quel lavoro per quanto ....
2. Verrò con voi in pizzeria malgrado ....
3. Farei qualsiasi cosa pur di ....
4. Signora, Le assicuro che perderà peso, purché ....
5. L'Università Statale concede delle borse di studio affinché ....
6. Riccardo è talmente avaro che ....

6. Completa il dialogo con una congiunzione o espressione appropriata 用适当的连词或表达方式完成下面的对话

per quel che ne so — qualora — non perché — pur di — che Lei sappia — come se

Passeggero 1: Mi scusi, ci sono notizie del volo per Palermo? Sono ore che aspettiamo!
Hostess: Mi dispiace ma c'è stato uno sciopero improvviso. Aspettiamo comunicazioni dalla compagnia.
Passeggero 1: 1) ...., c'è sciopero anche a Palermo?
Passeggero 2: Basta con questi scioperi, non se ne può più!
Passeggero 1: Mi scusi, lo sciopero è uno strumento democratico di protesta.
Passeggero 2: Eh, buonasera! 2) ...., non servono a niente.
Passeggero 1: Senta, La invito a informarsi prima di parlare.
Passeggero 2: Sono perfettamente informato, io.
Hostess: Signori, per favore. Stiamo cercando di risolvere la situazione e 3) .... questo non fosse possibile, metteremo a disposizione una sistemazione per la notte.
Passeggero 2: Una "sistemazione"? 4) .... fossimo merci e non persone!
Passeggero 1: Ma stia calmo Lei. Senta signorina, io protesto 5) .... sia contrario allo sciopero ma perché non ci viene detto niente.
Hostess: Guardi, Le assicuro che faremo il possibile 6) .... farvi partire entro un tempo ragionevole.
Passeggero 1: Va bene, allora speriamo di poter partire presto.
Passeggero 2: Ah, voglio proprio vedere!

Una grammatica italiana per tutti 2

APPENDICE
附录
TAVOLE SINOTTICHE
语法简表

TAVOLA 1

AGGETTIVI E PRONOMI INDEFINITI 泛指形容词和泛指代词

	AGGETTIVI		PRONOMI	
	SINGOLARE	PLURALE	SINGOLARE	PLURALE
MASCHILE/ FEMMIMILE	**Poco**/ a	**Pochi**/ e	**Alcuno**/ a	**Alcuni**/ e
	Molto/ a	**Molti**/ e	**Molto**/ a	**Molti**/ e
	Parecchio/ a	**Parecchi**/ e	**Poco**/ a	**Pochi**/ e
	Tanto/ a	**Tanti**/ e	**Tanto**/ a	**Tanti**/ e
	Troppo/ a	**Troppi**/ e	**Altrettanto**/ a	**Altrettanti**/ e
	Tutto/ a	**Tutti**/ e	**Troppo**/ a	**Troppi**/ e
	Certo/ a	**Certi**/ e	**Tutto**/ a	**Tutti**/ e
	Altro/ a	**Altri**/ e	**Uno**/ a (*)	**Uni**/ e
	Alcuno/ a	**Alcuni**/ e	**Altro**/ a (*)	**Altri**/ e

ESEMPI: *Ho pochi/troppi libri.* *Non ne ho visti molti.* *Ho poca/molta fame.* *Le hai mangiate tutte.*

(*) 两者配合使用表示相互的关系。

ESEMPIO: *A: Dove sono i tuoi figli?*
B: Uno a scuola, l'altro a giocare.

	AGGETTIVI	PRONOMI
	MASCHILE/FEMMINILE	MASCHILE/FEMMINILE
(solo singolare)	**Nessuno**/ a	**Nessuno**/ a
	Ciascuno/ a	**Ciascuno**/ a
		Ognuno/ a
		Qualcuno/ a
(solo plurale)		**Certi**/ e (*certuni/ e*)

ESEMPI: *A: Ha chiamato qualcuno?*
B: No, nessuno.
Non ho avuto nessun problema.
Ciascuna persona ha le sue esigenze.

invariabili

	AGGETTIVI	PRONOMI
(solo singolare)	**Qualche**	**Chiunque**
	Ogni	**Qualcosa**
	Qualsiasi	**Niente**/ **nulla**
	Qualunque	

ESEMPI: *Possiamo vederci qualche/qualsiasi/ogni giorno.*
Vuoi qualcosa da bere?

TAVOLA 2

COMPARATIVI IRREGOLARI 比较级的不规则形式

AGGETTIVO	**COMPARATIVO**
buono	migliore/ i
cattivo	peggiore/ i
grande	maggiore/ i
piccolo	minore/ i
alto	superiore/ i
basso	inferiore/ i
AVVERBIO	
bene	meglio
male	peggio

SUPERLATIVI IRREGOLARI 最高级的不规则形式

AGGETTIVO	**SUPERLATIVO RELATIVO**	**SUPERLATIVO ASSOLUTO**
buono	**il**/ **la** migliore (miglior) **i**/ **le** migliori	ottim**o**/ **a** ottim**i**/ **e**
cattivo	**il**/ **la** peggiore (peggior) **i**/ **le** peggiori	pessim**o**/ **a** pessim**i**/ **e**
grande	**il**/ **la** maggiore (maggior) **i**/ **le** maggiori	massim**o**/ **a** massim**i**/ **e**
piccolo	**il**/ **la** minore (minor) **i**/ **le** minori	minim**o**/ **a** minim**i**/ **e**
alto	=	suprem**o** (sommo)/ **a** suprem**i** (sommi)/ **e**
basso	=	infim**o**/ **a** infim**i**/ **e**
acre	=	**acerrimo**
celebre	=	**celeberrimo**
salubre	=	**saluberrimo**
integro	=	**integerrimo**
magnifico	=	**magnificentissimo**
benevolo	=	**benevolentissimo**

ESEMPI:

Patrizia è la maggiore/minore delle mie figlie.
Ha ottenuto risultati migliori/peggiori di quelli dell'anno scorso.
L'ufficio del Rag. Moretti è al piano superiore/inferiore.
L'aria in alta montagna è saluberrima.
A: Come stai?
B: Un po' meglio, grazie.

TAVOLA 3

PRONOMI COMBINATI 组合代词

Pronomi indiretti		**Pronomi diretti**		**PRONOMI COMBINATI**	
(a me)	MI	LO	*(M.S.)*	**ME LO**	(LA, LI, LE)
(a te)	TI	LA	*(F.S.)*	**TE LO**	ecc.
(a noi)	CI	LI	*(M.PL.)*	**CE LO**	ecc.
(a voi)	VI	LE	*(F.PL.)*	**VE LO**	ecc.
(a lei/ a Lei)	LE			**GLIELO**	ecc.
(a lui/ a loro)	GLI			**GLIELO**	ecc.

ESEMPI:
A: Ti ricordi di portarmi il CD domani?
B: Te lo porto senz'altro.
A: Vorrei parlare con il Dott. Sereni
B: Sì, glielo passo subito.
A: Che splendido vaso!
B: Grazie, ce l'hanno regalato quando ci siamo sposati

Pronomi indiretti		**Pronome partitivo**	**PRONOMI COMBINATI**
(a me)	MI		**ME NE**
(a te)	TI		**TE NE**
(a noi)	CI	NE	**CE NE**
(a voi)	VI		**VE NE**
(a lei/ a Lei)	LE		**GLIENE**
(a lui/ a loro)	GLI		**GLIENE**

ESEMPI:
A: Vorrei del prosciutto cotto.
B: Quanto?
A: Mah, me ne dia tre etti.
A: Avete ancora bisogno di sedie?
B: No, grazie, ce ne hanno portate abbastanza.

TAVOLA 4

PRONOMI RELATIVI 关系代词

Pronomi relativi soggetto e oggetto diretto

Invariabile	***A 4 uscite***		
		SINGOLARE	PLURALE
CHE	MASCHILE	**il** quale	**i** quali
	FEMMINILE	**la** quale	**le** quali

Invariabile		*A 4 uscite*	
		SINGOLARE	PLURALE
CHI	MASCHILE	**Colui** che/ il quale	**Coloro** che/ i quali
	FEMMINILE	**Colei** che/ la quale	**Coloro** che/ le quali

ESEMPI: *Chi ha finito il test, può andare.*
Abbiamo assunto una segretaria che parla tre lingue.

Pronomi relativi complemento indiretto

Preposizioni		
A, DI, IN, DA, SU,	+	**CUI**
PER, CON, TRA/FRA		**IL QUALE, LA QUALE, I QUALI, LE QUALI**

ESEMPI: *Preferisco aspettare in un bar in cui possiamo sederci.*
Mi sono dimenticata il motivo per il quale abbiamo litigato.

Casi particolari

Articoli		
IL, LA, I, LE	+	**CUI**
IL		**CHE**

ESEMPI: *Entrano per prime le persone il cui nome va dalla A alla L.*
È un lavoro con un orario flessibile, il che mi va molto bene.

TAVOLA 5

CONIUGAZIONE DEI VERBI REGOLARI 规则动词的变位

	Presente congiuntivo	Passato congiuntivo	Imperfetto congiuntivo	Trapassato congiuntivo
parlare	parli parli parli parliamo parliate parlino	abbia abbia abbia abbiamo abbiate abbiano } **parlato**	parlassi parlassi parlasse parlassimo parlaste parlassero	avessi avessi avesse avessimo aveste avessero } **parlato**
vendere	venda venda venda vendiamo vendiate vendano	abbia abbia abbia abbiamo abbiate abbiano } **venduto**	vendessi vendessi vendesse vendessimo vendeste vendessero	avessi avessi avesse avessimo aveste avessero } **venduto**
partire	parta parta parta partiamo partiate partano	sia sia sia } **partito/ a** siamo siate siano } **partiti/ e**	partissi partissi partisse partissimo partiste partissero	fossi fossi fosse } **partito/ a** fossimo foste fossero } **partiti/ e**

	Imperativo per il *Lei*	Infinito	Participio	Gerundio
parlare	Parli! Non parli!	(*presente*) parlare (*passato*) aver(e) parlato	(*presente*) parlante (*passato*) parlato	(*presente*) parlando (*passato*) avendo parlato
vendere	Venda! Non venda!	(*presente*) vendere (*passato*) aver(e) venduto	(*presente*) vendente (*passato*) venduto	(*presente*) vendendo (*passato*) avendo venduto
partire	Parta! Non parta!	(*presente*) partire (*passato*) esser(e) partito/a/i/e	(*presente*) partente (*passato*) partito	(*presente*) partendo (*passato*) essendo partito/a/i/e

TAVOLA 6

***MODO CONGIUNTIVO* 虚拟式**
***CONIUGAZIONE DI ALCUNI VERBI IRREGOLARI* 部分不规则动词的变位**

	Presente	Imperfetto		Presente	Imperfetto
essere	sia sia sia siamo siate siano	fossi fossi fosse fossimo foste fossero	**fare**	faccia faccia faccia facciamo facciate facciano	facessi facessi facesse facessimo faceste facessero
avere	abbia abbia abbia abbiamo abbiate abbiano	avessi avessi avesse (*regolare*) avessimo aveste avessero	**potere**	possa possa possa possiamo possiate possano	potessi potessi potesse (*regolare*) potessimo poteste potessero
andare	vada vada vada andiamo andiate vadano	andassi andassi andasse (*regolare*) andassimo andaste andassero	**sapere**	sappia sappia sappia sappiamo sappiate sappiano	sapessi sapessi sapesse (*regolare*) sapessimo sapeste sapessero
bere	beva beva beva beviamo beviate bevano	bevessi bevessi bevesse bevessimo beveste bevessero	**stare**	stia stia stia stiamo stiate stiano	stessi stessi stesse stessimo steste stessero
dare	dia dia dia diamo diate diano	dessi dessi desse dessimo deste dessero	**uscire**	esca esca esca usciamo usciate escano	uscissi uscissi uscisse (*regolare*) uscissimo usciste uscissero
dire	dica dica dica diciamo diciate dicano	dicessi dicessi dicesse dicessimo diceste dicessero	**venire**	venga venga venga veniamo veniate vengano	venissi venissi venisse (*regolare*) venissimo veniste venissero
dovere	debba debba debba dobbiamo dobbiate debbano	dovessi dovessi dovesse (*regolare*) dovessimo doveste dovessero	**volere**	voglia voglia voglia vogliamo vogliate vogliano	volessi volessi volesse (*regolare*) volessimo voleste volessero

TAVOLA 7

ESEMPI DI CONIUGAZIONE DEI VERBI PRONOMINALI 代词式动词变位举例

Tempi semplici

	Presente indicativo	**Presente congiuntivo**	**Imperativo**	**Imperativo per il *Lei***
farcela	ce la faccio ce la fai ce la fa ce la facciamo ce la fate ce la fanno	ce la faccia ce la faccia ce la faccia ce la facciamo ce la facciate ce la facciano	(*tu*) faccela! non farcela!/ non ce la fare! (*voi*) fatecela! non fatecela!/ non ce la fate!	ce la faccia! non ce la faccia!
andarsene	me ne vado te ne vai se ne va ce ne andiamo ve ne andate se ne vanno	me ne vada te ne vada se ne vada ce ne andiamo ve ne andiate se ne vadano	(*tu*) vattene! non andartene!/ non te ne andare! (*voi*) andatevene! non andatevene!/ non ve ne andate	se ne vada! non se ne vada!
capirci	ci capisco ci capisci ci capisce ci capiamo ci capite ci capiscono	ci capisca ci capisca ci capisca ci capiamo ci capiate ci capiscano	(*tu*) capiscici! non capirci/ non ci capire! (*voi*) capiteci! non capiteci!/ non ci capite!	ci capisca! non ci capisca!
prendersela	me la prendo te la prendi se la prende ce la prendiamo ve la prendete se la prendono	me la prenda te la prenda se la prenda ce la prendiamo ve la prendiate se la prendano	(*tu*) prenditela! non prendertela!/ non te la prendere! (*voi*) prendetevela! non prendetevela!/ non ve la prendete!	se la prenda! non se la prenda!

Tempi composti

	Passato prossimo congiuntivo	Trapassato passato	Infinito	Condizionale passato
farcela	ce l'ho ce l'hai ce l'ha ce l'abbiamo ce l'avete ce l'hanno } fatt**a**	ce l'avessi ce l'avessi ce l'avesse ce l'avessimo ce l'aveste ce l'avessero } fatt**a**	avercela fatta	ce l'avrei ce l'avresti ce l'avrebbe ce l'avremmo ce l'avreste ce l'avrebbero } fatt**a**
andarsene	me ne sono te ne sei se n'è } andat**o/a** ce ne siamo ve ne siete se ne sono } andat**i/e**	me ne fossi te ne fossi se ne fosse } andat**o/a** ce ne fossimo ve ne foste se ne fossero } andat**i/e**	essersene andat**o/ a/ i/ e**	me ne sarei te ne saresti se ne sarebbe } andat**o/a** ce ne saremmo ve ne sareste se ne sarebbero } andat**i/e**
capirci	ci ho ci hai ci ha ci abbiamo ci avete ci hanno } capito	ci avessi ci avessi ci avesse ci avessimo ci aveste ci avessero } capito	averci capito	ci avrei ci avresti ci avrebbe ci avremmo ci avreste ci avrebbero } capito
prendersela	me la sono te la sei se l'è ce la siamo ve la siete se la sono } pres**a**	ma la fossi te la fossi se la fosse ce la fossimo ve la foste se la fossero } pres**a**	essersela presa	me la sarei te la saresti se la sarebbe ce la saremmo ve la sareste se la sarebbero } pres**a**

TAVOLA 8

ALTERAZIONE DI NOMI, AGGETTIVI E AVVERBI 名词、形容词和副词的词形变化

	Diminutivo		Vezzeggiativo		Accrescitivo		Dispregiativo	
Suffissi	-ino	*(a, i, e)*	-ello	*(a, i, e)*	-otto	*(a, i, e)*	-accio	*(a, i, e)*
			-etto	(a, i, e)	-one	*(a, i, e)*	-astro	*(a, i, e)*
			-uccio	*(a, i, e)*				

ESEMPI:

Ho comprato un bel tavolino per il salotto.
Abbiamo fatto una gitarella in montagna.
A: Come va tuo figlio a scuola?
B: Mah, benino.
A: Questo è tuo figlio? Ma sembra un giovanotto!
B: Sì, in effetti è altino per la sua età.
Mia nonna era un donnone, molto più alta di mio nonno.
Aveva gli occhi né chiari né scuri, di un colore verdastro.
A: Hai sentito dei Rossi?
B: Sì, poveracci, rischiano di perdere la casa.

Una grammatica italiana per tutti 2

CHIAVI

练习参考答案

1. ARTICOLI DETERMINATIVI: QUANDO NON SI USANO

Es. 1

1. sì (La), 2. no, 3. no, 4. sì (La), 5. no, 6. no

Es. 2

1. possibile (ho studiato il cinese), 2. sbagliato, 3. giusto, 4. sbagliato, 5. sbagliato, 6. possibile (degli studenti), 7. sbagliato, 8. giusto, 9. sbagliato, 10. possibile (la fisica e la matematica)

Es. 3

1. Ho una fame (molta fame), 2. nessuna differenza, 3. il lunedì (ogni lunedì), 4. nessuna differenza, 5. senza articolo (è più scorrevole)

Es. 4

1. Non c'è dubbio che ...; 2. ..., il professor Canepa, ...; 3. ...si realizzano guadagni notevoli/dei guadagni notevoli ...; 4. ...ma sono i loro genitori ...

2. NOMI: ECCEZIONI E PARTICOLARITÀ

Es. 1

1. La professoressa, 2. La studentessa, 3. La regina, 4. La nipote, 5. La volpe femmina/La femmina della volpe, 6. La sorella

1. Le dottoresse, 2. Le professoresse, 3. Le eroine, 4. Le cantanti, 5. Le nipoti, 6. Le mogli

Es. 2

1. Il boa, 2. un capitale, 3. Il fine, 4. La fine, 5. la finale, 6. il fronte

Es. 3

1. *principessa*, 2. *la professoressa*, 3. *la regina*, 4. *le nipoti*, 5. *la poetessa*, 6. *la zarina*

Es. 4

1. la, 2. La, 3. le, 4. i, 5. L' , 6. le

Es. 5

1. le ossa, 2. le lenzuola, 3. i muri, 4. le gesta

Es. 6

2. l'influenza, 3. del pane, 4. nei dintorni, 6. il pubblico

3. L'ALTERAZIONE DI NOMI, AGGETTIVI E AVVERBI

Es. 1

1. affarone, 2. tipaccio, 3. finestrella/finestrina, 4. diamantino, 5. caratteraccio, 6. temporalone

Es. 2

1. benino, 2. tardino, 3. bellino, 4. golosone, 5. bruttino, 6. benone

Es. 3

1. lavoretto, 2. lavoraccio, 3. casetta, 4. villone, 5. figuraccia, 6. figurone

Es. 4

1. colpaccio, 2. momentino, 3. viziaccio, 4. storiaccia

4. AGGETTIVI INDEFINITI

Es. 1

1. tutte; 2. Alcune; 3. qualche; 4. nessun, Ogni; 5. qualsiasi; 6. alcuni, ogni, qualche

Es. 2

1. ciascuno; 2. alcuna/nessuna, alcuna/nessuna; 3. ciascun; 4. nessun/alcun; 5. alcuni

Es. 3

1. Tanto; 2. Ogni volta; 3. certi; 4. Qualsiasi treno va bene/ Ogni treno va bene; 5. Qualche settimana; 6. Certe, qualche sistema

Es. 4

1. parecchi/molti, 2. ogni/qualsiasi/ciascun, 3. ogni, 4. tutte, 5. alcuni, 6. qualsiasi, 7. nessun, 8. qualsiasi

5. COMPARATIVI

Es. 1

1.*h*, 2.i, 3.f, 4.n, 5.a, 6.b, 7.d, 8.e, 9.g, 10.c, 11.m, 12.l

Es. 2 *(risposte suggerite)*

La mia città è meno rumorosa della tua; Il presidente degli Stati Uniti è più famoso di me; Andare in palestra è più noioso che lavorare; In città la vita è meno divertente che al mare; Viaggiare in treno è scomodo come viaggiare in macchina; Avere una villa in piscina non è costoso come avere un appartamento normale

Es. 3 *(risposte suggerite)*

1. *Franco è più nervoso di Anna*; 2. Studiare l'inglese è più facile che studiare l'italiano; 3. D'inverno fa meno freddo a Napoli che a Milano; 4. Anna è alta quanto Paolo; 5. Marta è più furba che intelligente; 6. Silvia è tanto intelligente quanto furba; 7. Capisco l'inglese più di quanto lo parlo; 8. Mi piace il cinema come il teatro

Es. 4

1. quanto, 2. che, 3. di quanto, 4. come, 5. tanto, 6. quanto

6. COMPARATIVI IRREGOLARI

Es. 1

1. peggiore, 2. meglio, 3. peggio, 4. Meglio, 5. peggiore, 6. migliore

Es. 2

1. meglio, 2. maggiore/minore, 3. migliore/peggiore, 4. inferiore, 5. superiore, 6. peggio, 7. inferiore/minore, 8. maggiori/superiori

Es. 3

1. superiore, 2. peggio di Laura, 3. minore/inferiore, 4. minore, 5. maggiori, 6. peggiore, 7. migliore, 8. meglio

Es. 4

1. migliori, 2. superiore, 3. inferiori, 4. minore, 5. meglio, 6. maggiori

7. SUPERLATIVI

Es. 1

1. grassissimo, 2. le più fresche, 3. il meno simpatico, 4. bellissima, 5. intelligentissima, 6. La più piccola, 7. "Il meno caro"

Es. 2

1. Paolo è il più bravo degli studenti; 2. Le ultime giornate sono state faticosissime; 3. È una persona gentile, ma noiosissima; 4. È l'appartamento più lussuoso che abbiamo mai visto; 5. La persona che ti ho mandato è affidabilissima; 6. È il film più stupido che ho visto quest'anno; 7. Questa è la camera più grande dell'albergo; 8. È giustissimo

Es. 3 *(risposte suggerite)*

1. grandissima, 2. semplicissimo, 3. la cosa più stupida, 4. il posto meno interessante, 5. costosissimo, 6. una persona carinissima, 7. una cosa segretissima, 8. il passatempo più banale del mondo

Es. 4

1. lo *shopping* più conveniente, 2. semplicissimo, 3. l'*occasione* più ghiotta, 4. nuovissimo, 5. i *negozi* più esclusivi, 6. graditissima

8. SUPERLATIVI IRREGOLARI

Es. 1

1. migliore, 2. pessima, 3. maggior(e), 4. minima, 5. minor(e), 6. infimo

Es. 2

1. *guidava* alla massima *velocità*; 2. la peggiore; 3. migliori; 4. *neanche* la minima; 5. minime e massime; 6. una pessima *reputazione, ai prezzi* minori; 7. Benissimo, i migliori *risultati*

Es. 3 *(risposte suggerite)*

1. Perché no? Il migliore è il *Castello d'Oriente*; 2. Ottima idea!; 3. Sono pessimi, mi hanno fatto venire una delle peggiori allergie alla pelle che abbia mai avuto; 4. Non lo sai? Ha avuto un'ottima offerta ed è partito per Dubai; 5. Eh, purtroppo questa settimana ha avuto la crisi peggiore degli utimi tempi; 6. Beh, ci sarebbe il *Pentolone*, che è davvero ottimo; 7. Quest'anno purtroppo le esportazioni sono state minime, però in compenso abbiamo avuto il livello maggiore di scambi interni degli ultimi 5 anni; 8. Prendi questa tisana, è ottima per il mal di stomaco.

Es. 4

1. migliore, 2. minimi, 3. migliori, 4. peggiori, 5. ottimo

9. ALTRI MODI DI FORMARE COMPARATIVI E SUPERLATIVI

Es. 1 *(risposte suggerite)*

1. grande non meno della tua; 2. estremamente luminosa; 3. arcifamosi; 4. assai testardo; 5. oltremodo spazioso; 6. lucide al pari delle vostre; 7. alto alto; 8. altrettanto sicuri dei suoi; 9. ultrarigido; 10. strascontate; 11. necessario non meno che dormire; 12. altrettanto divertente che in vacanza

Es. 2 *(risposte suggerite)*

1. molto lontano, 2. altrettanto forniti che, 3. non meno stanco, 4. estremamente delicata, 5. ultramoderne, 6. importante al pari dello

Es. 3 *(risposte suggerite)*

1. Maria è altrettanto brava di sua sorella Laura; 2. Questo vino è oltremodo caro; 3. Il ristorante dove siamo andati ieri era incredibilmente cattivo; 4. Mi piacerebbe lavorare in un posto non meno interessante del tuo; 5. La mia situazione è altrettanto complicata della tua; 6. Hanno fatto un'impressione molto buona; 7. Abbiamo alloggiato in un albergo buono al pari di un quattro stelle; 8. Il suo atteggiamento è assolutamente sbagliato

Es. 4 *(risposte suggerite)*

1. estremamente pulita, 2. assai spaziose, 3. molto pittoresca, 4. altrettanto accoglienti, 5. straordinariamente disponibile

10. VERBI SEGUITI DA PREPOSIZIONI

Es. 1

1.*d*, 2.h, 3.b, 4.a, 5.g, 6.c, 7.e, 8.f

Es. 2

1. di, 2. di, 3. di, 4. di, 5. a, 6. a, 7. di, 8. a, 9. a

Es. 3

1. di, 2. a, 3. a, 4. a, 5. a, 6. a, 7. di, 8. di

Es. 4 *(risposte suggerite)*

1. *Cercherò di arrivare in tempo (tentativo)*; 2. Vado a prendere Paolo all'aeroporto (movimento); 3. Termino di scrivere questa email e arrivo (fine); 4. Non riesce proprio a prendere una decisione (capacità); 5. Iniziamo a sistemare questi libri? (inizio); 6. Ha continuato a parlare anche se c'era un forte dissenso (continuazione); 7. Vieni a mangiare qualcosa con noi? (movimento); 8. Mi sono messo a studiare il giapponese (inizio)

CHIAVI

11. PRONOMI INTERROGATIVI

Es. 1

1. quanti, chi; 2. quanto, Quale; 3. Chi; 4. che; 5.che, chi; 6. Chi, quante

Es. 2

1.*h*, 2.e, 3.f, 4.b, 5.a, 6.g, 7.d, 8.c

Es. 3 *(risposte suggerite)*

1. Con chi ci sei andata?; 2. Quanto vi siete fermati?; 3. Per quanto sono stati insieme?; 4. Quali hai preso?; 5. Quanti gliene servono?; 6. Da chi avete pranzato?; 7. A chi lo porto?; 8. Con che è fatto?

Es. 4

1. Quale onore, 2. Quanto spreco, 3. A chi lo dici, 4. Che bello, 5. A che pro, 6. Che schifo

12. PRONOMI INDEFINITI

Es. 1

1. qualcuno; 2. Troppa; 3. Alcuni, altri; 4. qualcosa; 5. chiunque; 6. Ognuno

Es. 2

1.*e*, 2.h, 3.f, 4.g, 5.a, 6.c, 7.b, 8.d

Es. 3 *(risposte suggerite)*

1. È venuto qualcuno?; 2. Niente, perché?; 3. Ti offro qualcosa?; 4. Nessuno; 5. va bene chiunque; 6. Vuole provare altro?

Es. 4

1. Qualcosa, 2. qualcuno, 3. troppi, 4. chiunque, 5. uno/qualcuno, 6. nessuno, 7. alcuni, 8. altri, 9. molto/tanto, 10. tanto/molto, 11. qualcuno

13. ESPRESSIONI CON *CI* E *NE*

Es. 1

1.*d*, 2.g, 3.f, 4.a, 5.h, 6.e, 7.b, 8.c

Es. 2

1. ci penso; 2. ci sente; 3. ne sono, ci scommetti; 4. ne sa; 5. ci riuscirò

Es. 3 *(risposte suggerite)*

1. Chi prenota i biglietti?; 2. Sai che Marianna ha vinto un sacco di soldi alla lotteria?; 3. È troppo difficile; 4. Possiamo metterci più avanti?; 5. È vero che vogliono licenziare due persone del tuo ufficio?; 6. Conosci il marito di Franca?; 7. È lontano?; 8. Allora, ha finito?; 9. Pensi che accetterà?; 10. Allora ci vediamo sabato

Es. 4 *(risposte suggerite)*

1. ci riesco, 2. ci pensa lui, 3. ne vale la pena, 4. ci vedo, 5. Ne sei, 6. ne sai, 7. ci credo, 8. ci scommetti

14. I PRONOMI COMBINATI

Es. 1

1. *consegnarglielo*; 2. Gliel'ha portato; 3. Gliel'ho detto; 4. gliene ho parlato; 5. me l'ha raccomandato; 6. Me l'ha consigliata; 7. gliel'ho promesso; 8. ce la cambiano, ce ne danno

Es. 2

1. Sì, gliel'ho detto; 2. Un attimo, glielo passo; 3. Un attimo, te la passo; 4. Sì, me ne hanno parlato; 5. No, non glielo direi mai; 6. Va bene, ve lo spiego di nuovo; 7. No, non gliele abbiamo ancora chieste; 8. Ti piacciono? Te ne regalo una!

Es. 3

1. te ne, 2. gliel'(o), 3. la, 4. te lo, 5. l'(o), 6. ce lo, 7. glielo, 8. le

Es. 4

1. Le, 2. le, 3. le, 4. mi, 5. le, 6. ... gliele, 7. le, 8. mi, 9. gli, 10. mi/ci, 11. Ci, 12. ... lo, 13. mi/ci, 14. Lo, 15. La

15. I PRONOMI RELATIVI

Es. 1

1. che (un ragazzo), 2. per cui (per il lavoro), 3. il che (il fatto che non siamo dovuti andare), 4. Coloro che (le persone che), 5. ai quali (a Paolo e Giorgio), 6. il cui -fratello- (il fratello di Marta), 7. Chi (la persona che), 8. quello che (le cose che)

Es. 2

1. cui; 2. il cui; 3. che, il che, che; 4. che, chi, Il che, cui; 5. cui, cui

Es. 3

1. per cui, 2. che, 3. di cui, 4. che, 5. il cui, 6. le cui, 7. che

Es. 4 *(risposte suggerite)*

1. Ha trovato finalmente un lavoro con cui può permettersi l'affitto; 2. Mia moglie è depressa, il che mi preoccupa molto; 3. Ti ho parlato di mia zia, la cui casa in montagna è bella ma in cattive condizioni; 4. Ho conosciuto coloro che parlano solo di calcio, il che mi fa annoiare; 5. La sorella, con cui abitava, si è trasferita all'estero, per cui Marco pensa di cambiare casa; 6. Non parlo mai di ciò di cui non mi intendo; 7. Cercano una segretaria che parli bene due lingue ci cui possano fidarsi; 8. Non so se ha fatto quello che ha detto

16. VERBI SEGUITI DA DUE PRONOMI (VERBI PRONOMINALI)

Es. 1

1.*l*, 2.f, 3.p, 4.o, 5.n, 6.i, 7.c, 8.h, 9.g, 10.d, 11.e, 12.a, 13.m, 14.b

Es. 2 *(risposte suggerite)*

1. ce l'ho messa tutta, 2. Ce la fai, 3. se ne approfitta, 4. se l'è

legata al dito, 5. Se l'è presa, 6. me n'ero accorto, 7. me ne vado, 8. me ne lavo le mani

Es. 3

1. Ce l'ha fatta ...; 2. ... perché se ne approfitta sempre; 3. ... Lo sai che è una che se la prende; 4. Sì, me la sono sbrigata prima del previsto; 5. ... Non me n'ero accorta; 6. Non me la sento di dargli questa brutta notizia; 7. ... ce la passiamo bene; 8. ... ce ne possiamo andare

Es. 4 *(risposte suggerite)*

1. Mah, penso di essermela cavata; 2. Non so se ce la faccio; 3. No, non preoccuparti, non me la sono presa; 4. No, possiamo farcela; 5. Sì, se l'è vista brutta; 6. No, ce la siamo sbrigata in dieci minuti; 7. Grazie, non me n'ero accorto; 8. Purtroppo ce ne dobbiamo andare subito

17. IL FUTURO SEMPLICE PER IPOTESI E DEDUZIONI

Es. 1

1. suonerà; 2. sarà; 3. Sarà; 4. staranno facendo, non staranno combinando; 5. sarai; 6. Sarà

Es. 2

1. costerà/sarà, 2. saranno, 3. sarà, 4. avrà

Es. 3

1.f - *vero*, 2.a - ipotesi, 3.e - vero, 4.b - ipotesi, 5.c - vero, 6.d - ipotesi

Es. 4

1. Sarà, 2. sarà, 3. Costerà, 4. starà studiando/studierà, 5. avranno

18. IL FUTURO ANTERIORE PER IPOTESI E DEDUZIONI

Es. 1

1. sarà stato, 2. avrò preso, 3. Saranno state, 4. Avrà perso, 5. avrà avuto, 6. si sarà perso, avrà trovato

Es. 2

1. sarà stato, 2. si saranno divertiti, 3. ci sarà stato, 4. avrai lasciate

Es. 3 *(risposte suggerite)*

1. Avrà cambiato idea, 2. Saranno state le dieci, 3. Non avrà studiato abbastanza, 4. Avranno litigato, 5. Ci sarà stato uno sciopero, 6. Avranno giocato troppo

Es. 4

1. avranno traslocato, 2. Saranno, 3. sarà, 4. avranno valutato

19. IL FUTURO: ALTRI USI

Es. 1

1. mi scuserà, 2. Ti dirò, 3. sarai, 4. Le dirò, 5. vorrà scusarmi, 6. Manderai

Es. 2

1. Sarà, 2. dirà, 3. ammetterai, 4. dirai, 5. sembrerà, 6. vorrai

Es. 3

1.d, 2.a, 3.b, 4.d, 5.d, 6.b, 7.c, 8.d

Es. 4 *(risposte suggerite)*

1. Ti dirò, non mi convince del tutto; 2. Sarà anche bella ma è così arrogante!; 3. Sarà anche rilassante ma non è un po' triste?; 4. Lei mi scuserà ma ho un impegno di lavoro.

20. IL PASSATO REMOTO

Es. 1

1. correre, 2. chiedere, 3. tenere, 4. volere, 5. dare, 6. scappare, 7. stare, 8. fare, 9. essere, 10. avere, 11. sapere, 12. restare

Es. 2

1. finì, applaudirono; 2. salutai, partì, ebbi; 3. restammo, ricevemmo; 4. fu, portò; 5. Sentii, mi svegliai, pensai

Es. 3

debuttai - debuttare, feci - fare, cascai - cascare, corsi - correre, passai - passare, girai - girare

Es. 4

1. sviluppò, 2. diede, 3. fu, 4. impiegò, 5. decise, 6. fu, 7. volle

21. IL TRAPASSATO REMOTO

Es. 1

1. ebbe dormito, 2. fui partito, 3. aveste viaggiato, 4. fosti rimasto, 5. si furono alzati, 6. avemmo deciso

Es. 2 *(risposte suggerite)*

1. Dopo che ebbe aperto la finestra, saltò giù; 2. Appena ebbi parlato con il direttore, decisi di dare le dimissioni; 3. Non appena foste entrate/i nella stanza, vedeste la confusione; 4. Appena furono arrivati tutti, il presidente dichiarò aperti i lavori della commissione; 5. Appena fummo passati a trovare Silvia, proseguimmo il viaggio; 6. Dopo che aveste telefonato a Giulia, andaste all'ospedale

Es. 3

1. ebbe finito, 2. guardò, 3. arrivai, 4. ebbero ricevuto, 5. ebbe saputo, 6. vidi

Es. 4

1. entrai, 2. fui entrato, 3. portai, 4. ebbi caricato, 5. tornai, 6. ebbi osservata, 7. Avvicinai, 8. uscii, 9. ebbi controllato

22. L'IMPERATIVO PER IL *LEI*

Es. 1

1. aspetti qui; 2. gli dica; 3. Mi dia; 4. Vada, giri; 5. Non si preoccupi; 6. Si accomodi; 7. Stia calmo; 8. Mi porti

Es. 2

1. Tagli, 2. tolga, 3. Triti, 4. mescoli, 5. Scaldi, 6. metta, 7. Giri, 8. copra, 9. cuocia

Es. 3 *(risposte suggerite)*

1. Aspetti; 2. si accomodi; 3. Non dimentichi; 4. porti, vada, faccia, lavi; 5. Dica, faccia, ritorni; 6. parli; 7. Richiami; 8. Scusi

Es. 4 *(risposte suggerite)*

1. Telefoni ad un'agenzia, 2. Trovi una brava baby-sitter, 3. Si consulti con sua sorella, 4. Lo faccia seguire da qualcuno, 5. Aspetti ancora un po', 6. Vada da un buon dietologo, 7. Si prenda un po' di tempo per sé, 8. Si iscriva ad un club

23. L'IMPERATIVO: CONTRASTO *TU/LEI*

Es. 1

A: Scusi, mi sa dire come ...
B: Allora, vada dritto, ... giri a sinistra, prosegua dritto ...
A: Senta, sa se c'è ...
B: Sì, guardi, la trova ...

Es. 2

1. Stia; 2. dammi; 3. si accomodi; 4. compragliela; 5. vattene; 6. Mi dia, me lo tagli; 7. Non ti preoccupare/Non preoccuparti; 8. lo metta

Es. 3 *(risposte suggerite)*

1. entri, metta, il suo; 2. Guarda, tue; 3. dammi; 4. Non fare; 5. Scusi; 6. porta, i tuoi; 7. Me la cambi, provi; 8. me lo passi

Es. 4

1. Vada da Marchi ...; 2. ... mi firmi queste ...; 3. Ciao Anna, ... Senti ...; 4. ... dimmi se è libero dopo le due ...; 5. Un momento, scusi ...; 6. ... gli faccia firmare ...; 7. ... non perda troppo tempo ...

24. IL CONGIUNTIVO PRESENTE: VERBI REGOLARI

Es. 1

compri, compri, compri, compriamo, compriate, comprino;
legga, legga, legga, leggiamo, leggiate, leggano;
parta, parta, parta, partiamo, partiate, partano;
capisca, capisca, capisca, capiamo, capiate, capiscano

Es. 2

1.*d*, 2.a, 3.f, 4.c, 5.b, 6.e

Es. 3

1. cerchino, 2. finisca, 3. parli, 4. perdano, 5. spediate, 6. guardino

Es. 4

1. desiderino, 2. rischi, 3. diventi, 4. resti, 5. continui

25. IL CONGIUNTIVO PRESENTE: VERBI IRREGOLARI

Es. 1

1. veniate, 2. voglia, 3. faccia, 4. possiamo, 5. proponga, 6. esca

Es . 2

sia, sia, sia, siamo, siate, siano;
abbia, abbia, abbia, abbiamo, abbiate, abbiano;
dia, dia, dia, diamo, diate, diano;
stia, stia, stia, stiamo, stiate, stiano;
debba, debba, debba, dobbiamo, dobbiate, debbano

Es. 3

1. debba, 2. stia, 3. abbia, 4.diano, 5. sappiate, 6. siano

Es. 4

1. possa, 2. debbano, 3. ci sia, 4. sia, 5. si facciano, 6. diano

26. IL CONTRASTO TRA CONGIUNTIVO E INDICATIVO

Es. 1

1.D, 2.A, 3.B, 4.D, 5.C, 6.B, 7.A, 8.D

Es. 2

1. Pare che, 2. So che, 3. mi sembra, 4. sono sicuro che, 5. penso che, 6. Mi auguro che, 7. temo che, 8. Speriamo che

Es. 3 *(risposte suggerite)*

1. Non sono sicuro che questo cane sia di razza Beagle, 2. Credo che/Penso/Mi sembra che Praga sia una città molto bella, 3. Credo che/Penso/Mi sembra che i Martini stiano divorziando, 4. Mi sembra che bussino/stiano bussando/qualcuno stia bussando, 5. Non sono sicuro che dica la verità, 6. Credo che/Penso/Mi sembra che Nicola parta domani mattina, 7. Non so dove sia Ponte Vecchio, 8. Cerco una baby sitter che parli italiano e francese

Es. 4

1. è, 2. è, 3. ha, 4. ci sono, 5. ha/possiede, 6. abita/vive, 7. si svegli/si alzi, 8. faccia, 9. preferisca, 10. è, 11. è

27. IL CONGIUNTIVO PASSATO

Es. 1

1. *sia uscito/a*, 2. abbia detto, 3. sia stato/a, 4. abbia letto, 5. abbia preso, 6. sia stato/a, 7. abbia avuto, 8. abbia aspettato, 9. abbia fatto, 10. abbia visto

Es. 2

1. sia tornata, 2. abbia avuto, 3. si sia stancata, 4. abbia detto, 5. abbia capito, 6. abbia fatto

Es. 3 ***(risposte suggerite)***

1. Penso siano stati i bambini; 2. Mi sembra che abbia litigato con Giulia; 3. Credi che a Marco sia piaciuto il regalo?; 4. Mi sembra che sia andata benissimo!; 5. Ti sembra che Paul si sia divertito?; 6. Credi che abbia portato tutto?

Es. 4

1. c'è, 2. ci sia, 3. è, 4. sia stato, 5. sia, 6. è, 7. abbia parlato, 8. sia, 9. è, 10. abbia perso, 11. ci siano, 12. valga

28. IL CONGIUNTIVO PRESENTE/PASSATO PER ESPRIMERE OPINIONI E DESIDERI

Es. 1

1. sia, 2. si sia laureata, 3. possa, 4. sia, 5. abbia, 6. abbia fatto

Es. 2

1. possa, 2. nevichi, 3. sia/sia stato, 4. vi siate divertiti, 5. vada, 6. faccia/abbia fatto

Es. 3 ***(risposte suggerite)***

1. Penso che sia una valida alternativa, 2. Credo che sia una vacanza ideale per le famiglie, 3. Mi sembra che offra molto tempo libero, 4. Ritengo che siano importanti per la società

Es. 4 ***(risposte suggerite)***

1. Mi auguro che i governi si impegnino di più, 2. Speriamo che finiscano presto, 3. Spero che un giorno abbia un costo accessibile, 4. Speriamo che non succeda mai più una cosa simile

29. ESPRESSIONI CON IL CONGIUNTIVO PRESENTE/PASSATO

Es. 1

1. f, 2.e, 3.a, 4.b, 5.h, 6.g, 7.d, 8.c

Es. 2

1. sia, 2. ci sia, 3. è, 4. preferisca, 5. promette, 6. abbiate

Es. 3

1. possano, 2. dica/dicano, 3. vada, 4. possono, 5. arrivi, 6. sono

Es. 4

1. a patto che, 2. qualsiasi, 3. A meno che *tu* non, 4. prima che, 5. Malgrado, 6. comunque

30. IL CONGIUNTIVO PRESENTE/PASSATO USATO IN MODO INDIPENDENTE

Es. 1 ***(risposte suggerite)***

1. che sia partita?; 2. Che abbiano litigato?; 3. che stia dormendo?; 4. che abbia fame?; 5. che ci sia sciopero?; 6. Che stia male?

Es. 2

1. mi dica, 2. aspetti, 3. si accomodi, 4. senta, 5. ascolti, 6. firmi, 7. entri, 8. salga, 9. prenda, 10. mi dia, 11. finisca, 12. spenga

Es. 3

1. ... Decida Lei!; 2. Aspetti, mi dica ...; 3. Mi dia ...; 4. ... esca pure!; 5. Faccia pure ...; 6. Si ricordi ...

Es. 4

1. Venga, 2. che sia, 3. Che sia successo, 4. si sieda, 5. Che ci sia andato

Es. 5

1. Che ci vada da solo!; 2. E sia!; 3. Sia ringraziato il cielo!; 4. Crepi!

31. IL CONGIUNTIVO PRESENTE/PASSATO: ALTRI USI

Es. 1 ***(risposte suggerite)***

1. esca, 2. paghiamo/si paghi, 3. scriva, 4. faccia, 5. parliate, 6. sia

Es. 2 ***(risposte suggerite)***

1. Basta, 2. Dispiace, 3. occorre, 4. capita, 5. Bisogna, 6. Pare

Es. 3 ***(risposte suggerite)***

1. È il film più brutto che abbia mai visto, 2. È la canzone più bella che abbia mai sentito, 3. È il ragazzo più simpatico che conosca, 4. È la macchina meno cara che abbia trovato

Es. 4

1. è bene che, 2. è probabile che, 3. più spiacevole che, 4. pare che, 5. Dispiace che, 6. bisogna che

32. IL CONGIUNTIVO IMPERFETTO: VERBI REGOLARI

Es. 1

comprassi, comprassi, comprasse, comprassimo, compraste, comprassero;
leggessi, leggessi, leggesse, leggessimo, leggeste, leggessero;
partissi, partissi, partisse, partissimo, partiste, partissero;
capissi, capissi, capisse, capissimo, capiste, capissero

Es. 2

1. potessero, 2. andassero, 3. volessi, 4. sapessi, 5. voleste, 6. dovesse

Es. 3

1. Non so se Nicola andasse ...; 2. Sì, credo che avesse ...; 3. Mi sembra che i Rossi non volessero ...; 4. Credo che mio nonno parlasse ... e conoscesse ...

Es. 4

1. avessero, 2. mangiaste, 3. di fare, 4. costassero, 5. di abituarmi, 6. chiudessero

33. IL CONGIUNTIVO IMPERFETTO: VERBI IRREGOLARI

Es. 1

fossi, fossi, fosse, fossimo, foste, fossero;
dicessi, dicessi, dicesse, dicessimo, diceste, dicessero;
facessi, facessi, facesse, facessimo, faceste, facessero;
stessi, stessi, stesse, stessimo, steste, stessero;
dessi, dessi, desse, dessimo, deste, dessero

Es. 2

1. faceste, 2. fossi, 3. stesse, 4. componesse, 5. dicessero, 6. traducessi

Es. 3 *(risposte suggerite)*

1. ... qualcuno parlasse, 2. ... fosse dentista, 3. ... fosse nervoso, 4. ... proponessero qualcosa di nuovo

Es. 4

1. venissi, 2. fossi, 3. fossero, 4. volessero, 5. colpisse, 6. avessimo

34. IL CONGIUNTIVO TRAPASSATO

Es. 1

1.*e*, 2.a, 3.h, 4.c, 5.g, 6.b, 7.f, 8.d

Es. 2

1. ... fossi già uscita, 2. penso che avessero già accettato un'offerta migliore, 3. mi sembra che lui avesse già comprato un biglietto per la partita, 4. mi pare che gli avesse consigliato di non farlo

Es. 3 *(risposte suggerite)*

1. avesse trovato qualcosa, 2. avesse mentito, 3. si fosse sposato, 4. l'avessero già letto, 5. vi foste divertiti, 6. le avessi perse

Es. 4

1. fosse avvenuta, 2. fossero stati, 3. avesse comprato, 4. avesse prodotto, 5. fosse già cessata, 6. avessero conservato

35. IL PERIODO IPOTETICO

Es. 1

1.*c*, 2.d, 3.b, 4.a, 5.f, 6.e

Es. 2 *(risposte suggerite)*

1. Se non ci fossero i soldi ...; 2. ... sarebbe molto triste; 3. Se avessi molto tempo a disposizione ...; 4. ... avremmo altri sistemi di comunicazione; 5. Se non avessi fatto il meccanico ...; 6. ... probabilmente sarebbe noioso

Es. 3

1. l'avrei fatto, 2. avessero dato, 3. fosse, 4. volesse

Es. 4

1. aveste parlato, 2. rifletterebbe, 3. fossi, 4. accettasse

36. ESPRESSIONI CON IL CONGIUNTIVO IMPERFETTO/TRAPASSATO

Es. 1

1.*f*, 2.c, 3.e, 4.a, 5.d, 6.b

Es. 2 *(risposte suggerite)*

1. *Almeno* avessi portato un libro!; 2. *Se solo* avessi studiato di più!; 3. *Se* avesse aspettato ancora cinque minuti!; 4. *Magari* potessi!

Es. 3

1. fossi; 2. avessi perso; 3. si verificassero; 4. se lo aspettasse/se lo fosse aspettato; 5. avessi/avessimo preso il treno!; 6. sapesse

Es. 4

1. hai, 2. fosse, 3. cambia, 4. avesse/tenesse, 5. l'avessi fatto, 6. abbiamo

37. Il CONGIUNTIVO IMPERFETTO/ TRAPASSATO USATO IN MODO INDIPENDENTE

Es. 1

1. L'avessimo saputo!; 2. Si mettessero; 3. Spendessi; 4. *Ci* lasciassero

Es. 2

1. gli venisse un accidente!; 2. Fossi matto!; 3. Fosse vero!; 4. mi venisse un colpo!

Es. 3 *(risposte suggerite)*

1. *Che* avesse qualche problema di lavoro?; 2. *Che* avesse litigato con la moglie?; 3. *Che* stesse dormendo?; 4. *Che* avesse perso il treno?

Es. 4

1. fossi rimasta, 2. vedessi, 3. Fosse, 4. stesse scherzando, 5. venisse, 6. fosse

38. IL CONGIUNTIVO IMPERFETTO/ TRAPASSATO: ALTRI USI

Es. 1

1. preparasse, fosse; 2. avesse raccontato; 3. aveste scritto; 4. smettesse; 5. ci fosse; 6. avessi parlato

Es. 2

1. Vorrei che tu scrivessi subito la email, 2. Preferirei che tu non dicessi niente, 3. Vorrei che lui uscisse, 4. Desidererei

che ogni cosa venisse chiarita, 5. Preferirei che loro non fossero presenti, 6. Vorrei che voi ascoltaste attentamente

Es. 3

1. ... mi ha chiesto se avessi saputo che aveva superato l'esame; 2. Spesso mi domando come facessero ...; 3. Mi sono chiesto perché Marina non mi avesse più chiamato; 4. ... mi ha chiesto se avessi finito la tesi

Es. 4

1. fosse, 2. avesse, 3. pensassi, 4. volesse, 5. raccontasse, 6. avesse *mai* immaginato

39. L'INFINITO, IL PARTICIPIO E IL GERUNDIO

Es. 1

aver perso, perdente, perso/perduto, perdendo, avendo perso;
aver avuto, abbiente, avuto, avendo, avendo avuto;
aver prodotto, producente, prodotto, producendo, avendo prodotto;
aver condotto, conducente, condotto, conducendo, avendo condotto;
aver parlato, parlante, parlato, parlando, avendo parlato;
aver fatto, facente, fatto, facendo, avendo fatto;
aver corso, corrente, corso, correndo, avendo corso;
aver potuto, potente, potuto, potendo, avendo potuto;
esser morto, morente, morto, morendo, essendo morto;
aver passato/esser passato, passante, passato, passando, avendo passato/essendo passato

Es. 2

1. fatto, essere uscito; 2. ballare, avendo avuto; 3. mangiato; 4. Finito; 5. tornando; 6. crescente

Es. 3

1. presa; 2. Aspettare, cercare; 3. studiando; 4. essere uscito; 5. amanti; 6. avendo preso

Es. 4

3. mangiare, 4. Viaggiando, 5. uscendo, 6. Terminata

40. L'INFINITO SOSTANTIVATO

Es. 1

1. La sopravvivenza, 2. La sofferenza, 3. Il risveglio, 4. La pratica, 5. L'insorgenza, 6. Il superamento, 7. L'affollamento, 8. L'assicurazione, 9. Lo stupore, 10. La partenza

Es. 2

1. Il crescere continuo ...; 2. Sbagliare in questo caso è giustificabile; 3. Verso il finire ...; 4. *Non capisco* il suo meravigliarsi ...; 5. Il suo criticare è sempre stato costruttivo; 6. Il costante aumentare/L'aumentare costante ...; 7. Esaminare la situazione ...; 8. Vivere ...

Es. 3

1. Il piacere; 2. un affaticarsi; 3. l'ingrassare, combinare; 4. studiare, stare; 5. il protrarsi; 6. un parere

Es. 4 *(risposte suggerite)*

1. Viaggiare, 2. Lo stabilire il prezzo, 3. Fare regolarmente dello sport, 4. Il mettersi in viaggio in macchina dopo un pasto troppo abbondante, 5. Risolvere un problema difficile, 6. Il diventare ricchi, 7. Avere successo, 8. Il prendersela troppo

41. USO DELL'INFINITO E DEL GERUNDIO DOPO VERBI DI PERCEZIONE

Es. 1

1. entrare, 2. Li ho sentiti dire, 3. stando, 4. aprendo, 5. suonare, 6. mettere

Es. 2

1. *h*, 2.d/c, 3.b, 4.f, 5.a, 6.e, 7.g, 8.c/d

Es. 3 *(risposte suggerite)*

1. aprire, 2. guidando, 3. passare, 4. lavorare, 5. giocando in giardino, 6. entrando

Es. 4 *(risposte suggerite)*

1. Vicino alla lavatrice, l'ho visto andano in camera; 2. Sì, l'ho ascoltato per caso parlarne con un collega; 3. Sì, l'ho vista andare nella sua camera; 4. L'ho sentito dire, ma non so se è stato confermato; 5. L'ho notato subito aprendo la porta; 6. Tranquilla, ho osservato un sacco di volte l'idraulico farlo

42. USO DI *STARE* CON IL GERUNDIO E L'INFINITO

Es. 1

1. Ieri stavo per perdere il treno; 2. Anna ha detto che sta per arrivare; 3. Non sapevo che Clara e Silvio stavano per sposarsi; 4. Sto leggendo un libro; 5. No, signora, stiamo per chiudere; 6. Stavo per chiedertelo; 7. Maria, sto per uscire ...; 8. ... il treno sta per partire

Es. 2

1. stavo per uscire, 2. state facendo, 3. starà giocando, 4. stiamo finendo, 5. sta per cominciare, 6. stavi dicendo, 7. Stavo per andarmene, 8. stesse per morire

Es. 3 *(risposte suggerite)*

1. sto per entrare in riunione, 2. sta per partire, 3. state combinando, 4. stava dormendo, 5. stavate per uscire, 6. stessero andando a Roma, 7. Stavano per farlo, 8. stava per morire

Es. 4 *(risposte suggerite)*

1. stanno per avverarsi, 2. si sta avvicinando, 3. stiamo preparando, 4. stanno per finire, 5. state aspettando, 6. state per realizzare

43. FRASI TEMPORALI CON L'INFINITO

Es. 1

1. Sono uscito dopo aver finito di mangiare; 2. Dopo avermi salutato è andata a prendere l'autobus; 3. Prima di andare a pranzo ha fatto una telefonata; 4. Dopo esserci cambiati siamo andati in palestra; 5. Dopo aver letto la lettera ha deciso di telefonarti; 6. Prima di venire a parlarmi ti sei messa d'accordo con lui; 7. Dopo aver aspettato più di un'ora, se ne sono andati; 8. Prima di mandarti il fax ha controllato

Es. 2 *(risposta suggerita)*

Ieri sono uscito di casa verso le 8:30. Prima di entrare in ufficio, alle 9:10, mi sono fermato all'edicola a comprare il giornale. Alle 11:00, prima di entrare in riunione, mi ha chiamato il capo. Dopo aver finito la riunione, all'una, sono andato a pranzo. Dopo essere rientrato in ufficio, alle 14:30, ho avuto un altro incontro con il capo. Prima di uscire dall'ufficio, ho fatto la prenotazione del volo per Londra

Es. 3

1. prima che uscisse; 4. prima di andare, dopo aver abitato

Es. 4 *(risposte suggerite)*

... Dopo aver scelto il colore ... mettilo in lavatrice con il capo ... prima di iniziare a tingere, pesa sempre il capo ... prima di tingere controlla anche se il capo contiene ... Dopo aver messo tutto in lavatrice, fai un lavaggio a 60 gradi. Dopo aver finito il primo lavaggio, fanne un altro con un po' di detersivo. Dopo aver ritirato il capo tinto dalla lavatrice, fallo asciugare all'ombra

44. FRASI SUBORDINATE CON IL GERUNDIO

Es. 1

Condizionale	Causale	Temporale	Concessiva
5	2, 7	3, 4, 8	1, 6

Es. 2

1. Pur chiedendoglielo in ginocchio, ...; 2. Se facessi un po' di sport ...; 3. Se giri quella manopola a sinistra; 4. Avendo messo tutto in ordine, ...; 5. ... sapendo che non eri libera questo sabato; 6. Pur essendo molto in gamba, ...; 7. Quando si è accorto che aveva sbagliato il giorno ...; 8. Arrivando a casa, abbiamo visto una macchina ...

Es. 3 *(risposte suggerite)*

1. Essendomi accorto che il treno stava per partire, mi sono affrettato; 2. Sapendo che usciva un nuovo film, siamo andati al cinema; 3. Ieri, guardando il telegiornale; 4. Facendo dei lavori in cantina; 5. Anche volendo, non avrebbe accettato dei soldi da me; 6. Pur essendo il più qualificato, hanno preferito una persona più giovane; 7. Ieri, tornando a casa; 8. Pur essendo stati molto amici in passato, adesso non abbiamo più niente da dirci

Es. 4

1. Pur essendo circondati nel Porto Antico ...; 2. entrando nel Museo Nazionale ...; 3. Scegliendo di fare il viaggio ...; 4. ... ascoltando in sottofondo ...; 5. sentendo crescere la voglia di fresco ...

45. FRASI SUBORDINATE CON IL PARTICIPIO

Es. 1

Causale	Temporale
2, 4, 7	1, 3, 5, 6, 8

Es. 2

1. Terminata la discussione, ...; 2. Quando l'hai fatto una volta, ...; 3. Dopo che tutti si sono seduti, ...; 4. Considerati tutti i costi, ...; 5. Siccome avevo distrutto la macchina, ...; 6. Persa la coincidenza, ...; 7. Quando avete tritato l'aglio e il prezzemolo, ...; 8. Tolta la vernice vecchia ...

Es. 3 *(risposte suggerite)*

1. Finito di mangiare in quel ristorante, ce ne siamo andati a ballare; 2. Fatti i conti, ho visto che non mi conveniva; 3. Sposato quel ragioniere di cui ti parlavo, si è trasferita in un'altra città; 4. Lasciato il vecchio lavoro, si è preso un anno sabbatico per girare il mondo; 5. Fatti gli ultimi test, dovremmo poter consegnare i risultati lunedì prossimo; 6. Tutto considerato, ci conviene vendere la casa; 7. Dati i miei voti a scuola, hanno deciso di mettermi in punizione; 8. Sei pazzo?! Restaurato un po' sarà di nuovo bellissimo

Es. 4

1. ... vissute esperienze ...; 2. ... arrestata, perde le tracce ...; 3. ... Rimessa in libertà ...; 4. ... accettato l'aiuto di una vecchia amica ...; 5. ... Arrivati alla fine del film ...; 6. ... le solite commedie, vista una viste tutte ...; 7. ... Alla peggio, finito il film ...

46. ESPRESSIONI IDIOMATICHE CON INFINITO, PARTICIPIO E GERUNDIO

Es. 1 *(risposte suggerite)*

1.*g,* 2.a, 3.c, 4.h, 5.d, 6.b, 7.e, 8.f

Es. 2

1. Lavoro permettendo ...; 2. Visto e considerato che non mi aiuti mai ...; 3. A dire la verità ...; 4. A sentire i medici ...; 5. Detto tra noi ...; 6. A furia di litigare sempre fra voi ...; 7. A partire dal 20 settembre ...; 8. A prescindere da altre cose ...

Es. 3 *(risposte suggerite)*

1. A sentire te ...; 2. Tutto sommato ...; 3. Onestamente parlando ...; 4. Detto fra noi ...; 5. A dire la verità ...; 6. A prescindere da tutto ...; 7. A partire dalla prossima settimana ...; 8. ... Detto, fatto

Es. 4 (*risposte suggerite*)

1. Ho sentito che Giacomo ha vinto la medaglia d'oro al tiro con l'arco!; 2. Hai mai pensato di comprare il tuo appartamento, invece di pagare l'affitto?; 3. Dicono che questo lavoro si può finire in dieci giorni; 4. Alla fine ha deciso di non vendere la casa; 5. Allora, ci vediamo sabato alla cena di Mario?; 6. Allora, alla fine non vi trasferirete a Parigi per due anni; 7. Ma loro lo sanno?; 8. È arrivato secondo alla gara?

47. *ESSERE* USATO NELLA FORMA PASSIVA

Es. 1

Forma passiva SI	Forma passiva NO
2, 3, 5, 6, 9, 12, 13	1, 4, 7, 8, 10, 11, 14, 15

Es. 2

1. Da chi è stato rotto il vaso?; 2. Quello stilista è conosciuto da tutti; 3. Da chi ti è stata data quella notizia?; 4. Da quante persone è già stato pagato il conto?; 5. Credo che sia già stato preso; 6. Dove sono state trovate queste lettere?; 7. A chi sarà stata venduta quella casa?; 8. Paolo, sei desiderato alla cassa (da qualcuno)

Es. 3

1. è stato buttato; 2. è fatta, è pescato; 3. è visitato, essere conosciuti; 4. Siamo stati finanziati; 5. fossero stati invitati; 6. sono stata battezzata, sono stata chiamata

Es. 4

1. In questa polizza rivoluzionaria è stato incluso un servizio ...; 2. potrà essere integrato con un'ampia offerta ...; 3. la polizza *Oggisalute* è stata pensata ...; 4. possa essere adattata da ogni cliente ...; 5. il tipo di copertura assicurativa è scelto autonomamente da chi si affida alla nostra polizza ...; 6. potrà essere trovata la combinazione più adatta di servizi ...; 7. potranno essere acquistate ad un prezzo conveniente ...

48. *ANDARE* E *VENIRE* USATI NELLA FORMA PASSIVA

Es. 1

1. Signora, il biglietto andava timbrato ...; 2. Oggi l'ufficio verrà chiuso ...; 3. ... il pane e la pasta venivano fatti ancora in casa; 4. ... vengono garantiti due anni; 5. Questa situazione va risolta ...; 6. Tutte le domande vanno inviate ...; 7. Fate attenzione: questi fili non vanno mai toccati ...; 8. I prodotti vengono controllati ...

Es. 2

1. va pagato, 2. vanno consegnati, 3. viene ricavato, 4. Va ripetuto, 5. viene riparato, 6. vanno spedite, 7. viene curato

Es. 3

1. viene fatta; 2. va pulito, vanno usati; 6. viene ascoltata

Es. 4

1. ... vanno seguiti i nostri consigli, 2. ... vengono ottenuti degli addominali perfetti, 3. le ginocchia vanno piegate e cinte con le mani, 4. ... saranno efficaci se verranno ripetuti almeno sei volte

49. IL *SI* PASSIVANTE

Es. 1

1. si comprano, 2. si applica, 3. si dovrebbero fare, 4. Si sono offerte, 5. Si era ristrutturata, 6. Ha promesso che si sarebbe fatta

Es. 2 (*risposte suggerite*)

1. si vendono libri usati, 2. non si notavano molte cose, 3. si dovrebbe discutere ancora di una cosa, 4. si faranno molti cambiamenti, 5. si mangiano molti gelati, 6. si offrono molti servizi

Es. 3

1. si vendono, 2. si sono trovati, 3. si usano, 4. si lavoravano, 5. si devono spedire, 6. si sono visti

Es. 4

1. Si ricordano alcune regole ...; 2. ... i prezzi prima dell'inizio dei saldi si devono monitorare ...; 3. ... si può poi verificare l'attendibilità ...; 4. ... si prevedono pene severe ...

50. IL DISCORSO INDIRETTO: TEORIA

Es. 1

1.c, 2.b, 3.a, 4.c, 5.c, 6.a

Es. 2 (*risposte suggerite*)

1. Ha chiesto se aveva sentito che le biciclette non si potevano più lasciare nel cortile; ha risposto che credeva che avessero fatto bene, perché ce n'erano troppe e non si riusciva quasi a passare; 2. Li ha invitati ad accomodarsi; hanno ringraziato. Ha chiesto se gli poteva offrire qualcosa da bere, forse un caffè e hanno accettato dicendo che era molto gentile; 3. Ha chiesto se non avrebbe potuto tornare più tardi perché stava per entrare in riunione; ha risposto che gli/le dispiaceva, ma che era molto urgente e che doveva parlagli/parlarle subito; 4. Ha chiesto se credeva che si fossero dimenticati dell'appuntamento perché erano in ritardo di un'ora. Ha risposto di no perché erano lì e stavano parcheggiando la macchina; 5. Ha esclamato di smetterla di fare rumore perché stava parlando al telefono; ha risposto di scusarlo/scusarla; 6. Ha detto che quel posto non gli/le piaceva e ha proposto di andarsene; ha risposto che erano appena arrivati e che dovevano restare almeno mezz'ora altrimenti Paolo si sarebbe offeso

Es. 3 (*risposte suggerite*)

Lei: Non posso continuare così! Mi sento in colpa, racconterò tutta la verità!

Lui: No, ti prego, non mettermi nei guai! Andrà tutto bene se solo resteremo uniti e non perderemo la calma.

Lei: È inutile, ormai non ti credo più; ho continuato a mentire per troppo tempo, adesso è il momento di parlare.

Lui: Ti stai comportando come una vigliacca! Non ti è mai importato niente di me, pensi solo ai tuoi interessi! E io che ho fatto tutto questo per noi due!

Lei: Pensa pure quello che vuoi, io da Piero ci vado lo stesso e gli dico tutto.

Lui: Va bene, allora vattene e lasciami in pace!

Es. 4 *(risposte suggerite)*

Versione 1

Il medico afferma che ci sono risultati che li lasciano stupefatti, per esempio pazienti che migliorano anche quando prendono una pillola di zucchero invece della medicina. Aggiunge però che loro che si trovano a gestire i malati di depressione non sono purtroppo in grado di prevedere chi risponderà al placebo e chi no. Ammette che finora tutti i tentativi di identificare il profilo del paziente in grado di rispondere positivamente al placebo sono falliti e che sperano che, dallo studio del cervello e dei geni, potranno avere un identikit più preciso delle persone che possono guarire solo con un'iniezione di fiducia. Conclude che sarebbe molto utile, sia per loro che per le case farmaceutiche, poter prevedere in anticipo quale paziente potrà ricevere benefici dai farmaci e quale invece dovrà usare altre terapie.

Versione 2

Il medico ha affermato che c'erano risultati che li lasciavano stupefatti, per esempio pazienti che miglioravano anche quando prendevano una pillola di zucchero invece della medicina. Ha aggiunto però che loro che si trovavano a gestire i malati di depressione non erano purtroppo in grado di prevedere chi avrebbe risposto al placebo e chi no. Ha ammesso che fino ad allora tutti i tentativi di identificare il profilo del paziente in grado di rispondere positivamente al placebo erano falliti e che speravano che, dallo studio del cervello e dei geni, avrebbero potuto avere un identikit più preciso delle persone che potevano guarire solo con un'iniezione di fiducia. Ha concluso che sarebbe stato molto utile, sia per loro che per le case farmaceutiche, poter prevedere in anticipo quale paziente avrebbe potuto ricevere benefici dai farmaci e quale invece avrebbe dovuto usare altre terapie.

51. IL DISCORSO INDIRETTO PER RIFERIRE MESSAGGI E INFORMAZIONI

Es. 1 *(risposta suggerita)*

Per Marina

Ho parlato con l'agenzia: hanno detto che l'appartamento che ci interessava l'hanno già affittato, però ne hanno un altro a 700 euro al mese che è sempre bilocale però è semiarredato, dicono che ci sono tavoli, letti e forse anche un armadio però non c'è la cucina. Hanno detto che se vogliamo fissare un appuntamento per vederlo è meglio non far passare troppo tempo perché hanno molte richieste per questi bilocali. Gli ho detto che lo chiamiamo entro la settimana.

Es. 2 *(risposta suggerita)*

Il titolare del chiosco di Via ... ha dichiarato che dopo vent'anni di lavoro era costretto a chiudere perché nessuno veniva da loro per comprare un'anguria intera, la gente andava al supermercato oppure dai camion.

I titolari del chiosco in Piazza ... hanno dichiarato che ogni sera venivano da loro dalle 300 alle 400 persone, in gran parte famiglie con bambini, oppure anziani che cercavano un momento di sollievo all'afa estiva spendendo poco e che adesso non verrà più nessuno quindi hanno già chiuso il loro chiosco.

Il capogruppo dell'opposizione comunale ha attaccato dicendo che è una decisione da pazzi che danneggia i cittadini più deboli che non possono lasciare la città e che intere famiglie si ritrovano senza lavoro. Ha quindi invitato il sindaco ad intervenire.

Es. 3 *(risposte suggerite)*

1. A: Signora, il tubo per il momento può andare, però dovrò ritornare a sostituire un altro pezzo.
   B: Ho capito, e quando può venire?
   A: Guardi, non prima di una settimana, dieci giorni perché abbiamo delle persone in ferie.
2. A: Sono la sorella di Paola, c'è?
   B: No, devo lasciare detto qualcosa?
   A: Sì, guarda, dille per favore che ho trovato la taglia dei pantaloni che voleva ma non il colore e di farmi sapere se glieli devo prendere lo stesso o no.
3. A: Sono la collega di Sergio, è in casa?
   B: No, torna verso le nove.
   A: Senta, gentilmente gli può dire di richiamarmi urgentemente, perché non troviamo il doppione delle chiavi dell'ufficio e magari per caso ce l'ha lui.
4. A: Qui è lo studio dentistico, potrei parlare con il Sig. Romano?
   B: Non c'è, posso riferire?
   A: Sì, grazie, vorremmo sapere se può spostare l'appuntamento da mercoledì a venerdì, sempre alle 17:30, perché il dottore purtroppo mercoledì ha un impegno imprevisto.
   B: Va bene, glielo dico appena torna.
   A: Grazie, se può farci sapere qualcosa al più presto ...
   B: Senz'altro, arrivederci.
5. A: Ciao, sono Laura, c'è Marco?
   B: No, è in palestra.
   A: Senti, posso lasciare un messaggio?
   B: Certo, dimmi.
   A: Gli puoi dire che la festa non si fa più a casa mia, ma a casa di uno che non conosce, quindi mi deve chiama-

re per l'indirizzo, l'orario, eccetera. Ah, un'altra cosa: gli chiedi se mi può prestare la branda cha ha in cantina?

B: Va bene, ciao.

Es. 4 *(risposta suggerita)*

Il giornalista chiede all'esperto quante siano le ore di sonno necessarie e l'esperto risponde che, mentre una volta si credeva che dormire poco facesse male, adesso si è scoperto che il riposo di ogni persona ha caratteristiche distinte e precise, i cosiddetti "ipnotipi". Aggiunge che la cosa importante è che ognuno capisca qual è il suo ipnotipo e rispetti il suo equilibrio e che comunque, generalmente sono sufficienti sette ore di sonno per notte. Il giornalista chiede se è vero che dormire troppo sia sintomo di una patologia e l'esperto risponde che le persone hanno diverse esigenze di sonno, tuttavia è vero che chi dorme molto spesso potrebbe nascondere una patologia, come ad esempio la depressione. Il giornalista chiede da che cosa dipenda l'esigenza di dormire molto o poco e l'esperto spiega che si tratta di un'eredità genetica, precisamente un gene chiamato "clock". Infine il giornalista vuole sapere quando bisogna preoccuparsi per il proprio sonno e l'esperto ribadisce che è bene farlo solo in presenza di disturbi non occasionali, nel qual caso è fondamentale rivolgersi al medico.

52. L'USO DEI TEMPI E DEI MODI

Es. 1

1.d, 2.a, 3.e, 4.f, 5.b, 6.c

Es. 2

1.f, 2.a, 3.d, 4.e, 5.c, 6.b

Es. 3

1. fosse, 2. avesse, 3. sia, 4. sarà, 5. sia, 6. ha ricevuto/ha avuto, 7. eri, 8. avesse

Es. 4

1. l'avrebbe superato, fosse/sarebbe stato; 2. è, fosse, sarebbero andate, tornasse, chiedesse; 3. sia, risponda, rispondesse; 4. fosse tornata, fosse, avresti capito, era

Es. 5

1. ci fosse, 2. possano, 3. fossero, 4. avessero, 5. fossero, 6. rimane, 7. ci fosse, 8. mettesse

Es. 6

1. Credevo che Giuliana si fosse divertita molto alla festa di ieri, 2. Speravo che tu potessi dare una mano a Luisa, 3. Pensavo che fosse facile trovare un taxi, 4. Sapevo che Petra era una ragazza davvero speciale, 5. Marco ha detto che Nicola stava uscendo, 6. Bisogna che facciate i compiti con più attenzione: sono pieni di errori, 7. Preferirei che tu dicessi quello che pensi veramente, 8. Penso che porti/porterà una bottiglia di vino per la cena

Es. 7

Allora, c'era una ragazza, Cenerentola, che aveva due sorelle brutte, antipatiche e anche molto pigre: infatti la povera ragazza faceva tutto in casa anche se pensava che non fosse giusto. Cenerentola però non era stupida e la sera studiava lingue perché sperava che la sua vita cambiasse. Anzi, era sicura che sarebbe cambiata, prima o poi. Un giorno è arrivato/arrivò in città un principe che stava cercando moglie e per questo motivo ha organizzato/organizzò un grande ballo. Le due sorelle hanno comprato/comprarono subito due meravigliosi vestiti da sera ma Cenerentola sapeva che non sarebbe potuta andare al ballo perché non aveva un vestito adatto e non aveva neppure i soldi per comprarlo. Siccome era una ragazza senza soldi ma creativa, Cenerentola ha preso/prese tutte le gocce di cristallo dei lampadari di casa e con quelle ha creato/creò un bellissimo vestito, tutto scintillante: voleva assolutamente che fosse il vestito più originale del ballo! Quando Cenerentola è entrata/entrò nel salone del castello, sembrava che tutte le stelle fossero scese dal cielo. Tutti gli ospiti si domandavano chi fosse quella ragazza e soprattutto quale stilista avesse disegnato quel meraviglioso vestito. Il principe non si è innamorato/si innamorò a prima vista di Cenerentola ma invece ha pensato/pensò subito che sarebbe stata un'ottima idea mettersi in affari con una ragazza così intelligente e, mentre ballavano, le ha proposto/propose di produrre insieme una linea di vestiti da sera. E così Cenerentola è diventata una stilista di moda e grazie al fatto che conosceva tre lingue straniere, ha esportato/esportò il suo marchio *Cinderella fashion* in tutto il mondo.

Es. 8 *(risposte suggerite)*

1. *Scusami, non pensavo che* fosse così tardi; 2. *Mi sembra che* sia tornato a casa; 3. *Innanzitutto è importante che tu* possa parlare in inglese tutti i giorni; 4. *Beh, ero sicuro che* ce l'avrebbe fatta; 5. *Veramente avrei preferito che* andassimo in pizzeria; 6. *Sì e non pensavo che* fosse così carino; 7. *Credo che* l'avesse già visto; 8. *Sì, vorrei che* fossero tutti qui; 9. *Beh, mi avevi promesso che* saremmo andati in montagna, questo weekend!; 10. *Sì e pare che domani* piova/pioverà

53. LA SUBORDINAZIONE: CONGIUNZIONI TEMPORALI E CAUSALI

Es. 1

1.c, 2.a, 3.b, 4.c, 5.c, 6.b

Es. 2

1.c, 2.a, 3.d, 4.f, 5.b, 6.e

Es. 3

1. dopo che, 2. siccome, 3. prima che, 4. che, 5. perché, 6. non perché

Es. 4

1.b/c, 2.b/c, 3.d, 4.b, 5.b, 6.a

54. LA SUBORDINAZIONE: ALTRE CONGIUNZIONI

Es. 1

1.b, 2.a, 3.d, 4.c, 5.a, 6.c

Es. 2

1.c, 2.d, 3.a, 4.b, 5.c, 6.a

Es. 3

1. dica, 2. fosse, 3. faccia attenzione, 4. abbiate/aveste bisogno, 5. vedessimo, 6. possiate

Es. 4 (*risposte suggerite*)

1. Dato che voglio imparare bene l'italiano, frequenterò un corso intensivo; 2. Appena/Non appena sono arrivato a casa ho fatto una doccia calda perché faceva molto freddo; 3. Nonostante abbia preso due aspirine, la febbre non è scesa; 4. Io ti do una mano con i compiti a patto che tu pulisca il giardino; 5. Siccome pioveva davvero troppo, la partita è stata rinviata; 6. Siccome Giulia non vuole che usciamo, dobbiamo farlo senza che lei ci veda

Es. 5 (*risposte suggerite*)

1. ... non fosse veramente convinta, 2. ... non mi piaccia particolarmente la pizza, 3. ... conoscere George Clooney, 4. ... segua scrupolosamente questa dieta, 5. ... possa studiare anche chi non ha grandi possibilità economiche, 6. ... non mi ha mai offerto neanche un caffé

Es. 6

1. Che Lei sappia, 2. Per quel che ne so, 3. qualora, 4. Come se, 5. non perché, 6. pur di